大连海事大学教育教学改革项目

"当代社会思潮专题研究课程自编电子讲义建设（YJG2022508）"结项成果

得到国家社科基金一般项目

"甘青地区爱国主义教育基地红色资源融入思想政治教育创新发展研究（22BKS137）"

辽宁省高校思想政治理论课教学改革研究项目

"辽宁爱国主义教育基地红色资源融入高校思政课教学创新发展研究"资助

多元文化形态的比较研究

A Contrastive Study of Multi-cultural Forms

董仲磊 编著

天津出版传媒集团

天津人民出版社

图书在版编目(CIP)数据

多元文化形态的比较研究 / 董仲磊编著. -- 天津：
天津人民出版社, 2023.11
ISBN 978-7-201-19854-5

Ⅰ.①多… Ⅱ.①董… Ⅲ.①多元文化—文化研究—
中国 Ⅳ.①G12

中国国家版本馆 CIP 数据核字(2023)第 184894 号

多元文化形态的比较研究
DUOYUAN WENHUA XINGTAI DE BIJIAO YANJIU

出　　版	天津人民出版社
出 版 人	刘　庆
地　　址	天津市和平区西康路35号康岳大厦
邮政编码	300051
邮购电话	(022)23332469
电子信箱	reader@tjrmcbs.com

责任编辑	佐　拉
封面设计	汤　磊

印　　刷	天津新华印务有限公司
经　　销	新华书店
开　　本	710毫米×1000毫米　1/16
印　　张	22.75
插　　页	2
字　　数	260千字
版次印次	2023年11月第1版　2023年11月第1次印刷
定　　价	89.00元

前　言

　　一般意义而言，没有哪一种社会科学理论能够被独立地进行有效评价。通过把一种解释和另外一种解释加以比较，显然我们会不断地取得理论的进步、认知的升华。然而，当我们面对大量不同文化形态学术成果的时候，有时也会显得手足无措。特别是对于刚进入大学校园的本科生亦或是刚刚考学成为研究生的群体来说，对不同的社会思潮观点进行对比确实是一个比较棘手的问题，不过这也是一个了解未知的有效办法，但往往需要比较、斟酌许多具有不同世界观的作者所写的诸多成果，只有这样好像才能读懂。

　　《多元文化形态的比较研究》脱胎于笔者 2019 年到 2022 年间在大连海事大学马克思主义学院给研究生讲授的社会思潮时的系列讲稿集。这里面既有学理性分析的层层深入、也有实践性案例的栩栩如生，既有传统说教式授课的规范有序、也有现代探讨式辩论的自由开放，是多年来研究生理论研究和教学实践的集成。本书试图从三个方面对多元文化形态的社会思潮进行梳理和阐释。

　　首先，我们精心构思和设计了本书的结构，以便能够将其中所涉及的每一种社会思潮的基本内涵、主要观点、时代影响以及应对措施都能涵盖进来，利于不同类型社会思潮的横向比较。通过对每一种社会思潮的纵向阐释，笔者希望读者们能非常容易地游走进退于各种社会思潮之间，确定它们之间的区别和联系。在第一章中，从宏观上概括性地介绍了社会思潮的基本情况，并比较详细地列出了一些当代社会关注的社会思潮热点；从第二章到第八章，我们主要是结合青年学生普遍关注的焦点，聚焦了七个社会思潮方向，进行比较详细的论证，也就组成了本书的后面内容。

其次，我们力图用一种全景式的视角、化繁为简的阐释方式来编写这本书。但这一出发点，又很容易造成一种"并非所有读者都满意的"境地。我们所论及专题的很多内容并不系统，因为不同视角下的研究注定会有很多不同观点。但我们努力把自己的诠释工作聚焦于透过现象去挖掘本质，摒弃那些唾手可得的一般解释，去探求具有根本性差异的内容。与此同时，我们也会把一些看起来并非基本的术语、观点和方法汇聚到一起。由此建构起了一套有意加以简化的阐述立场，而这样一种立场和观点阐释，更易于大多数读者的接受和理解。本书仅讨论了七种社会思潮的不同，但这种在经过多轮教学实践基础上筛选出来的结果，并不意味着能够满足那些渴求社会思潮之整体性和全面性的读者们。但我们仍然坚信，随着研究的深入和学术的累积，一幅更加全面完整的社会思潮比较图一定会呈现出来。

再次，我们秉持科学的态度进行严谨的论证，针对一些模糊认识、摇摆不定的观点，我们坚决予以摒弃。本书所选择的七种社会思潮是多元文化形态中影响较大的几个方向，但这并不意味着其他社会思潮就要被忽视或放松警惕。随着时代的发展，意识形态领域的阵地争夺必将愈发激烈，如何掌握意识形态主动权，做到知己知彼，我们一定要及时跟踪、分析、研判意识形态领域的动向，而科学严谨的研究则是最直接的手段和方式。同时，将这种方式在教育领域进行传递，往往会起到事半功倍的作用。

这本书是学术理论指导下教学实践的产物，如果没有这些经历笔者几乎不可能完成这样一本著作。在 2019 年到 2022 年间,我的那些研究生成了最初的探索性感受者，他们既接受了课程的专题教育，又聆听了书稿的内容,他们的兴趣、好奇心和知识成为笔者完成这本书的强大驱动力。还有爱人的全力支持、爱女的懂事理解,更是笔者完成这本专著最有力的情感依靠。此外,还要对那些以多种不同方式给予帮助的人致以深深的谢意。

2023 年 9 月于北大图书馆

董仲磊

目录

CONTENTS

第一章　当代社会思潮概述

社会思潮是意识形态领域的一个重要现象。意识形态工作是党的一项极端重要的工作，是一项事关国家安全、社会稳定、党和人民事业兴衰成败的工作。当前，随着全面深化改革的不断深入，加上政治多极化、经济全球化、文化多元化、生活方式多样化等对我国社会的冲击，人们在思想意识领域呈现多样性的发展。纷繁复杂、良莠不齐、林林总总的社会思潮相互碰撞、相互激荡、相互影响，对我国社会发展和人民生活造成了严重的冲击和影响，使得意识形态领域的斗争愈来愈具有艰巨性、复杂性、隐蔽性、曲折性与长期性。青年是思想最活跃的一个社会群体，社会思潮往往刺激、诱发着青年的群体行为。因此，如何坚持用马克思主义的立场、观点和方法来梳理、甄别、统合、引领各种社会思潮，促进社会思潮向正确、健康、先进的方向发展，已成为目前摆在我们面前的一项重大课题。

第一节　社会思潮及其传播

一、社会思潮的内涵和特点

按照《辞海》的解释,思潮是指"某一历史时期内反映一定阶级或阶层的利益和要求的思想倾向;涌现出来的思想感情"①。一种思想观点和思想倾向能否成为一种潮流,既与思想有关,同时也与当时社会历史条件有很大的关系。梁启超先生曾有一段十分经典的论述,他说:"凡'思'非皆能成'潮';能成'潮'者,则其'思'必有相当之价值,而又适合于其时代之要求者也。凡'时代'非皆有'思潮';有'思潮'之时代,必文化昂进之时代也。"②并不是所有的思想都能成为思潮,成为思潮的思想,必然有非常丰富的思想内涵,同时也符合时代的要求;但是并不是所有的时代都有思潮,有思潮的时代是一个文化昌明的时代,这非常深刻地说明了思潮的特点。

(一)社会思潮的定义

关于社会思潮的定义,国内有研究者认为存在着两种代表性观点:一种是"综合说",一种是"中介说"。③

"综合说"的主要观点是把社会思潮看成是某一段时间内在某一阶层影响较大的思想潮流。如《中国大百科全书》哲学卷对社会思潮的定义是"反映

---

① 《辞海》,上海辞书出版社,2009年,第3688页。
② 梁启超:《清代学术概论》,凤凰出版传媒集团,2007年,第7页。
③ 梅荣政:《用马克思主义引领社会思潮》,武汉大学出版社,2008年,第52页。

特定环境中人们的某种利益或要求并对社会生活有广泛影响的思想趋势或倾向。社会思潮有时表现为由一定理论形态的思想作主导,有时又表现为特定环境中人们的社会心理,是社会意识的综合的表现形式"①。社会思潮是"某一时期内在某一阶级或阶层中反映当时社会政治情况而有较大影响的思想潮流,它以一定的社会存在为基础,以特定的思想理论为理论核心,并与某种社会心理发生相互影响、相互制约、相互渗透的作用"②。"社会思潮是指某一特定时期内在一定程度上反映当时的社会政治经济、思想文化状况,并适应相当一部分人的心理状况和要求,在社会上流传甚广、影响较大的以某种理论学说为主导或依据的思想倾向和思想潮流。"③

"中介说"的主要观点是把社会思潮放到整个社会意识系统中进行考察,认为社会思潮是社会意识构成中社会心理与社会意识形态的中介,这种观点把社会意识看成一个多层次的复杂结构,其中有三个基本层次:社会心理、社会思潮和社会意识形态。它们之间既有区别又有联系,而社会思潮处于承上启下的地位。④

从上述两种观点来看,"综合说"和"中介说"虽然在表述方式上存在着差异,但对社会思潮的基本理解是相同的,都把社会思潮看成某一时期在某一阶层影响较大的一种思想潮流。"综合说"强调了社会思潮的复杂性和多样性,"中介说"强调了社会意识形态的层次性,关注社会思潮与社会心理和社会意识形态之间的关系。可以这样说,"综合说"包含了"中介说",而"中介说"是"综合说"中社会思潮复杂性的一种具体表现。"中介说"的主要问题是它并没有把社会思潮复杂和多样的特点比较完整地揭示出来,而仅仅确定

---

① 《中国大百科全书》哲学卷(1),中国大百科出版社,1987年,第765页。

② 梅荣政:《用马克思主义引领社会思潮》,武汉大学出版社,2008年,第57页。

③ 洪晓楠:《当代西方社会思潮及其影响》,人民出版社,2009年,第1页。

④ 参见梅荣政:《用马克思主义引领社会思潮》,武汉大学出版社,2008年,第57页。

了社会思潮在整个社会思想和意识形态中的位置及其发展的趋向，未能揭示社会思潮的内容与实质，而"综合说"虽然包含了社会思潮复杂多样的内涵，但没有具体清楚说明社会思潮的特殊性与层次性。

综合上述两个方面的观点，我们把社会思潮理解为与一定社会意识形态相对应，在某一时期内某一阶层和群体中影响较大，流行较广的一种理论观点和思想潮流。其核心观点具体如下。

第一，社会思潮并不是主流的意识形态，而是构成主流意识形态的一种思想素材，是一种与主流意识形态相对应的思想观点。社会思潮在整个思想文化中有时是一种流行和时尚，而有时也是一种推动社会变化的新思想。美国心理学家赫根汉在《心理学史导论》中曾经论述过心理学中"流行与时尚"的问题，他说："在学习心理学史时，人们经常会惊讶地发现，某些观点并不总是因为它不正确就逐渐消失；相反，某些观点只是因为它们变得不流行才消失。心理学中流行的内容是随时代精神而变化的。"①也就是在相当长的一段时期，一部分人习惯于使用某种思想和表达方式，也有可能成为一种时尚，即构成思想潮流；但如果这种时尚成为一种趋势，也有可能发生美国科学史专家库恩所说的"范式的革命"，库恩把科学发展分了以下三个阶段：一是前科学阶段，存在着各种研究范式的相互竞争与相互批判。二是常规科学阶段，一门学科开始成熟了，标志是各科学家集团统一在一种研究范式中。他们有共同的概念体系、共同的假定和方法论原则。三是科学革命阶段，当这门学科遇到无法解答的新问题，原有的研究范式不适用时，就进入到了科学革命阶段。这时，科学家又分为不同集团，他们求助于哲学思想和理论创新，直到有重大理论或方法突破，才能使科学家们重新统一在新的范式中，进入新的常规科学阶段。四是新的常规科学阶段。②虽然社会思潮及其演变

---

① ［美］B.R.赫根汉：《心理学史导论》，郭本禹等译，华东师范大学出版社，2004年，第6页。

② 参见［美］T.S.库恩：《科学革命的结构》，李宝恒、纪树立译，上海科学技术出版社，1980年。

的特点与自然科学的范式转变存在本质差别，不能用范式转变来比喻社会思潮的流变，但从社会思潮与社会意识形态的关系来看，社会主流意识形态就是一种常规的科学状态，是整个社会主体共同的思想观念和价值观念，它建立在整个社会的经济结构及经济制度之上，是与一定社会存在相适应的思想观念、道德、法律、政治思想等形成的整体，而社会思潮与科学革命前的一些新的思想和观点类似，社会思潮如果演变成一股潮流，也会导致社会意识形态体系发生变化。因此，社会思潮并不是社会意识形态，而是与社会思潮相对应的思想理论观点。

第二，社会思潮不是社会心理，但作为一种社会思潮需要有一定的社会心理基础。如果一种思想理论观点只是停留在理论或学术探讨层面，是对某种社会现象和社会问题的广泛深刻分析和揭示，虽然其理论观点具有系统性、深刻性和合理性，但由于了解和掌握这种理论观点和思想的人员的局限性，只是停留在学术研究层面，并没有被比较广泛的人群知晓和掌握，而成为广大人群中的一种较为流行的思想观点，那么这种理论观点还不足以成为一种社会思潮。社会思潮必须在广泛的社会基础之上，才能成为一种潮流和思想的趋向。社会人群尽管并不一定了解和熟悉这种理论观点，但在某种盲目从众的心理和其他利益等各种因素的驱动下，这种思想倾向为一种流行和时尚。

第三，社会思潮是一种理论观点和思想潮流，它不是一种流行的心理现象，与流行的心理现象相比，它更具有鲜明的理论性，它以一定的理论观点作为自己的内核。社会思潮虽然在传播过程中会以多种多样的方式进行传播和推广，但其合理的内核需要有系统、完整的理论体系作为基础。这也是社会思潮区别于社会心理而不仅仅停留于一般的感性层面的原因所在。

因此，从这个意义上讲，我们认为，社会思潮就是为反映某种现实社会利益诉求，具有较大受众基础、产生较大社会影响、对主导社会价值观念起消解作用的社会意识形态和观点。

(二)社会思潮的特点

由于社会思潮本身的复杂性,在表现形式上自然会形成多样化的特征。因此,对社会思潮特点的分析,一定不能离开对社会思潮本质的理解和把握,也就是不能离开对社会思潮是特定历史阶段的社会意识的运动的把握。基于此,我们认为,社会思潮的特点主要有以下六点:

第一,社会性和群体性。一定时期的社会思潮都是对社会存在的反映,都受到社会矛盾运动的影响和制约,社会性是社会意识的一般特征,因为"意识一开始就是社会的产物,而且只要人们存在着,它就仍然是这种产物"①。首先,社会思潮的形成直接受到社会因素的制约和影响。一定的社会思潮总是与特定历史条件下的生产方式相联系,其形成蕴含着深刻的政治和经济动因,任何一种社会思潮,说到底,都是社会矛盾运动在观念形态领域里的折射和回响。其次,社会思潮是对社会生活的一种反映,从本质上说,社会思潮是人们对社会的认识、思考、判断与评价,也是人们对社会发展的愿望、意志、理想的表达。最后,社会思潮对社会发展具有明显的能动作用,革命的、进步的、正确的社会思潮,对社会发展产生巨大的促进作用;落后的、消极的、错误的甚至反动的社会思潮,则会对社会发展直接或间接地起消极的影响作用。

社会思潮具有鲜明的群体性,特定的社会群体是社会思潮的主体和载体,群体的社会心理和社会舆论,是社会思潮形成和发展的必要条件,任何思想如果没有一定社会群体的认同,就不可能转化为社会思潮,没有这些群体性的载体,社会思潮就不可能发展起来。社会思潮是一种特殊的群体意

---

① 《马克思恩格斯选集》(第一卷),人民出版社,2012年,第161页。

识,从宏观上综合表现了特定的社会群体的共同愿望和利益诉求,因此反过来,社会思潮一旦形成,它对特定的群体实践活动就具有支配性,同时社会思潮具有群体间的流动性。社会思潮常由一个群体涌向另一个群体,不断寻求适合它滋生、繁衍的土壤,以流动和扩散方式对不同时期、不同范围的人们产生影响。

第二,理论性和理想性。社会思潮往往具有较为深刻的理论性,各种社会思潮都以某一种或多种思想体系为核心,而且往往都深刻体现着特定的世界观和方法论,至于以何种理论为核心,要看这种社会思潮所代表的阶级利益诉求和所处的时代特征。一旦一种思想或理论为某一阶级、阶层或某一社会群体所理解、掌握,并成为其认识和改造社会的根本原则和方法,这种思想和理论往往就成为一种社会思潮而兴起和发展。从这个角度来说,以一定理论为核心的社会思潮往往也具有明显的阶级性和政治性。

新的理论的出现总是在对现实问题的分析和批评基础上产生的,社会思潮作为对社会现实的意识反映,自然地具有对现实的否定和对未来理想追求的一面,从这个角度而言,社会思潮所表达的特定的社会群体的利益或诉求,对这个群体而言,具有理想性的色彩,在他们看来,他们之所以接受这种思潮,是因为这种思潮代表和反映了他们对未来社会的理想追求,尽管这种理想有时并不具有科学的依据。

第三,民族性和时代性。一般而言,社会思潮的时代性是从时间维度考察社会思潮的特征,社会思潮的民族性或地域性则是从空间维度考察社会思潮的特征。但在社会思潮的形成过程中,时空维度有时并不是截然分开的,尤其是具有很强的民族特征的社会心理一旦形成,并不会因时间的流逝而很快发生变化。社会思潮的民族性特征,首先在于不同国家、不同民族各有不相同的心理和文化传统,人们在不同的自然环境和社会环境下生产生活,形成特定的社会关系和生活方式,面临着不同的发展问题和利益诉求,形成了不同民族和地域特色的社会思潮。其次是同一社会思潮在其传播过程中,在不同的国家和地区、不同的民族之间,其内容和形式也会有较大不同。

社会思潮作为特殊的社会意识,是对社会现实的独特反映。而社会现实是随着时代的发展而变化的,因而社会思潮也具有明显的时代性。在不同的时代,由于生产方式不同,社会环境迥异,不同的社会群体对社会矛盾运动有不同的思考和选择,自然就会形成各种各样的社会思潮。这就是马克思所说的:"在不同的财产形式上,在社会生存条件上,耸立着由各种不同的、表现独特的情感、幻想、思想方式和人生观构成的整个上层建筑。"①社会思潮的兴衰起落与时代发展的需要密切相关,社会思潮会随着时代的发展而变化。换一个角度说,社会思潮也是时代变迁的集中体现,研究特定时代的社会思潮,可以揭示这个时代的社会矛盾状况、发展趋势、社会政治经济焦点、社会心理等方面的社会问题。

第四,现实性和实践性。社会思潮具有强烈的现实性,社会思潮的形成和发展过程,就是社会群体对社会现实问题思考和选择的结果,就是将其主张、要求并付诸实践、影响社会现实的过程。社会思潮具有明确的现实目标指向:干预社会变革、左右社会运行、影响社会走向、化解社会危机等。社会思潮一旦形成,往往在一定的范围内连带产生现实的社会运动。社会思潮也具有很强的实践性。社会思潮作为具有广泛影响的群体意识,能够能动地影响社会群体,成为变革社会的重要思想武器,从而实现思潮对社会实践的推动。实践的冲动是社会思潮区别于其他形式的社会意识的一个很重要的特征。

第五,批判性和挑战性。社会思潮具有很强的现实批判精神和批判特

---

① 《马克思恩格斯选集》(第一卷),人民出版社,2012 年,第 695 页。

征，批判并寻求改变现实的出路是社会思潮得以在特定社会阶层或阶级中酝酿和形成的重要基础。批判精神也是使社会思潮将自己区别于既有的社会意识的重要手段和途径之一。因此一种社会思潮的出现，总是以某种新的理论思路或方法选择来吸引民众。社会思潮的批判性特征，决定了它必然会对现实中的主流意识形态或主流思想体系形成一定意义上的挑战，会自觉不自觉地削弱或消解主流意识形态的影响力，换一个角度看，批判性和挑战性的存在，恰恰是社会思潮的独特价值所在，也是社会思潮得以存在的重要原因之一。

第六，运动性和传播性。社会思潮具有运动性特征。社会思潮的运动性首先表现为其存在形态的多变性，社会思潮作为社会意识的一种特殊形式，在社会心理和意识形态两个层次上活动着，有时社会心理的成分多些，有时意识形态的成分多些。①其次社会思潮的运动性体现在其对社会群体的影响上，社会思潮通过在社会群体中传播散布开来，并通过影响民众运动来验证自己的号召力和适应力，并不断进行内容和形式的调整。社会思潮具有明显的传播性。传播性既是社会思潮得以形成的基础，也是社会思潮的基本特征之一。作为群体社会意识，没有一定的自我传播和影响能力，社会思潮就不能形成。传播能力的变化，也是社会思潮消长的重要标志。当一种社会思潮已经不能再在社会中传播了，其生命力也就到了尽头。

当然，我们强调社会思潮的运动性和传播性，并不意味着社会思潮是一种变动不居的不可捉摸的东西，其实社会思潮也具有相对的稳定性，尤其是一些具有较强理论基础的社会思潮，其形成之后，往往具有较为固定的形态而且都是长期存在的。

---

① 参见王炳权：《论社会思潮的基本特征》，《思想理论教育》，2011 年第 1 期。

(三)社会思潮的类型

对社会思潮类型的分析,学术界最早强调的是社会思潮的性质,也就是革命的或是反动的思潮。[1] 20 世纪 90 年代中期后,邓卓明才进一步从社会思潮兴盛的原因、社会思潮的理论基础、社会思潮的性质、社会思潮的规模等多角度对社会思潮进行分类。从社会思潮兴盛原因看,可分为倡导型、危机逼迫型、更替改造型。从社会思潮理论基础看,可分为政治思潮、哲学思潮、经济思潮、文艺思潮、宗教思潮、教育思潮。从社会思潮性质看,可分为具有革命、进步、正确、积极性质的社会思潮,反动、落后、错误、消极性质的社会思潮和中性性质的社会思潮。从社会思潮规模看,可分为大型社会思潮、中型社会思潮、小型社会思潮。[2]许启贤从社会思潮作用的性质、社会思潮形成的历史时期、社会思潮传播的地域或国家、社会思潮所代表的阶级和制度、社会思潮所反映的学科领域、社会思潮影响的大小、社会思潮的表现形式和社会思潮所代表的主体的年龄和性别八个方面对社会思潮的类型进行划分。[3]

这里主要介绍共性的两种类型划分方式:一种是按照社会思潮起因划分,另一种是按照社会思潮内在性质划分。

第一,按社会思潮的起因划分,可分为主流倡导型、危机逼迫型、衍生改造型。

主流倡导型思潮。一种社会思潮的出现,必然会对主流意识形态的地位产生影响,当主流意识形态认为某种社会思潮对其有利时,就会发动舆论宣传工具进行大范围的推广,赞同并倡导这种社会思潮的产生和传播,进而使

---

① 参见王锐生:《社会思潮初探》,《东岳论丛》,1981 年第 3 期。

② 参见邓卓明:《论社会思潮的类型与特征》,《西南师范大学学报》(哲学社会科学版),1995 年第 2 期。

③ 参见许启贤:《社会思潮研究》,《淮南工业学院学报》(社科版),1999 年第 1 期。

其成为成熟的思想潮流。一般情况下,只要一种社会思潮符合主流意识形态的主张和利益,或者成为主流意识形态的有益补充,这种社会思潮就会得到统治阶级的支持和认可。反之,统治阶级将在苗头上对社会思潮的产生加以消灭。因此,得到主流意识形态支持的社会思潮,就更容易迅速发展和广泛传播。

危机逼迫型思潮。社会发展总会存在一定的矛盾,当这种矛盾发展到不可调和的时候,人们就会摒弃主流意识形态的观念和主张,重新寻找新的信仰和目标,并希望借新的思想潮流实现对社会的变革,从而解决社会存在的矛盾。在人民群众的集体推动下,一些已经存在或不存在的社会思潮就会在社会危机中孕育出现,并在人民群众的集体选择和要求下,成为化解社会矛盾的新的思想主张。比如,第二次世界大战后,西方在经济危机中跌宕起伏,这期间就孕育和产生了纷繁多样的各种思潮,其中有的更在一定时段内得到了大部分人的认可和接受。

衍生改造型思潮。社会思潮是反映了一定现实情况和群众心理情绪的社会意识,当一种社会思潮在不同阶层、阶级中传播时,不同的人群对其有更加具体细化的要求,希望思潮内容能够更准确地反映本阶层的意愿。于是,在不同人群的不同作用下,社会思潮内部进行了分化和衍生,加入了不同阶层人群的利益诉求和主张,成为新的社会思潮。比如,新弗洛伊德主义的兴起,就是在弗洛伊德主义基础上,加工,改造和衍生出来的。因此,各种社会思潮的产生和出现,并不是凭空创造的,而是在吸取已有理论材料的前提下,不断补充、改进、修正和衍化,进而产生一种或多种新的社会思潮。

第二,按社会思潮的内在性质划分,可分为进步思潮、中性思潮、落后思潮。

进步思潮。社会思潮的形成和发展,对社会具有一定的影响,这种影响既可以是积极的影响,也可以是消极的影响,社会思潮起什么影响,要根据其性质进行判断,凡是与生产力发展,社会发展规律相一致的社会思潮,其内在必然具有革命性、进步性和正确性,比如,当年科学社会主义作为一种社会思潮,在社会中得以广泛流行的原因,就在于其正确地反映了社会历史发展的规律,在实践上正确推动和指导了俄国十月革命和我国新民主主义革命的胜利。

中性思潮。在各种社会思潮中,有些社会思潮本身不带有特定政治倾向或政治诉求,只是客观地反映了一定的社会现实和进行了一定的理论研究,并没有在社会发展方向上做出选择,也没有给社会发展造成消极影响。但是这些思潮的发展走向具有不确定性,有可能随时变化为进步思潮或落后思潮。

落后思潮。一种思潮只要违背了社会发展规律,损害了社会大部分群体的现实利益,与时代发展方向相背离,就是反动的、落后的、错误的、消极的社会思潮。落后思潮的消极作用,对社会发展将产生重大阻碍。比如,曾经在我国泛滥一时的资产阶级自由化思潮,就是一种逆历史潮流的落后思潮。对落后思潮而言,其存在只是反映一小部分人的诉求,往往不代表最广大人民的意愿。

二、社会思潮的形成条件和传播方式

马克思主义认为,社会存在决定社会意识,社会意识反映社会存在。任何社会思潮的产生都需要有一定的经济、政治、文化,以及国际环境等条件。而社会思潮的发展更需要传播这一行之有效的手段,没有传播,社会思潮也很难发挥其作用。

(一)社会思潮的形成条件

一般而言,特定时期和地域的社会思潮的形成,与当时当地的政治、经济、文化条件和因素是密切相关的,这是当前学术界比较一致的主张。①我们认为,除了这三个条件外,当前在研究社会思潮的形成条件时,应该注意国际环境对社会思潮形成的影响。②

第一,社会思潮产生的经济条件。社会思潮产生的经济条件,主要是指社会的生产力和生产关系,这是社会思潮产生的决定性因素。其中生产力的发展水平,决定了人们的生产方式和生活方式,制约了人们的精神生活,也决定了社会思潮产生和发展的过程。因此,凡是有利于生产力发展、对生产力发展起促进作用的社会思潮,就是符合社会发展方向、有生命力的思潮;凡是对生产力起阻碍作用的社会思潮,就是没有生命力的,应该被抛弃。

对社会思潮的产生有决定作用的生产力和生产关系决定了生产资料所有制的性质,规定了社会各阶级阶层的社会地位,制约着他们的经济利益,也决定着社会的政治、法律等上层建筑。因此在阶级社会中,不同的社会思潮往往代表着不同阶级阶层对某种生产关系的不同态度,生产关系、经济制度的调整和变革,都是造成新思潮的社会经济条件。

人们的日常生活状况,是对社会的生产力和生产关系的发展水平等经济条件最直接的反映,是人们经济地位的现实表现,决定了民众的生产方式、生活方式、行为方式以及社会心理状况,由此来对社会的经济结构、经济制度和经济关系进行判断并形成自己的认识,最终演化出社会思潮。

第二,社会思潮产生的政治条件。社会思潮从某种意义上讲可以归结为以某种政治议题为中心的社会意识运动。一切社会发展重大问题的解决,最终都会归结到政治权力的使用上,社会政治因素主要包括以下四个方面:一是政治制度和政治权力结构的状况。不同的政治制度和政治权力结构,对社

---

① 参见刘建军:《论社会思潮的发生、发展与消退》,《学术月刊》,1995 年第 2 期。

② 对国际环境的强调,要分时期,分地域而言,要看具体的社会思潮产生的时间和地域与国际环境的关系以及受国际环境的影响的大小程度而定。

会意识的控制和影响不一样,社会思潮形成的条件也就不一样。政治制度和政治权力结构的状态,也为社会思潮形成和发展提供了不同的条件。一般而言,较稳定的政治制度和权力结构更适合社会思潮的产生和发展,专制的政治制度和民主的政治制度,给社会思潮提供的发展空间也不一样。二是政治力量的变动。政治力量的变动最主要的标志是新的阶级或集团登上政治舞台,新的政党产生,如五四运动前后中国无产阶级登上历史舞台,对社会主义思潮和马克思主义思潮的传播起了直接的推动作用。三是政治团体、政治组织的活动。有组织的政治活动和思想宣传,对传播某种思想、引起某种思潮起着关键的作用。四是重大政治事件的发生或有影响的政治人物的活动。五是政治运动的诱发。社会政治运动的发生,往往与一定的社会思潮相伴随,相互激荡,彼此促进。而在政治运动的发展过程中,人们围绕政治运动对社会进行深入的认识和思考,也产生出新的社会思潮。

第三,社会思潮产生的文化条件。思想文化条件为社会思潮的产生提供了思想前提。思想文化因素对社会思潮的形成发生作用主要体现在以下四个方面:一是既有的思想文化状况是民众社会心理的文化基础。社会思潮赖以形成的社会心理,离不开现有的思想文化水平。二是对传统文化的认同和延续的努力,往往就形成了一些社会思潮。三是围绕现存意识形态的斗争直接影响社会思潮的消长。四是思想文化领域的新动向和新因素,为社会思潮的产生提供了土壤、营养和契机。

第四,社会思潮产生的国际环境条件。当代社会思潮的产生,与外部国际环境的影响有很大的关系。这种影响主要通过以下五个途径起作用:一是国际格局或时代主题重大变化的影响。二是国际政治、经济或文化重大事件的影响。比如俄国十月革命,吸引中国的先进分子向苏俄学习,在中国传播马克思主义。三是国家间不同发展道路和发展模式的相互影响。四是国际敌对势力通过输出某种思想意识形态,以达到演变目的。如 20 世纪 80 年代西方对中国的和平演变政策,引起中国出现资产阶级自由化思潮。五是国家间战争或其他外来挑战的刺激。比如鸦片战争之后,中国的先进分子开始探索中国出路,而兴起的早期启蒙思潮、洋务思潮等。

(二)社会思潮的传播方式

社会思潮的传播不是线性的,而是呈现为复杂的网状结构。社会思潮的传播方式大致分为两种:一种是人际传播,一种是大众传播。

1.人际传播方式

人际传播是通过人与人之间面对面的社会活动、交往沟通等方式进行的,在大众当中或自发或有组织地传播,由此潜移默化地改变人们的价值观念。人际传播在社会思潮的早期传播中起着决定作用。在这个阶段,人群既是传播者又是媒介,人群是社会思潮传播的最有效的大众媒体。一种社会思潮在其产生初期,往往是在小群体内酝酿、传播,体现着人际传递的特点。通过人与人之间的思想、情感的沟通,传播者以自己的见解、观点、主张试图说服接收者,以期与之达成共识。在人际传播中,社会思潮扩散开来会形成舆论,如人们对某个社会问题、社会现象议论纷纷。人际传播的场所包括家庭、学校、工作地点、公共空间等,交流、谈论的话题十分广泛。

由于手机、网络在人际传播中的延伸,个人必须调整其传播行为以便跟新媒体的技术配置、条件相适应,技术媒体改变了人与人之间的传播交往方式,使得社会思潮传播趋向瞬息化、复合化、自由化。在大众传播空前繁荣的今天,人际传播仍有不可替代的作用。人们往往会以为人际转播大多存在于传播媒介不发达的时期,这是一种误解。任何思潮初发时期,都是先有少数成员的相互交流与融合,之后才能达成共识,任何时代的任何社会思潮都有这一人际传播过程。

另外,人际传播与大众传播不仅仅是一种"位置"先后的关系,即人际传播不仅仅在大众传播之前,在思潮初起时起作用,而且时刻存在于社会思潮传播的整个系统之内。大众传播的效果往往就是通过人际传播即对思潮的讨论获得的,在这个过程中,人际传播也并不是杂乱无章的。在一个小群体内,只有少数人是信息的重要来源,思想观念通过大众传播媒介传递给他人,再由他们通过人际传播扩散开来。

2.大众传播方式

通过大众传媒的运作,社会思潮可以辐射到广泛的受众,不同程度地影响受众的思想认识和价值诉求。在当代社会,思想文化、社会思潮的媒介化倾向十分明显。随着传播技术和传输网络的发展,大众传媒的渗透无所不至,它本身就成为大众日常生活重要的一部分。传媒不仅是负载信息的平台,也是交换意见的重要场所,而且还是一股重要的社会意识形态力量,改变着人们价值意识建构的方式和内容,甚至成为开创社会潮流的源头。

大众传播并不是和人际传播毫不相干的,人际传播是大众传播的基础。两者由信息在传播过程中受众的多寡而区分,两种传播方式的媒介也并不是专属于一种。在当今社会,大众传播的影响显得越来越大,对社会思潮的发生、发展具有更为重要的意义。与此同时,对大众传播的控制显得尤为必要。

在任何国家,大众传播的自由都是相对的。对大众传播进行控制,主要是因为它所传播的社会思潮在促进社会思想文化发展,丰富社会精神文化生活的同时,也可能会对社会发展带来一定的负面影响。从古至今,所有国家的统治阶级为了维护意识形态的安全,都会在一定程度上监视和控制社会思潮的大众传播。统治阶级为了维护自己的统治,必然要对意识形态领域进行一定的控制,使社会思潮朝着有利于自身阶级利益和阶级统治的方向发展。对于可能会危害到国家意识形态安全的社会心理和思想理论,都会采取一定的监视和调控措施,限制其大众传播。

第二节　当代中国社会思潮及其主要特征

一、当前影响我国较大的社会思潮

随着我国全面深化改革的不断深入,对外交往的不断推进,国内社会思潮空前活跃,涌现出各式各样的社会思潮。纷繁复杂、良莠不齐的社会思潮彼此交织、相互碰撞、相互激荡,对我国的社会生活和社会发展造成严重的冲击和影响。当前,对我国影响较大的社会思潮主要包括以下几种类型。

(一)新自由主义思潮

新自由主义是近些年来对我国渗透、影响和危害极其严重的错误的社会思潮之一,新自由主义的兴起和发展有着较长的历史,它是在亚当·斯密古典自由主义思想基础上建立起来的一个新的理论体系,其代表人物主要有凯恩斯、弗里德曼等。在"华盛顿共识"之后,新自由主义已经由一种理论、学说政治化为西方国家的资产阶级意识形态,成为国际垄断资产阶级向社会主义国家和第三世界国家进行思想渗透的重要武器。新自由主义虽流派众多,但梳理起来主要有以下共同的观点和政策主张:一是经济上片面强调市场对经济的调节作用,反对政府干预社会经济活动;反对垄断资本,鼓励市场竞争,鼓吹"市场万能";主张全面私有化,反对社会主义公有制;鼓吹以超级大国为主导的资本全球化和贸易自由化;把防止通货膨胀作为主要的政策目标,主张政府要量入为出,减少税收,节省开支,做到收支平衡等。二是政治上主张代议制民主和宪政法治,反对个人或少数人专政。三是伦理上推崇个人价值,弱化社会主义国家和第三世界国家的作用。"珍视个人自由而反对国家集权,没有任何主义或学说像自由主义那样警惕和防范强大的国家权力对个人权利的侵犯。"[①]

源于资产阶级古典自由主义经济理论的新自由主义,其中不乏有一些科学的成分。如一些自由派学者关于一般市场机制的研究;关于减少政府干预、压缩政府开支、提高政府效率的观点;关于实行积极的财政和货币政策、加强宏观调控的观点;关于人的心理预期对经济活动和经济政策的影响;关于加强法制、社会保障制度、稳定物价在市场经济中的作用等,这些观点对完善我国社会主义市场经济体制,有可供参考和借鉴的成分。但是从实质上说,新自由主义是为现阶段国际垄断资产阶级经济和政治根本利益服务的资产阶级思想理论,只注重对资产阶级个人的自由和资本主义制度的维护,极力反对国家对市场的干预,反对社会主义和公有制,贬低和否定集体主义,这与我国坚持公有制的主导地位,提倡集体主义的社会主义制度是背道而驰的。新自由主义强烈的阶级性决定了其超不出为资本主义辩护的庸俗经济学的囚笼,其本质是"新帝国主义"。20 世纪 90 年代以来,新自由主义严重地干扰着我国的改革开放和社会主义现代化建设,因此,必须认真研究新自由主义的发展历程、基本理论和政治主张,认清其实质和危害,果断地与其划清思想界限。

(二)历史虚无主义思潮

虚,就是虚假矫造;无,就是消除忘记。历史虚无主义在当代中国重新泛起,有着深刻的国际国内背景。20 世纪 80 年代末 90 年代初,苏东剧变之后,世界社会主义处于低潮,世界总体上呈现出西强东弱、"资"强"社"弱、"资"

---

① 徐友渔:《自由主义、法兰克福学派及其他》,载李世涛主编:《知识分子立场:自由主义之争与中国思想界的分化》,时代文艺出版社,1999 年,第 182 页。

进"社"守的态势，一些人认为"历史终结"了，社会主义"失败"了，马克思主义"过时"了，共产主义"渺茫"了，于是他们开始"另找出路"，历史虚无主义就是他们找到的一种以唯心史观为基础的典型的实用主义思潮，这是一种与马克思主义唯物史观根本对立的，非科学的，为国内外敌对势力服务的，旨在否定共产党领导、反对社会主义的社会思潮。除了这种明显的反动政治色彩和利益诉求外，历史虚无主义还否定人民群众的历史主人翁地位，诋毁和嘲弄伟大的中国人民，贬低和否定为争取民族独立和人民彻底解放而进行的反帝反封建的中国革命。他们对中国自鸦片战争以来的革命运动不加分析就给予指责和否定，认为它们都是破坏运动，对历史的发展是没有任何贡献的，主张用调和、改良的方式来取代革命，否定我国曾经进行的革命和当下进行的社会主义现代化建设。另外，他们对历史人物的翻案和对我国革命英雄的解构，热衷于为历史负面人物袁世凯、汪精卫等正名，把无产阶级领袖歪曲为"野心家""政客"等。

一些人试图借"重新评价"和"重写历史"之名，打着"学术研究"的幌子，披着学术自由的"合法外衣"，用一些所谓"历史细节"和敌对势力杜撰的"解密材料"，做翻案文章，设置"理论陷阱"，采用"戏说""恶搞"等新的方式，断章取义、歪曲近现代中国革命的历史、社会主义历史，中国共产党的历史和中华人民共和国的历史，甚至抹杀我国源远流长的中华优秀传统文化。实际上，历史虚无主义无端抹杀忘却客观存在历史，而按照个人主观意愿对历史进行虚假构想和盲目篡改，以达到其否定革命，否定中国选择社会主义道路，否定中国共产党的历史地位和作用，丑化、贬损党的领袖，造成人们思想的混乱，从根本上否定中国共产党执政合法性的不可告人的目的。这是我们必须高度警惕的。

(三)泛娱乐主义思潮

泛娱乐主义思潮扎根于后现代性的思想土壤，以具有现代性客观倾向的大众为异化娱乐的对象，资本逻辑构成是始作俑者的驱动要素，借助现代媒介技术以及媒体从业人员等构成重要传播因素，是将娱乐价值作为首要甚至唯一标准的价值判断的社会思潮现象。泛娱乐主义思潮透露出的反理性、反权威倾向，崇尚"去中心化""生活感性化""个体至上"①等价值理念，对真善美等社会共同价值观构成挑战。

作为一种社会思潮，泛娱乐主义在生成和传播的过程中，呈现出了其自身特有的基本特征和表现形式。在基本特征方面，比如隐蔽性、游戏性、虚假性、扩散性等；在不同领域亦呈现出不同的表现形式，比如文化领域的泛娱乐化、新闻领域的泛娱乐化、大众传媒领域的泛娱乐化、教育领域的泛娱乐化。总体来看，泛娱乐主义思潮已对社会各个领域形成广泛而深刻的影响，尤其是在主要以互联网为传播媒介和寄生空间的领域内得以日渐渗透。尽管在不同领域内，泛娱乐主义思潮呈现出不同的形态和样貌，但究其内核，不外乎以碎片化、娱乐化的话语解构宏大叙事的、严肃科学的话语，以无下限的荒诞而无厘头的娱乐性内容取代有限度的恰当的信息内容，以感官刺激和情感宣泄凌驾于理性判断和真理至上的价值取向，诸此种种，都对当下带来了严峻挑战。因此，我们必须要认清其本质，才能采取有效方式进行应对。

(四)文化保守主义思潮

文化保守主义思潮是近年来在中国大陆发展势头迅猛并对社会影响较

---

① 柯志焕：《泛娱乐主义思潮及治理对策研究》，中共四川省委党校硕士研究生学位论文，2022年，第9~10页。

大的一种重要社会思潮，文化保守主义思潮有多种不同的理解，在当代中国，文化保守主义思潮一般指 20 世纪 90 年代以来在中国大陆发生的以大陆新儒家为主要代表，以主张复兴儒学、回归传统，并主张以儒学作为中国未来文化发展方向乃至治国指导策略为特征的思想潮流。

文化保守主义思潮最早在西方出现，它是 18 世纪以来西方现代化运动的伴生物。18 世纪末的现代科技革命，推动了人类社会的进步，但其结果却导致了深刻的文化危机：人的异化——人性的丧失和道德的破产，保守主义思潮因此而产生了。①保守主义按照保守的对象，可以划分为许多不同的类型，如"政治保守主义""经济保守主义""文化保守主义"等。人们把在文化上主张维护传统文化，特别是传统伦理权威，反对现代自由主义文化及其伦理观念的，称为"文化保守主义"。② 19 世纪，随着西方资本主义的扩张和文化侵略，文化保守主义在非西方地区也开始活跃起来，文化保守主义思潮成为发展中国家一种普遍性文化现象。中国的文化保守主义思潮缘起于 19 世纪末 20 世纪初以国粹派为代表的"古学复兴"运动。鸦片战争后，中国民族国家主权和传统文化面临丧失的双重危机，以章太炎、刘师培等为代表的国粹派以保国、保教等为名，掀起了一股文化保守主义思潮。20 世纪 90 年代初，随着中国改革开放的深入，社会面临着从传统向现代的转型，传统与现代的矛盾凸显，在苏东剧变，冷战结束，全球化、现代化成为历史主流的国际背景下和中国经济腾飞，文化相对滞后的国内背景下，在 20 世纪 80 年代"文化热""国学热"讨论中，一些大陆新儒家在海外新儒家的影响下，公然提出了"复兴儒学""用儒学代替马克思主义成为当今的指导思想"，即"重建儒教""用儒学来重建当今中国的道德规范"，"儒化中国""儒化共产党""用儒士共

---

① 参见[美]艾恺：《世界范围内的反现代化思潮——论文化守成主义》，贵州人民出版社，1991年，第83~84页。

② 参见徐大同：《西方政治思想史》，天津人民出版社，2005年，第151页。

同体专政代替人民民主专政""中国应该走儒家资本主义道路"等思想。这些思想在国内外多种因素推动下在中国大陆迅速蔓延，致使这股已在新中国消失的文化保守主义思潮重新兴起并产生巨大影响。当代中国文化保守主义思潮是近现代中国文化保守主义思潮的延续，但其已超出近现代文化保守主义文化学术哲学范畴，而涉及政治、经济、文化各个领域，演变为一股重大社会思潮。对社会主义现代化建设具有较大的消极影响。

（五）生态主义思潮

生态主义，即生态社会主义，产生于20世纪70年代，是生态运动和社会主义相结合的产物，是当今西方马克思主义主要流派之一。它把生态学与马克思主义相结合，用马克思主义理论解释当代环境危机，试图为克服人类生存困境寻找一条既能消除生态危机，又能实现社会主义的新道路。20世纪80年代生态社会主义传入中国，几十年来经历了一个由冷到热的研究与传播过程。在生态主义思潮历史演变中，大致可分为三个时期，20世纪六七十年代是生态主义思潮的形成时期；20世纪70年代是生态主义蓬勃发展时期，理论内涵进一步发展和完善，初步形成了独具特色的理论体系；20世纪80年代末90年代初以后，随着资本主义的全球化扩展，生态危机也快速延伸到世界的各个角落。其主要观点主要有，人本主义的自然观，社会中介的科技观，生态生产的经济观，批判性的社会文化观。

一方面，生态主义作为一种思潮，它继承了马克思主义的理论传统，坚持了科学社会主义对资本主义的批判；揭示了全球性生态危机的本质；在新发展观的形成和发展中作出了贡献；为科学社会主义解决日渐紧迫的全球问题尤其是生态环境问题提供了丰富的想象空间，设想了可供选择的发展道路，补充、丰富了科学社会主义理论。但另一方面，我们也要看到生态主义的某些主张是片面的。它错误地分析了资本主义社会的基本矛盾、变革资本主义的途径,提出了不切实际的经济主张。他们普遍对科学技术持怀疑甚至是仇视的态度,否定现代化大生产和大型跨国公司的作用;认为现存社会主义已随苏联解体、东欧剧变一起崩溃;社会主义已丧失了它的先知维度、物质基础和历史主体,不要把社会主义理解为可供选择的另一种制度;对未来社会的设计充满了乌托邦色彩等。这些都说明它与科学社会主义的分歧明显,而更接近于空想社会主义,其最终的命运只能由其本身的实践做出回答。因此,我们必须要对生态主义思潮进行认真分析,看到它可能给我国带来的影响,并积极探寻引领思潮发展的新方法、新途径,这对全面看待生态主义思潮具有重要现实意义。

(六)逆全球化思潮

近年来,国际社会掀起了一股强烈的逆全球化浪潮,我们发现,这一现象是一系列国际政治、经济及文化因素综合作用的结果。逆全球化作为体现"另一种全球化"的话语体系,其自身不但包含了鲜明的理论特征,同时它的传播也极大增加了全球性发展格局中的不稳定因素。在此背景下,甚嚣尘上的西方逆全球化思潮,呈现为经济领域的保护主义、政治领域的孤立主义、文化领域的民族主义、社会领域的民粹主义和生态领域的帝国主义等"多维一体"的思潮格局。西方逆全球化思潮是对资本贪婪本性溢出效应的一种回应,是西方发达国家国际利益趋弱的一种反应,也是西方非理性主义思潮的一种折射。在资本逻辑的专制下,全球化与逆全球化交织博弈,世界进入动荡变革期。同时,全球化进程中各种生产要素的自由流动也在不断创造和积累新的生产方式,为向更高级社会形态发展储备物质条件。①

逆全球化思潮是在全球化发展的现实影响中诞生的。西方发达国家利

① 参见董楠、袁银传:《百年未有之大变局下逆全球化思潮的表现、趋势及应对》,《思想教育研究》,2022年第9期。

用在全球化进程中的主导地位，大力推动建立以国际垄断资本主义为主导的国际秩序。其充分利用自身的话语霸权、媒介霸权持续推动资本主义意识形态全球化的进程，目的就是要建立全球性的资本剥削体制。因而呈现出鲜明的理论特征。首先，全球性范围内对于发展利益的多维度探讨赋予了逆全球化思潮多元性内涵的特征。其次，全球化发展格局中利益分配的复杂性与矛盾性赋予了逆全球化思潮丰富的内涵层次。与此同时，意识形态往往构成了讨论全球化发展进程的重要视域，因此逆全球化思潮也体现出强烈的意识形态性。在新时代发展背景下，加强对于"逆全球化"思潮的深刻把握，对于我们有效应对西方价值观的逐步渗透，不断增强社会主义核心价值观的主导地位，具有重要的现实意义。

（七）消费主义思潮

消费主义是一种以盲目崇拜、追求过度占有和消费作为满足自我和人生目标的价值取向以及在这种观念指导下的行为实践。消费主义实质上是一种利己主义，主张以自我为中心，把追求物质消费作为美好生活和人生目的，把无限占有物质财富、贪婪追求、无度消费作为人生价值取向。在消费目的上，把无度的物质消费看作自我表达和社会认同的主要形式；在消费内容上，崇尚物质的过度占有与消耗；在消费本质上，以物质的占有和炫耀为基本内容，导致挥霍浪费。消费主义的消极影响极其深远：一是强烈的消费意识和无休止、无节制的消费行为消耗大量的物质财富，导致社会财富极大浪费，并且造成一系列严峻的生态环保问题；二是误导和扭曲人们的价值观，物质至上、消费至上、享乐至上等错误观念引发人们的竞相模仿，盲目攀比，人们贪图享受，爱慕虚荣，讲排场、要面子，进而偏离社会生活主流，人被严重物化；三是对欲望无节制的追求和满足，引发一系列的社会问题，少数人禁不住物欲的诱惑，为满足欲望不择手段，甚至滑向犯罪的深渊。

（八）民族主义思潮

"民族主义"一词最早是由法国教士奥古斯丁·巴洛于 1789 年提出来的。民族主义与我们平常所讲的民族大义、民族自尊、民族自信有本质的不同。民族主义强调国家和民族认同，是排他性的情感，主张为了本民族的利益排斥其他民族，甚至不惜损害其他民族的利益，在政治上，一些极端民族主义分子反对民族大团结，提出"民族自决""一族一国"的理论，其最大特点是竭力鼓动民族分离、国家分裂。民族分裂主义以国外反华势力为背景，接受他们的经济援助，在国外给社会主义中国做负面宣传，对国内鼓动民族分裂分子制造各种影响社会安定的恐怖破坏活动。民族分裂主义常被国外敌对势力利用，充当敌对势力对我国实行"西化"和"分化"的傀儡，它危害我国边疆地区的稳定和中华民族大团结。这种社会思潮严重影响祖国统一、民族团结、社会和谐稳定及对外开放。

（九）普世价值思潮

普世价值就是指对任何人、任何民族、任何国家、任何时代而言都需要都适用的一种价值及其体系、观念。"第一，这种价值具有普遍适用性，即不是仅仅适用于个别人，少数人，甚至大多数人，而是适用于所有人；第二，这种价值具有普遍永恒性，它不仅仅适用于一时一地，而且适用于所有时间、所有地点，不以任何条件为转移；第三，这种价值是以具有普遍必然性的命题来表述的。只有符合上述三个基本条件，才能称为普世价值命题，而这些基本条件又表明了普世价值成立之困难。"①当前的"普世价值"概念源于德国基督教神学家孔汉思所提的"全球伦理"。"普世价值"的实质就是否认各

---

① 程光泉：《全球化与价值冲突》，湖南人民出版社，2002 年，第 212 页。

民族之间的文化差异,将价值观念固定化与永恒化,将西方的价值取向普遍化、全球化。"普世价值"从理论上,逻辑上并不成立,但其流行的危害极大,不仅会扰乱了人们的思想,使得人们判断是非利害的标准混乱无序,而且还威胁人民政权。这是西方发达国家妄图把多种意识形态的世界转变为资本主义单一意识形态的世界。国内的一部分人也趁此大肆鼓吹在中国推行所谓的"普世价值观",甚至主张把资本主义的"普世价值"作为我国社会主义的核心价值,但他们不曾看到资本主义在"普世价值"笼罩之下的种种弊端,更没有顾及西方"普世价值"为东欧剧变的国家所带来的灾难性后果。

（十）拜金主义思潮

边沁有句名言:"追求利益是道德的最高也是唯一的标准。"拜金主义是一种认为金钱可以主宰一切,把追求金钱作为人生至高目的的人生观。对金钱的崇拜古已有之,但拜金主义作为一种社会思潮却是伴随着资本主义的发展而形成的。其思想源头是边沁、J.S.密尔等人的"功利主义"。拜金主义人生观将金钱神秘化、神圣化,视金钱为圣物,以追逐和获取金钱作为人生的目的和生活的全部意义,金钱成为衡量人生价值的唯一标准,人的一切思想和行为都要服从于金钱价值,为了达到个人的功利目的可以不择手段。拜金主义在经济、政治和文化等领域均有其深刻的表现。经济上,片面追求经济效益,忽视社会利益;破坏和践踏市场准则,无视社会公德;追求局部利益,忽视、牺牲整体利益;注重眼前利益,忽视长远利益。政治上,少数领导干部腐败堕落,行贿受贿、大搞权钱交易,卖官鬻爵等。文化上,盲目产业化、商品化、快餐化,一些低俗的、功利的、良莠不齐的文化产品和活动充斥市场等。简言之,拜金主义就是金钱至上,实质上,拜金主义是一种资产阶级的利己主义价值观,与人的全面自由发展方向背道而驰。人与人之间除了赤裸裸的利害关系、冷酷无情的金钱交易,再没有其他的关系,人的尊严和情感被淹没在金钱的冰水之中；整个社会物欲横流、人情冷漠、道德沦丧、信仰缺失、精神萎靡。拜金主义的泛滥还会使党和政府失去人民群众的信任和支持，造成社会不稳。改革开放以来，拜金主义严重影响人们的生活方式，对此我们必须坚决反对。

综上，我们仅对几类主要影响我国的当代社会思潮进行简单介绍。近年来，《人民论坛》杂志每年都会根据专家调查、网络文献资料收集统计、网络调查等形成一个年度最受关注的十大思潮的调查结果（见附表）。无论是哪一种社会思潮，我们都要认真加以科学批判，进行回应并加以合理的疏导。

二、当代中国社会思潮的主要特征

在意识形态领域，并不是每一种思想观点都能成为社会思潮，也不是每一个历史发展时期都会存在社会思潮，一种理论主张或思想观点能够成为一种社会思潮，除需具备一些条件外，社会思潮也有其自身鲜明的特征。

一是性质上多元共生。从社会思潮的性质来看，当代中国社会思潮呈现出了多元的格局。多种多样的社会思潮不断产生，相互交织，正确的社会思潮与错误的社会思潮相互冲突，积极的社会思潮与消极的社会思潮相互激荡，既有支持和拥护主流意识形态的社会思潮，又有居于非主流意识形态和反主流意识形态的社会思潮，[1]它们共同构成了新时期一元主导多元共生的社会意识形态格局。

二是内容上多样并存。从社会思潮的内容来看，新时期中国社会思潮涌现出多样的形态，如后现代主义思潮、后殖民主义思潮、新自由主义思潮、新保守主义思潮、民主社会主义思潮、生态社会主义思潮、市场社会主义思潮、

---

① 参见朱士群：《当代中国社会思潮：回应与引领》，《安徽师范大学学报》（人文社会科学版），2008 年第 4 期。

表1 2010—2020年最受关注的十大思潮的调查结果

排序	1	2	3	4	5	6	7	8	9	10
2020年	民族主义	生态主义	网络民粹	泛娱乐主义	消费主义	文化保守主义	个人主义	实用主义	科技本位主义	国家主义
2019年	逆全球化	贸易保护主义	民粹主义	多边主义	民族主义	科技本位	消费主义	泛娱乐主义	生态主义	女性主义
2018年	民族主义	历史虚无主义	民粹主义	泛娱乐主义	新左派	消费主义	文化保守主义	生态主义	女性主义	新自由主义
2017年	民粹主义	民族主义	生态主义	消费主义	泛娱乐主义	激进左派	文化保守主义	历史虚无主义	新自由主义	普世价值论
2016年	民族主义	新权威主义	民粹主义	极端主义	新自由主义	虚无主义	新左派	功利主义	消费主义	生态主义
2015年	民族主义	历史虚无主义	新自由主义	极端主义	新左派	普世价值论	新左派	生态主义	极端主义	道德相对主义
2014年	新自由主义	民族主义	新左派	创新马克思主义	普世价值论	生态主义	历史虚无主义	极端主义	新儒家	宪政思潮
2013年	新自由主义	历史虚无主义	新左派	创新马克思主义	普世价值论	宪政主义	新儒家	新左派	新儒家	伪科学
2012年	民族主义	创新马克思主义	新自由主义	拜物主义	普世价值论	极端主义	新国家干预主义	民粹主义	道德相对主义	社会民主主义
2011年	普世价值论	新自由主义	社会民主主义	道德相对主义	社会民主主义	文化保守主义	新儒家	民族主义	民粹主义	公平正义
2010年	新自由主义	民族主义	社会民主主义	文化保守主义	道德相对主义	新左派	历史虚无主义	功利主义	大国心态	伪科学

西方女权主义思潮、民族主义思潮,历史虚无主义思潮、"第三条道路"思潮、大众文化思潮、民间信仰思潮等相互激荡,民众中涌动的传统文化热、宗教意识的觉醒、教育发展中的个性化民主化国际化思潮等相互影响,社会思潮之间既相互排斥,又相互吸引,相互撞击、相互影响的趋势加剧,为了扩大影响,各种社会思潮在有限度坚持自己特定原则的基础上,开始吸收其他社会思潮对自己有利的思想内容。比如新左派思潮和民族主义在一些问题上的立场趋于接近,并在某些方面出现融合趋势,而新自由主义意识到民族主义在中国有着较为强大的群众基础,也开始讨论关于民族主义的一些问题。

三是形态上因时而变。从社会思潮变迁来看,新时期社会思潮呈现出了多变的特点,各种社会思潮并没有固定的、一成不变的特性,总是随着社会经济、政治、文化的不断发展变化而不断改变其自身的形态和内容,因而呈现出变化多端、性质复杂等特点。当今世界和当今中国都发生着广泛而深刻的变化,这种变化带动社会各阶层的利益调整,从而导致民众利益诉求、社会心理的巨变,也促使社会思潮的巨变。

四是影响上交锋持续。从社会思潮影响社会的方式来看,当代中国社会思潮更加注重争夺话语权。为争夺话语权,抢占思想舆论阵地的主导权,社会思潮之间的争论、交锋更加激烈。一些社会思潮的代表人物通过写文章、作讲演等各种机会,积极介入社会热点问题的讨论,力图使自己的声音最响亮最动听,说服人们接受自己的观点。比如,新自由主义和新左派思潮针对改革中出现的腐败等社会不公现象的成因和解决途径,分别持不同意见。当然,取得话语权的目的是为了占领社会意识的制高点,从而更广泛和更有效地对社会思潮进行传播并更大范围地影响民众和介入现实。

五是传播上形式多样。从社会思潮的传播方式来看,当代中国社会思潮传播更加多样化、立体化,媒介选择多样化、多媒体化。其表现为:第一,继续借助书刊报纸、大学讲坛等传统渠道进行传播,抢占舆论阵地。广播电视,报纸杂志作为传统媒体,是社会大众获取信息的重要渠道,在社会思潮传播中发挥直接作用,大学作为社会思潮的发酵升温地,在思潮传播中继续扮演重要角色。第二,充分利用互联网,微信微博抖音等新技术手段,扩大传播渠道和范围。第三,传播的信息载体多样化,不仅有传统的文字、声音的传播,更有图像、漫画、动画等多种实现形式。社会思潮传播进入集声音、文字、图像于一体的多媒体时代。尤其是20世纪90年代后期以来,互联网逐渐成为社会思潮传播的重要工具。第四,更贴近平民百姓的生活。无论是传播的内容还是方式,社会思潮与普通百姓的距离更近了,表达方式更通俗易懂了。

六是表达上注重结合。当代中国社会思潮在观点表达上更加注重与现实利益问题的结合。以往社会思潮主要集中在抽象层面的学术思想领域,与现实社会的联系大多比较间接。当前一些社会思潮则直接与现实相关,对社会、民生的关注度有所提高,更加重视制度层面的、可操作的问题,往往针对某些社会问题抛出相应的"药方"。据一份调查显示,对于当前一些社会思潮有一定市场的原因,专家选择"现实针对性强,能对社会热点作出解释"的占22.6%,居第二位。另一方面,人们接受某一思潮不再只是出于纯粹的思想认同,而是掺杂了更多的利益因素,支持与否在很大程度上取决于该思潮是否合乎自身的利益诉求。

第三节　当代社会思潮在中国

一、当前社会思潮的主要影响

社会思潮作为一定历史时期社会存在的特殊意识反映,代表一定阶级、阶层或社会群体的社会理想、价值取向和利益诉求，对社会发展和人们的价值观念有着或多或少、或正或反的影响作用。其中，正确的、进步的、积极向上的社会思潮可以推动社会的发展；而错误的、落后的、保守反动的社会思潮将阻碍社会的发展和进步，甚至影响国家政权的安全。

（一）积极影响

运用辩证思维看待当前社会思潮，我们不仅要深刻分析它带给我们的不利影响，我们也要看到其有利的一面。

第一，有利于丰富中华文化资源。科学的理论、先进的文化都是在实践的基础上和一定的思想文化生态环境下，不断吸收先进思想文化、批判落后思想中形成和发展起来的。当今各种社会思潮的不断涌现，为我们不断总结新的实践经验，借鉴吸收当今世界有益文明成果，不断丰富中华文化资源提供了重要的条件。恩格斯指出：现代社会主义"同任何新的学说一样，它必须首先从已有的思想材料出发，虽然它的根子深深扎在物质的经济的事实中"①。中国特色社会主义文化建设，必须排除闭关自守的文化排外主义和盲目的西方文化中心论的干扰，以开放的胸襟、兼容并包的态度和科学的精神对待古今中外一切文化成果，其中自然包括各种社会思潮。时下，我国社会思潮空前活跃，各种思想文化不断涌现，并与我国社会主流意识形态相互激荡、彼此交融、互动共进，这不仅有利于我们总结新的实践经验，吸收借鉴世界有益文明成果，为我们理论创新和发展中国特色社会主义文化提供了宝贵的文化资源，而且其中一些合理因素还能为现有的理论提供启示。比如，存在主义和精神分析学说所研究的非理性现象是马克思主义经典理论中没有涉及的内容，为我们进一步发展马克思主义认识论提供理论资源。即使是那

---

① 《马克思恩格斯选集》（第三卷），人民出版社，2012年，第775页。

些本身就存在一定不足的，甚至是直接针对所谓马克思主义"过时"或者"错误"而产生的社会思潮，对我们的文化建设也起着一定的作用。正如毛泽东同志所强调的，"马克思主义必须在斗争中才能发展，不但过去是这样，现在是这样，将来也必然还是这样。正确的东西总是在同错误的东西作斗争的过程中发展起来的，真的、善的、美的东西总是在同假的、恶的、丑的东西相比较而存在，相斗争而发展的"。科学地对待各种社会思潮，既符合"百花齐放、百家争鸣"的文化建设方针，也有利于丰富中华文化资源。

第二，有利于拓宽理论视野。不同社会思潮的争鸣与交流，可以满足人们日益丰富的精神需求，激发创造活力，保持社会发展的蓬勃生机。多种社会思潮的存在，是我国社会多元发展的产物，反映了我国社会发展不均衡的客观现实，这在一定程度上适应了我国社会不同阶层和不同群体的多元文化需要和价值追求，为推动全体社会成员不断解放思想、创新观念，拓宽理论视野注入了新的活力。社会思潮涉及的内容广泛，关注的问题种类和视角繁多，解决问题的方案具有创新性、超越性和前瞻性，能开阔人们的视野，了解当代各种社会思潮的新特点，有利于提高人们以独特的视角来观察和分析社会问题，以及对各种社会思潮的心理抵抗能力。马克思曾指出："新思潮的优点就恰恰在于我们不想教条式地预测未来，而只是希望在批判旧世界中发现新世界。"[1]我国新民主主义革命的胜利正是在以马克思主义为代表的先进社会思潮的引领下取得的。当前，我国正处于全面深化改革的关键时期，各种社会思潮不断涌现，正确的积极向上的社会思潮作为一种巨大的理论和精神力量，具有广泛的社会基础和受众基础，有助于人们坚定科学的理想信念，正确应对社会风气的种种变化，不断引导和激励人们朝着共同的目标，群策群力、奋勇前行，为社会主义事业的建设提供强大的精神动力、智力

---

① 《马克思恩格斯全集》（第一卷），人民出版社，1956年，第416页。

支持,厚植厚重的理论基础。

第三,有利于发现并解决现实问题。社会思潮往往是社会生活的"晴雨表""温度计"。各种社会思潮不是凭空产生的,而是关注现实问题的解决,根源于特定的物质利益和精神诉求,人们的思想意志和精神诉求总是通过一定的社会思潮的形式表现出来,反映了各阶级或阶层人民的利益和愿望,反映了各阶级、阶层或社会群体的思想观念和精神诉求,反映着政治、经济、社会的发展现状。比如,新自由主义和新左派围绕公平与效率问题、自由竞争与市场调控问题、民主与自由问题展开的争论。我们可以从各种思潮中汲取积极的思想观念,通过社会思潮了解和把握社会各阶级、阶层的心态和动向,了解群众的社会心理和呼声,及时调整政策。这不仅有利于我们了解国情民意及广大群众的社会心理,深刻把握人们的思想动态,而且为执政党制定和落实符合国情民意的各项政策和相关措施提供了重要的参考依据,也为分析和解决我国现代化过程中出现的现实问题提供了有益的启发和借鉴。再如,现代工业的过快发展使得生态环境日益恶化,生态社会主义和后现代主义等社会思潮针对这一现实问题提出了一系列的解决措施,为我国建设资源节约型、环境友好型社会等政策的制定和落实提供了启示。

(二)消极影响

社会思潮带给我们的负面影响,是我们研究社会思潮这一专题的重要内容,能看到问题,发现症结,才有我们解决问题的目标和方向。

第一,冲击马克思主义指导思想地位。对我国一元指导思想进行挑战,造成了人们思想混乱,价值取向无序化。马克思主义是我国唯一的指导思想,是社会主义意识形态的灵魂。然而目前西方发达国家凭借科技、文化、经济、军事、网络技术等优势,以对外交流、商品贸易、跨国投资等方式,向我国大量输出资本主义的主流价值观、思想文化及意识形态,加大力度对我国实现"西化""分化"和"和平演变"。"一些社会思潮从自身立场出发,提出了各自的价值观念和思想理论体系,如民主社会主义以所谓'自由、公正、团结'的基本价值观念兜售其改良主义思想,否认科学社会主义的历史必然性;历史虚无主义以'重新评价'为名,否定中华文明,否定革命,否定党的历史,主张'告别革命'、'全盘西化'等等,都在不同程度上对马克思主义和马克思主义中国化的理论成果提出了质疑和挑战。"①新自由主义、民主社会主义、新保守主义、无政府主义等非马克思主义思潮不断涌入我国,影响着人们对指导思想的正确选择,部分人在充满欺骗、诱惑的西方"民主""自由"等价值观念及生活方式面前束手无策,以至于盲从或直接接受西方的政治主张,在指导思想上误入了歧途,甚至还出现了马克思主义"过时论""无用论"和社会主义"倒退论"等思想倾向,这造成了人们思想混乱,价值取向呈现出无序性、盲目性和易变性等特征。

第二,动摇共同理想信念基础。对共同理想的认同有所削弱,造成了人们信仰迷失,理想信念无根化。当前,坚持中国特色社会主义,实现中华民族的伟大复兴是我们的共同理想。正处于社会转型的我国,凸显的社会矛盾和问题造成了人们的不满情绪和迷茫心理。一些别有用心的人利用人们的这种心理,借某些失误大肆攻击和污蔑社会主义,特别是随着西方新自由主义等错误思潮的传入,他们便指责科学社会主义不是真正的社会主义,鼓吹建立"一种社会公正、生活美好、自由与世界和平的新社会模式",即走"第三条道路"②。他们鼓吹用早就被实践证明是错误的和失败的"民主社会主义"这种模式来代替科学社会主义……受错误的、腐朽思想的侵蚀,人们的理想信念受到了严重的影响,越来越多的人对中国特色社会主义产生了怀疑,认为任何理想都是虚无飘渺的乌托邦,任何关于未来的美好信念都是诱人迷途

---

① 解松:《当前主要社会思潮及其影响》,《江南社会学院学报》,2009 年第 2 期。

② 时统君:《多样化社会思潮与马克思主义信仰教育问题的思考》,《社科纵横》,2011 年第 4 期。

的海市蜃楼,全球化思潮倡导超国界的整体主义,鼓吹"民族国家过时论""意识形态终结论""趋同论"等观点,企图消解和否定马克思主义在我国意识形态领域的主导地位。最终难免陷入既对社会现实和个体的生活处境强烈不满,又找不到超越现实、改变现实的有效途径和手段,只能在当下的生活中追求偶然的、暂时的满足,使生命降格为凡庸琐屑的享乐,蜕变成本质上消极的困境。这严重削弱了人们对中国特色社会主义共同理想的认同,造成了人们思想的混乱,动摇了人们的理想信念。

第三,扭曲共同遵循价值观方向。对社会价值观进行极度扭曲,破坏了社会道德风尚,思想道德失范化。价值观作为世界观的重要体现,反映着一定阶级或阶层的思想意志和利益诉求。随着改革开放的不断扩大和社会主义市场经济的深入发展,消费主义、拜金主义、享乐主义以及极端个人主义等不良社会思潮不断冲击着人们的道德观念、价值取向,深刻影响着人们的行为方式,严重干扰了人们的价值判断和道德选择。当代西方宣扬的怀疑主义、批评主义,无论在理论上还是在实践中都陷入了相对主义和虚无主义的窠臼。它们过分强调个体的情感和体验,否定理性的意义,反对一切外在的束缚和限制,在一定程度上淡化了人们的责任意识。既不愿遵循传统的道德价值观,又未能及时有效地建构新的价值体系,造成了道德领域的真空现象。于是,有些人丧失了道德感和社会责任,将国家利益、民族利益和集体利益抛之脑后,以自我为中心,过分追求消费和享受,生活腐化,社会道德风尚严重被破坏。有些人放弃了对我国主流价值的追求,混淆真善美与假丑恶的界限,甚至以丑为美、以恶为善、以耻为荣,社会价值观被严重扭曲。

第四,过度解读民族意识内涵。对民族意识进行极度曲解,影响了和谐社会的构建,将民族精神妖魔化。伴随着经济全球化进程,西方发达国家千方百计地渗透与传播其"文明",并不同程度地对发展中国家和落后国家的文明进行曲解和妖魔化,以此显示其文明的优越。由此,激起了发展中国家人民的愤慨和不满，我国也兴起了民族主义社会思潮。受其影响，人们的爱国热情被激起，民族意识被唤醒。在表达爱国之情时，有的展露出狭隘的民族意识，以对峙的思维方式对待国际争端，甚至有些人期望政府采用极端方式解决，陷入极端民族主义的漩涡。也有人打着"民主社会主义"的旗号，极具煽动性和迷惑性地宣扬"民主社会主义是马克思主义的正统""只有民主社会主义才能救中国""军队国家化""经济自由化"等，对共产党和中国特色社会主义进行无端指责和污蔑，并借一些处理不当的群体事件，大肆挑拨、分化、蛊惑、欺骗和误导普通民众，严重影响正常的社会秩序，严重影响社会主义市场经济的发展和现代化事业的顺利进行，严重影响着社会主义和谐社会的构建。

二、当代社会思潮的引领对策

党的十八大指出："要深入开展社会主义核心价值体系学习教育，用社会主义核心价值体系引领社会思潮、凝聚社会共识。"当代中国正处于体制大转型、社会大变革、社会思潮最活跃的时期，如何引导人们，特别是青年正确应对当代社会思潮，帮助人们始终坚持正确的政治方向、政治立场、政治观点，增强人们的政治鉴别力和敏感性，是关系国家安全、社会稳定、党和人民事业兴衰成败的必要之举。

（一）坚持以马克思主义为指导

"如果我们不是马克思主义者，没有对马克思主义的充分信仰，或者不是把马克思主义同中国自己的实际相结合，走自己的道路，中国革命就搞不成功，中国现在还会是四分五裂，没有独立，也没有统一。对马克思主义的信仰,是中国革命胜利的一种精神动力。"①面对多元并存、鱼龙混杂、复杂多变的社会思潮,不仅需要我们擦亮双眼,提高鉴别力,更需要我们意志坚定地坚持马克思主义的指导地位,坚持社会主义核心价值体系,坚持用马克思主义对各种社会思潮进行合理评价和主动回应。对那些正确的、积极向上的,有利于弘扬社会主义文化和精神文明建设的社会思潮,我们要予以肯定,并加以完善和发展;对那些错误的、消极落后的、腐朽的思潮,我们要坚决抵制。要高度重视社会思潮在社会系统中的功能作用,认真对待其流变,而不是敷衍塞责,被动应付,更不是熟视无睹,听之任之。②要加强马克思主义理论研究,不断增强说服力和战斗力,真正使马克思主义成为全党全国人民团结奋斗的精神支柱。要坚持弘扬主旋律,对错误的思想政治观点和言论、对否定四项基本原则的挑战和攻击,要坚持原则,敢抓敢管,理直气壮地予以批驳和抵制,决不能不闻不问、听之任之。面对各种社会思潮,我们要用发展的马克思主义自由观、民主观、传统观、民族观和唯物史观等给予不同社会思潮有针对性的回应,运用马克思主义分清是非,努力消除各种错误思潮对人们思想的消极影响。③

（二）坚持以社会主义核心价值体系为引领

社会主义核心价值体系是中国特色社会主义的主导价值取向,它对整合社会多样化的价值观、建设社会主义和谐文化具有高屋建瓴的意义。当前,多元并存的社会思潮,特别是错误的、落后的、保守反动的社会思潮对我国社会意识形态产生了许多消极的影响,坚持以社会主义核心价值体系引领当代社会思潮十分必要和迫切。首先,必须巩固马克思主义指导地位,坚

---

① 《邓小平文选》(第三卷),人民出版社,1993年,第63页。
② 参见朱士群:《当代中国社会思潮:回应与引领》,《安徽师范大学学报》,2008年第4期。
③ 参见吴仁华:《社会思潮十讲—青年师生读本》,福建教育出版社,2014年,第24页。

持不懈地用马克思主义中国化时代化的最新理论成果武装全党、教育人民。对积极进步的思潮,以正面的教育和引导,鼓励人们将其从心理层面或不完整的理论形态提升到理性层面;对于错误思潮,要注意进行及时疏导和教育,帮助人们认清其理论的本质及欺骗性。如"意识形态终结论""去意识形态化"等社会思潮,其本质是"意识形态一统论",目的是把社会意识形态统一到西方的自由民主制度上。其次,用中国特色社会主义共同理想凝聚力量,用以爱国主义为核心的民族精神和以改革创新为核心的时代精神鼓舞斗志,用社会主义荣辱观引领风尚,巩固全党全国各族人民团结奋斗的共同思想基础,针对人们的现实困惑和理论立场,用科学、生动、人性化的手段、方法分析和解决问题,帮助他们站稳价值判断的根基,历练高尚的人格修养。我们必须和中国的现实国情相结合,用通俗易懂的群众的语言,喜闻乐见、生动活泼的形式,鲜活的内容去引领社会思潮。①

(三)坚持以抢占舆论阵地为先手

社会思潮在传播过程中,其理论外形往往具有一定的吸引力,特别是对网络等媒体使用频率较高的青年群体来说。由于对社会认知的缺乏,青年往往在一知半解的状态下接受了各类社会思潮并对之赋予理想化的解读和理解。在信息不断发展的今天,各种错误思潮的发声者都开通了微博、微信,并聚集了大量拥护者。因此,要想在引领青年中赢得主动权,就必须重视抢占网络等新兴媒体阵地,善于运用现代技术引领多样化社会思潮。要想确保马克思主义在意识形态领域的指导地位不动摇,我们党的理论工作者要"接地气""转文风",不仅不能在现代传媒这个阵地上缺位、失声、丧失话语权,而且还必须充分关注这个"接地气"的阵地,进入这个阵地,经营这个阵地,抢

① 参见吴仁华:《社会思潮十讲——青年师生读本》,福建教育出版社,2014年,第25页。

占这个意识形态宣传工作的制高点,"巩固马克思主义在意识形态领域的指导地位,巩固全党全国人民团结奋斗的共同思想基础"。要充分利用好微博、微信等接地气的传播方式,第一时间掌握社会思想舆论动态,弘扬主旋律,传递正能量,果断处理和有效应对反动言论和信息,积极引导公众舆论,增强网络时代思想理论教育的实际效果。①

(四)坚持以守正创新理念为抓手

马克思主义之所以能够保持其先进性、科学性,其中一个非常重要的原因就是它能吸收和借鉴人类历史上一切优秀成果,是一个开放的、与时俱进的体系。马克思说过:"你们赞美大自然悦人心目的千变万化和无穷无尽的丰富宝藏,你们并不要求玫瑰和紫罗兰发出同样的芳香,但你们为什么却要求世界上最丰富的东西——精神只能有一种存在形式呢?"②各种社会思潮之所以有人追捧且能延续必然有其存在基础,意识封闭的结果只会是社会倒退与落后,思想碰撞才是一个民族精神发展和社会进步的条件。有的思潮强调开放与竞争、强调市场对于经济的作用、强调宪政与法治、强调自由与人权;有的强调国家利益与民族凝聚力,强调民主价值与公平价值兼顾,强调社会主义的理想与价值、公平与和谐以及对弱势群体利益的关注等。这些思想对我们当前建立和完善社会主义市场经济、社会保障体系,关注民主,加强社会主义法制建设等都有着不同的借鉴意义。马克思主义的理论品质是与时俱进。多元的社会思潮不仅有利于我们多方面进行思考,而且有利于我们破中有立,立中有破,不断创新方式方法,不断推进理论创新,不断发展马克思主义。同时,要深入宣传马克思主义中国化的最新理论成果,增强其说服力、感染力、影响力和竞争力,使人们真学、真懂、真信、真用,自觉抵制

---

① 参见吴仁华:《社会思潮十讲——青年师生读本》,福建教育出版社,2014年,第26页。

② 《马克思恩格斯全集》(第一卷),人民出版社,1956年,第7页。

各种不良社会思潮的影响和侵蚀。

(五)坚持以提高引领能力为前提

面对各种社会思潮的涌入,迫切需要提高自身的能力和素质,特别是提高社会思潮正向引领能力。一要提高认识社会思潮的能力。认识社会思潮的能力是一种正确把握引领对象的能力。社会思潮是对社会变迁的一种观念反映,同时它的流行和传播在特定的时期对特定的群体具有促发特定行为倾向的作用。当代中国社会思潮随着社会政治和经济的变化不断改变其形式和性质,呈现出变化多端、性质复杂等特点。与此相应的是,多样化社会思潮使人们的价值观念变得混乱和迷茫。因此,科学引领当代中国社会思潮,必须正确判断社会思潮的性质,具体分析社会思潮的结构、层次、类型和趋势,才能始终保持引领的主动权。二要提高理论创新的能力。引领社会思潮必须敢于正视社会思潮反映出的社会问题,对社会思潮做出及时有力的正面回应。没有先进的理论,就没有话语权和引领权。因此,要推进理论创新,将研究重心前移,深入回答重大理论和实际问题,创新理论的话语体系,不断赋予马克思主义鲜明的实践特色、民族特色和时代特色。当前,特别要重视在和社会思潮的互动中,以高度的理论自觉和理论自信,打造具有中国特色、中国风格、中国气派的哲学社会科学学术话语体系,形成既符合马克思主义基本原理,又符合当代中国实践和时代特征的马克思主义理论成果,用中国的理论研究和话语体系解读中国实践、中国道路,不断概括出理论联系实际的、科学的、开放融通的新概念、新范畴、新表述。三要提高宣传教育的能力。要实现对社会思潮的成功引领,必须把社会主义核心价值体系切实"融入"国民教育和精神文明建设全过程,并把它切实"转化"为人民的自觉追求。引领是一种理解的对话、理性的沟通,接受引领是一种"心悦诚服"的思想自觉、道德自觉和文化自觉。要发挥国情国策教育的作用,增强宣传教育的说服力、感召力,以形式多样的活动为载体,动员和引导社会群体参与和支持社会主义核心价值体系建设。把引领社会思潮同解决人民群众最关心、最直接、最现实的利益问题结合起来,不断夯实形成社会共识的群众基础。①

(六)坚持以建立引领机制为基础

建立一套系统合理的社会思潮引领机制,是应对错综复杂社会思潮的一项基础性工程,需要下功夫研究和落实。一是信息反馈机制。社会思潮是一种反映"民意"的显性形式,如若不能准确地反馈到主流意识形态那里,民意便会受到压抑或压制,转而变成"民隐",亦可能形成"民怨"或"民愤"。良好的信息反馈机制能够在社会思潮和主流意识形态之间搭建一座沟通的桥梁,这样一来,主流意识形态能够及时了解新兴的社会思潮,为其分析、批判和吸收新的思想做好准备。二是传播控制机制。随着社会生活实践的不断深入,科学技术的发展,社会思潮早期那种线性的传播已经或正在向网状式传播转化。尤其是网络信息平台的交互性、开放性、虚拟性等特点,使得社会思潮传播的各个环节都发生了巨大变化,社会思潮传播的速度、传播的信息量以及受众的群体都是以往所无法比拟的。在这种情况下,灵活的信息传播控制就显得尤为重要。三是分析预测机制。社会思潮的分析必须以马克思主义的基本立场和原理为立足点和依据,在划清思想界限、澄清理论是非、区分思想理论体系和个别观点的基础上,判明各种社会思潮的基本性质及其社会作用,进而揭示社会思潮之间的主要关系。社会思潮的预测是指人们对某社会思潮产生的可能性,发展的条件、根据、蔓延及其社会影响进行分析评估。对社会思潮进行预测,也是运用马克思主义理论对社会思潮诸问题进行

---

① 参见徐兰宾、刘汉一:《社会思潮与青年教育》,江西人民出版社,2013年,第21~22页。

剖析、比较、鉴别的过程。四是渗透转化机制。主流意识形态对社会思潮的引领往往是通过把思想体系的内容经过传播渠道转化为人们普遍接受的社会思潮,以形成强大的精神力量来实现的。主流意识形态在与社会思潮的互动中最大限度地寻求共识, 继而将其核心体系循序渐进地融入思潮的精髓当中,以促进其性质的转化,使思潮健康发展。各种社会思潮有不同的特性和发展阶段,渗透转化机制也必须多样化。①

① 参见徐兰宾、刘汉一:《社会思潮与青年教育》,江西人民出版社,2013 年,第 22~23 页。

第二章 新自由主义思潮

20世纪七八十年代,在以金融资本为首的国际垄断资本的推动下,新自由主义被作为治疗各种经济问题的灵丹妙药在全球推广,其导致的各种严重后果让人们对这套学说和政策的质疑和批评一直持续不断,2008年国际金融危机的爆发和蔓延更使质疑和批评达到了一个新的高潮。随着经济全球化进程加快,新自由主义思潮无孔不入,并借口所谓支持我国市场经济体制改革而混淆视听,使一些不明真相的人产生了种种模糊认识和错误观念,企图改变我国改革的社会主义方向,改变中国特色社会主义的制度特性,对马克思主义在我国意识形态领域的指导地位形成严峻挑战。因此,什么是新自由主义?它的基本观点以及对我国的影响与危害又是什么?搞清楚这些问题,对于建设中国特色社会主义事业,特别是对于当前全面深化改革都具有重大的理论和实践意义。

第一节　新自由主义的源起

20 世纪 30 年代,整个资本主义社会处于大危机时期,以自由放任为原则的古典经济学受到怀疑。西方一些经济学家为寻找挽救资本主义的药方,纷纷对古典经济学和在其指导下的自由资本主义的弊端进行反思,并进而形成了两个不同的学术阵营:新自由主义和凯恩斯主义。前者强调自由放任原则是核心,强调市场机制这只"看不见的手"的作用,要求国家或政府尽可能少地介入社会经济生活,政府只是充当私有财产的"守夜人";后者则是从自由资本主义的危机出发,强调政府或国家管理这只"看得见的手"的作用,主张政府全面干预经济活动,实施全面的宏观调控。20 世纪 70 年代经济危机之后,自由放任还是国家干预的选择问题再次成为 20 世纪社会经济生活领域中争论的焦点。新自由主义正是在这一争论过程中,在 20 世纪 70 年代实现了复兴。

一、新自由主义的内涵及主要流派

新自由主义是由众多的理论学派和学说主张构成的一个理论群体。虽然主张新自由主义理论的不同学者,从不同的理论角度透视当前西方社会所面临的一系列重大经济问题,建立了不同的理论学说,形成了不同的思想流派,提出了不同的政策建议,但是他们都主张维护市场自由运转和限制政府的管理权力。这一共同特征,学术界将他们的理论统称为新自由主义。

（一）新自由主义的内涵

自新自由主义问世以来，国内外学术和理论界对什么是新自由主义进行了积极探讨，但由于学派众多、观点各异，故对其概念进行精确界定也不是一件容易的事情。目前，国内外学术界的主要观点有：

第一，国外学者对新自由主义的解读。不少国外学者从不同角度，对什么是新自由主义进行解读，其中有代表性的观点有：美国著名学者诺姆·乔姆斯基认为，新自由主义是在亚当·斯密古典自由主义思想基础上建立起来的一个新的理论体系。该理论体系强调以市场为导向，是一个包含一系列有关全球秩序和主张贸易自由化、价格市场化、私有化观点的理论和思想体系，其完成形态则是"华盛顿共识"[①]。罗伯特·W.迈克杰尼斯在《新自由主义和全球秩序》一书的导言中指出，新自由主义是我们这个时代明确的政治、经济范式——它指的是这样一些政策和过程：相当一批私有者能够得以控制尽可能多的社会层面，从而获得最大的个人利益。法国学者科恩·塞阿认为，新自由主义是资本主义全球化战略下的"意识形态的理论表现"[②]。

第二，国内学者对新自由主义的阐述。中国学者以马克思主义为指导，通过深入研究和分析，对什么是新自由主义提出了自己的观点：胡代光认为，新自由主义是"古典自由主义"经济学说的更新，是它的更为极端的翻版。[③]张成德、晔枫认为，新自由主义是指资本主义的新保守势力，通过全球渗透和国际垄断，进而为资本拥有者谋取最大化利益的资本主义意识形态

---

① ［美］诺姆·乔姆斯基：《新自由主义和全球秩序》，徐海铭、季海宏译，江苏人民出版社，2000年，第3~4页。

② 高和荣：《揭开新自由主义的意识形态面纱》，《政治学研究》，2011年第3期。

③ 参见胡代光：《评析新自由主义倡导的政策实施问题》，《福建论坛·人文社会科学版》，2004年第3期。

和理论思潮。①中国社科院"新自由主义研究"课题组从政治思想和哲学层面上对新自由主义进行了概括，指出新自由主义是在继承资产阶级古典自由主义经济理论的基础上，以反对和抵制凯恩斯主义为主要特征，适应国家垄断资本主义向国际垄断资本主义转变要求的理论思潮、思想体系和政策主张。新自由主义与古典自由主义经济理论既有联系又有区别，并且通过"对凯恩斯革命的反革命"而著称于世。"华盛顿共识"的形成与推行，则是新自由主义从学术理论嬗变为国际垄断资本主义的经济范式和政治性纲领的主要标志。②

尽管中外学者从各自学术背景出发，对新自由主义的概念进行了不同的阐述，但还是可以从中找到共同点，即他们都认为新自由主义是一种全球化的思潮，其理论主张是讲究绝对的自由而不是控制，崇尚的是过度的市场化而不是计划，推崇的是极端的私有化而不是公有化和集体化。

综上所述，我们认为，新自由主义是对古典自由主义的扬弃，是西方经济学家为了克服资本主义经济运行中出现的问题，更好地发展资本主义而提出的一系列经济理论与学说，这些理论与学说后来为美英政府所采纳，在实践中不断发展，进而形成一套完整的思想理论体系与政治主张，而后又被当成国际垄断资本获取全球利益的工具。从短期看，新自由主义部分解决了资本主义的经济危机；从长期看，新自由主义把世界经济推向了深渊，给部分国家和人民造成了深重的灾难和长久的危机。从新自由主义的形成发展历史看，新自由主义在形成之初，只是少数西方经济学家在研究经济问题时提出的一些个人见解和理论，这时的新自由主义仅限于理论研究；20世纪70年代末80年代初，西方主要资本主义国家遇到了空前的经济危机，面对

---

① 参见张成德、晔枫：《"新自由主义"的风行及其本质》，《山西日报》，2005年1月11日。

② 参见中国社会科学院"新自由主义研究"课题组：《新自由主义研究》，《马克思主义研究》，2003年第6期。

严重的危机,凯恩斯主义束手无策,新自由主义成为英美等资本主义国家摆脱经济困境的良方而广为传播,新自由主义开始成为西方发达资本主义国家化解自身危机与对其他国家进行经济侵略与掠夺的工具;在新自由主义成为西方发达国家主流意识形态的前20年,西方发达资本主义国家从中获益颇丰,而拉美、俄罗斯、东欧及部分发展中国家则深受其害;进入21世纪,全球大部分国家,特别是英美等发达国家也开始深受其害,新自由主义风光不再。详细探究新自由主义兴起的历史背景及演变过程,将有助于我们更深刻地了解新自由主义的含义。

(二)新自由主义的主要流派

新自由主义是由众多风格不同,主旨基本一致,而具体观点各异的不同学术流派在不断发展中逐步形成的。狭义的新自由主义主要是指以哈耶克为主要代表的新自由主义。广义的新自由主义,除了包括以哈耶克为代表的伦敦学派外,还包括现代货币学派、新制度经济学派、理性预期学派、公共选择学派、供给学派等。其中在资本主义世界影响较大的主要有伦敦学派、现代货币学派、新制度经济学派和理性预期学派。

第一,伦敦学派。以英国的伦敦政治经济学院为基地的新自由主义伦敦学派,其领军人物是哈耶克。哈耶克一贯主张绝对自由化、完全私有化、彻底市场化,强调自由市场、自由经营。在他看来,任何形式的经济计划、国家干预始终与效率无缘;私有制是自由的根本前提,只是由于生产资料掌握在独立行动的人的手里,才不会有人控制个人的权利,个人才能以个人身份决定我们要做的事情;如果所有的生产资料都落到一个人手里,不管它在名义上是属于整个"社会"的,还是属于独裁者的,谁行使这个管理权,谁就有权控制个人。他认为公有制、社会主义是通往奴役之路。他甚至主张,即使是货币发行权也应给予私人银行,而不能让政府垄断。哈耶克是典型的市场原教旨主义者,他的新自由主义理论观点是其他新自由主义者的主要思想来源。①

第二,现代货币学派。以美国芝加哥大学为基地的现代货币学派,是20世纪50年代出现的新自由主义学派,也被称为新保守主义学派。这一学派以现代货币数量论为理论基础,以制止通货膨胀和坚持经济自由、反对国家干预为主要政策主张,强调实行"单一规则"的货币政策。现代货币主义的创始人和领袖是美国芝加哥大学教授米尔顿·弗里德曼,其自由化主张的经济理论基础,是他在1970年发表的《货币分析的理论结构》一文中提出的"名义收入货币理论模型"。该模型的基本含义是,名义国民收入变动主要取决于货币供给量的变动,因而他认为"货币最要紧"。由此出发,他主张在货币单一规则的前提下,实行经济自由放任政策,反对国家干预;否定计划经济和任何形式的公有经济;主张削减国家财政对社会福利的投入,等等。弗里德曼是绝对自由化、完全私有化、彻底市场化的狂热鼓吹者。

第三,新制度经济学派。新制度经济学以经济组织或制度问题为研究对象,主要强调明晰私人产权,降低市场交易费用,实现资源"有效配置"。新制度经济学的理论包括四个方面,即交易费用理论、产权理论、企业理论、制度变迁理论。在新制度经济学看来,市场机制的运行、市场交易是有成本的,也即交易费用:一旦假定交易成本为零,而且对产权的界定是清晰的,那么法律规范并不影响合约行为的结果,即最优化结果保持不变。这一学派的创始人是英国学者、20世纪60年代移民美国并于新自由主义大本营美国芝加哥大学任教的罗纳德·科斯。科斯是狂热鼓吹私有化的新制度经济学派的鼻祖。

第四,理性预期学派。理性预期学派的主要代表人物是芝加哥大学的经济学教授、曾任美国经济学会会长的罗伯特·卢卡斯。他提出了名噪一时的

---

① 参见[英]哈耶克:《致命的自负》,冯克利、胡晋华等译,中国社会科学出版社,2000年。

所谓"理性预期假说"。他认为,在个人和企业进行理性预期条件下,政府宏观经济政策是无效的。而所谓"理性预期",就是在经济活动中,人是理性的,总在追求个人利益的最大化。由于经济未来的发展趋势关乎自己的投资或就业选择等切身利益,他一般均会充分调用自己拥有的主观和客观的各种信息资源,对经济前景进行尽可能准确的预测,也即对经济前景做出预期。由于这种理性预期,他们的决策一般说来是有根据的,而政府对经济信息的反应不如公众灵活、及时,所以政府的决策不可能像个人决策那样准确、灵活,政府的任何一项稳定经济的措施,都会被公众的合理预期所抵消,成为无效措施,也就是政府宏观经济政策无效。这一观点对奉行国家干预政策的凯恩斯主义给予了沉重的打击,所以也被称为是"理性预期革命"。卢卡斯所在的学派也因此而被称为理性预期学派,这个学派反对任何形式的国家干预,认为国家干预经济的任何措施都是无效的,要保持经济稳定,就应该听任市场经济的自动调节。可见,理性预期学派也是典型的时长原教旨主义学派。①

二、新自由主义的历史演进

自由主义于 17 世纪中叶产生于英国。自由主义在其 400 年的发展进程中,经历了从古典自由主义到现代自由主义,再到新自由主义两个阶段,对近现代西方文明产生了深远的影响。

(一)从古典自由主义到现代自由主义

新自由主义之"新",是相对于古典自由主义之"古"来讲的。古典自由主

---

① 参见中国社会科学院"新自由主义研究"课题组:《新自由主义研究》,《马克思主义研究》,2003 年第 6 期。

义与新自由主义有着很深的历史渊源，古典自由主义为新自由主义奠定了理论基础，而新自由主义则是古典自由主义的发展和变形。

第一，古典自由主义的形成。从思想来源上追溯，17世纪英国最著名的哲学家和政治思想家洛克的"财产权理论"，和18世纪法国重农学派的"自然秩序理论"一道，成为古典自由主义诞生的思想基础。1776年，亚当·斯密发表《国民财富的性质和原因的研究》（简称《国富论》），标志着古典自由主义的正式诞生。洛克认为，人类劳动是私有财产的来源，通过劳动获得的私有财产神圣不可侵犯。而政府的职责应该是保护和服务社会成员的人身和财产安全，不能掠夺和侵吞社会成员的私有财产，不能随意对财产征税和干涉正当贸易。洛克的财产权理论为资本主义经济政治制度提供了合法性论证，成为后来自由主义不同发展阶段的理论起点，因此洛克也被称为"自由主义之父"。如果说洛克的财产权理论是后来自由主义所有权理论的理论来源，那么重农学派的自然秩序理论则从资源配置理论方面为自由主义奠定了理论基础。重农学派认为，人类社会与自然界一样，都存在着永恒的、理想的、至善的不以人的意志为转移的客观规律——自然秩序。如果人们在人类社会的经济、政治活动中自觉遵守自然秩序，也即人类社会的人为秩序符合自然秩序，那么人类社会就处于健康发展状态。洛克和重农学派的理论，将适用于资本主义时代的代表资产阶级利益的社会、经济理论说成是普遍适用、永恒正确的科学理论。

第二，现代自由主义的萌芽。如果说洛克和重农主义的自由思想还只是自由主义的萌芽阶段，只是新自由主义思想的源泉的话，那么以亚当·斯密、大卫·李嘉图为代表的古典政治经济学家提出的系统的古典经济自由主义理论，则是自由主义这个资本主义社会思想支柱的第一个完整形态。他们从"经济人"假设出发，认为人的行为动机根源于追求享乐的本性。在市场活动中，每个人都会自觉地追求自身利益的最大化，这种追求个人私利的行为在恰当的法律条文规制下,会自发形成市场秩序和经济效率。在市场这只"看不见的手"的作用下,由追求私利出发的行为会最终导致社会财富和公共利益的增加。至此,古典自由主义的核心理念即个人主义、自由、民主、国家都得到表达,个人、社会与国家在资本主义制度框架中的关系体系逐渐清晰。

(二)从现代自由主义到当代新自由主义

19世纪末20世纪初,资本主义由自由竞争阶段逐渐过渡到垄断阶段,这既是古典自由主义理论的实践结果,也是古典自由主义主张的自由放任市场经济本身固有的矛盾逐渐显现。同时,1917年俄国十月革命的胜利,使得公有制、计划经济等社会主义经济理论转为实践,构成了古典自由主义发展与转变的外在压力。于是,在资本主义内部的挑战和苏联社会主义经济的外在压力的双重作用下,20世纪20至30年代,新自由主义思潮正式产生。其标志性事件,是以奥地利经济学家米塞斯、哈耶克为首的新自由主义者与波兰经济学家兰格之间开展的有关经济计算问题的大讨论。

第一,新自由主义的诞生。新自由主义诞生之初并没有迅速成为资本主义国家的主流理论。1929年至1933年,席卷资本主义世界的经济危机,彻底暴露了自由放任式市场经济的弊端,资本主义经济发展长期以来所倚重的私人和厂商投资与消费热情全面衰退,资本主义经济发展陷于动力严重缺乏的尴尬境地。这时,主张国家干预经济发展,以国家支出创造需求和调节分配的凯恩斯主义应运而生。随着"罗斯福新政"的实施,凯恩斯主义从理论层面上升到国家政策,一时间成为资本主义国家的救世良方,而新自由主义则备受冷落。然而到20世纪60年代末期,西方资本主义国家在经历了二战后的繁荣后开始走向停滞与衰落。尤其是1974年爆发的石油危机,使得西方出现了以滞胀为特征的资本主义经济危机新形式,伴随着资本主义经济增长缓慢停滞的是通货膨胀、失业增加。这是资本主义生产方式本身固有矛盾的鲜明体现,更直接表明了凯恩斯主义的破产。因为凯恩斯主义直接导致政府机构不断膨胀,政府财政支出不断增加,个人和厂商税负增加,最终导致滞胀危机的出现。这时,一度在西方资本主义国家占统治地位的凯恩斯主义开始受到质疑。在这种背景下,新自由主义者抓住这一天赐良机,批评凯恩斯的理论,指责凯恩斯主义不仅破坏了市场正常秩序,而且剥夺了公民的自由,导致国家"走向奴役之路"。伴随着英国撒切尔首相和美国里根总统这两个新自由主义坚定执行者的上台,沉寂多年的新自由主义理论重新粉墨登场。

第二,新自由主义的发展及表现。新自由主义在内容上沿袭了古典自由主义对私有财产的保护和市场作用原教旨主义式的强调,同时,相比古典自由主义又在许多方面有所发展,具体表现为:一是利益诉求不同。古典自由主义的斗争对象是封建主义,封建主义的因循守旧、割据封闭阻碍了资本主义经济的发展,所以古典自由主义十分强调市场的作用,弱化政府的作用,成为资产阶级反封建的斗争利器。而新自由主义的出现是为了化解资本主义经济危机,在与社会主义制度的较量中取得优势,巩固资本主义经济政治统治。所以,从古典自由主义到新自由主义,是革命的意识形态向保守的意识形态的转化。二是政府在经济活动中的作用不同。古典自由主义产生于自由竞争阶段,十分重视发挥市场这只"看不见的手"的作用,而将政府比作"守夜人",认为其无须干预经济发展,只要能为经济发展提供必要的秩序保障就行。而新自由主义是国际垄断资本主义发展阶段的产物,此时垄断资本已取代完全的自由竞争时代的自由资本。新自由主义反对的是凯恩斯主义主张的政府的垄断行为,即政府对垄断资本行为的干预,反对政府作为主体直接参与市场运作,维护的是垄断资本经济行为不受干预的自由。三是对于平等的不同解释。古典自由主义在为资本主义制度合法性进行辩护时,出于动员社会各阶级、阶层起来反封建的目的,承认人与人之间平等。而新自由主义则更赤裸裸地维护垄断资本的利益,强调维护大资本财团的收益的自由。

新自由主义理论的提出,不是为了满足资本主义经济学家探索人类社会的好奇心,它的价值诉求必然推动它积极谋求从理论转化为实践,从一国实践拓展到全球布展。1989 年,由美国国际经济研究所出面,在美国华盛顿召开了一个讨论 20 世纪 80 年代中后期以来拉美经济调整和改革的研讨会。会上,美国国际经济研究所原所长约翰·威廉姆逊说,与会者在拉美国家已经采用和将采用的十个政策工具方面在一定程度上达成了共识。由于国际机构的总部和美国财政部都在华盛顿,加之会议在华盛顿召开,因此人们把这一共识称作"华盛顿共识"①。进入 20 世纪 90 年代以来,随着"华盛顿共识"的形成与推行,新自由主义开始从学术理论嬗变为国际垄断资本主义的经济范式和政治性纲领,并开始向全球蔓延,从而为国际垄断资本开辟了全球空间。这股思潮的扩张,其目的是颠覆社会主义意识形态和制度体系,重新奴役第三世界国家和强化压迫本国工人阶级,取得资本扩张、利润最大化的绝对自由。

从整体上看,"华盛顿共识"是一整套经济理论和政策主张,它以新自由主义理论为基础,绝对化地强调市场机制的功能和作用,鼓吹国有企业私有化、贸易自由化、金融自由化、利率市场化、放松对外资的监管和政府的管理等,从而适应了国际垄断资本向全球扩张的需要。不仅如此,美国等西方国家还利用经济援助、贷款等附加条件,向发展中国家强制推行"华盛顿共识"。这样,新自由主义最终被美国意识形态化、政治化和范式化。一段时间以来,

---

①　"华盛顿共识"的十项基本内容:1.加强财政纪律,压缩财政赤字,降低通货膨胀率,稳定宏观经济形势。2.把政府开支的重点转向经济效益高的领域和有利于改善收入分配的领域(如文教卫生和基础设施)。3.开展税制改革,降低边际税率,扩大税基。4.实施利率市场化。5.采用一种具有竞争力的汇率制度。6.实施贸易自由化,开放市场。7.放松对外资的限制。8.对国有企业实施私有化。9.放松政府的管制。10.保护私人财产权。

"华盛顿共识"被说成是"全球共识",新自由主义被美化成能给世界人民带来幸福的"万能灵药",以为任何国家只要实行新自由主义政策,就能解决各自遇到的经济和社会问题,从而走上繁荣、富裕的道路。

(三)新自由主义的发展阶段

新自由主义是资本主义经济、政治、社会矛盾发展的产物。它的产生和发展大体经历了四个阶段:早期新自由主义创立时期、新自由主义受冷落与自我雕琢时期、新自由主义勃兴时期、新自由主义政治化和向全球蔓延时期。

第一,新自由主义创立时期。新自由主义作为一种经济学理论和思潮,产生于20世纪二三十年代,是由这个时期的经济社会与政治环境造成的。一方面,随着第一次世界大战结束,德皇威廉二世退位和同年哈布斯堡家族结束对奥匈帝国的百年统治,自由资本主义开始向垄断资本主义转变。另一方面,随着俄国十月革命的胜利,苏维埃政权和计划经济的建立,出现了实践中的社会主义。前一方面既是对资产阶级古典自由主义经济理论的一种肯定,也是对资产阶级古典自由主义经济理论的挑战;后一方面则是对资产阶级古典自由主义经济理论的一种压抑与刺激。正是在这种背景下,才出现了早期的新自由主义思潮。20世纪二三十年代发生了一场以奥地利经济学家米塞斯、哈耶克为首的新自由主义者为一方,以波兰经济学家兰格为另一方的关于"经济计算"问题的大论战。整个论战虽无果而终,但却成为新自由主义开始登上历史舞台的一个里程碑。

第二,新自由主义受冷落与自我雕琢时期。20世纪30年代爆发了席卷了整个资本主义世界的经济大危机。30年代大危机彻底暴露了自由放任市场经济的弊端,它不仅是对古典自由主义经济理论基础——萨伊定律的一次全面否定,而且实际上宣告了自由竞争资本主义时代的结束。反映国家垄断资本主义要求的、着重主张以扩大政府支出创造需求和通过政府干预推动经济增长的凯恩斯主义便应运而生。"罗斯福新政"则以政策实践的形式展现了凯恩斯主义的有效性，并使凯恩斯主义上升为资本主义世界的主流经济学，主导国家垄断资本主义的宏观经济运行长达 40 年之久。这 40 年，既是国家干预主义盛行和国家垄断资本主义取得成功的"凯恩斯时代"，同时又是新自由主义受到冷落、新自由主义者着手对其理论进行精雕细琢，并使之系统化的经院修炼时期。

第三，新自由主义勃兴时期。以 20 世纪 70 年代初期爆发的两次石油危机为导火线，整个资本主义世界陷入了"滞胀"（高通胀、高失业、低经济增长）困境。面对"滞胀"，凯恩斯主义政策束手无策。在这种情况下，多年受冷落的新自由主义伴随美国总统里根和英国首相撒切尔夫人的上台，在否定凯恩斯主义的声浪中，占据了美英等国主流经济学地位。新自由主义的一个重要特征是把反对国家干预上升到了一个新的系统化和理论化高度，是"对凯恩斯革命的反革命"。

第四，新自由主义政治化和向全球蔓延时期。自 20 世纪 70 年代以来，资本主义由国家垄断向国际垄断发展。为适应这种需要，新自由主义开始由理论、学术而政治化、国家意识形态化、范式化，成为美英国际垄断资本推行全球一体化理论体系的重要组成部分。其标志性事件是 1990 年由美国政府炮制的包括十项政策工具的"华盛顿共识"。"华盛顿共识"的出笼，标志着新自由主义嬗变为美国的国家意识形态和主流价值观念。正如美国著名学者诺姆·乔姆斯基在他的《新自由主义和全球秩序》一书中明确指出的："新自由主义的华盛顿共识指的是以市场经济为导向的一系列理论，它们由美国政府及其控制的国际经济组织所制定，并由它们通过各种方式实施。""其基本原则简单地说就是：贸易经济自由化、市场定价（使价格合理）、消除通货膨胀（宏观经济稳定）和私有化。"在该书的导言中，罗伯特·W. 迈克杰尼斯认为,"华盛顿共识"具有"经济体制、政治体制和文化体制"三重特性。

三、新自由主义的基本主张

新自由主义理论以个人主义作为理论基础,主张实行纯粹的市场经济,反对政府对市场的干预。它的观点主要包括:实行私有制、反对公有制,以此保证参与市场活动的主体具有完全的自主地位和权利;企业生产经营由市场进行调节,政府不能干预经济运行和经济活动,以此保证经济活动的竞争性和公平性;反对政府实行高福利政策,主张福利个人化、减免化,以此保证市场主体参与市场竞争的积极性和主动性;反对公有制、反对国家宏观调控、反对社会主义制度,以保证将新自由主义政策推广到世界各个国家,按美国模式实现世界的资本主义自由化。

(一)价值观上主张"个人主义"

新自由主义的哲学基础是个人主义。新自由主义认为,个人权利尤其是个人的自由权利神圣不可侵犯。每一个社会成员的个人偏好、利益诉求都应该受到尊重和保护,不能在众多个人利益诉求之间按照某一种标准分出孰优孰劣。每个人都有设定目标、采取措施实现目标的自由,这种自由应该受到保护。因此,在新自由主义看来,个人权利成为判断一切社会行为得失成败的尺度,个人利益成为解释一切历史事件的动因。在个人与社会的关系上,新自由主义认为,个体的实在性决定个人优于社会,社会由无数个体组成,个体的性格决定社会的性质。至于国家则只是社会的一部分,国家和社会同样由单个有生命的个人组成,国家和社会没有特殊的额外的权利。所以,个人优先于国家和社会,个人、社会和国家之间具有明晰的权利边界,社会和国家不能以任何借口越界侵犯个人的权利。由此,新自由主义顺理成章地得出结论:在经济领域要尽量运用自发力量,尽量避免外在强制,让个体在自由竞争中实现经济的良性发展。总之,个人主义哲学是新自由主义的理论基础,正是从个人自由出发,新自由主义提出了有利于维护自身利益的一系列理论观点和政策主张。

(二)经济上推行"三化"

在经济理论上,新自由主义继承了古典自由主义经济理论的自由经营、自由贸易等思想,并将之发扬光大为"三化":绝对自由化、彻底私有化和全面市场化。

"绝对自由化"的主张,是个人主义价值观在经济领域的直接体现。新自由主义认为经济自由最重要,它是经济效率和社会财富的前提,是其他一切自由的基础。例如,哈耶克就公然宣称,体现个人自由的私人企业制度和自由市场机制是"最好的制度"。弗里德曼也认为,自由竞争的资本主义最有利于个人自由,并能促进社会在科学技术和人文艺术方面取得创造性成果,尤其是能为普通人提供最广泛的发展机遇。

从古典自由主义到新自由主义,"彻底私有化"是一贯主张。新自由主义认为,只有在私有制条件下,个人拥有生产资料所有权,市场主体的自主性、积极性和创造性才能得到保证,个人在经济利益的驱动下,根据市场需求自主决定生产销售等经济活动。新自由主义认为,正是私有制的存在不仅使每个人都获得了发财致富的机会,体现了资本主义宣扬的自由与平等,而且私有制在市场这只"看不见的手"的调节下,能自动实现资本主义经济的均衡发展,使得资本能够在不同的所有者之间流动,工人能够自由选择不同的老板为其工作,整个社会的失业率可以保持在自然失业率的水平上。总之,在新自由主义那里,私有制不仅是自由资本家发家致富和工人平等就业的保证,而且是资本主义经济协调发展运行的所有制基础。反之,新自由主义者强烈反对公有制,认为公有制导致产权不明确和不可转让,会造成经济运行中效率低下、浪费惊人和腐败频出。在政治上,他们甚至认为生产资料公有制会导致社会成员丧失宝贵的自由,掌握生产资料的独裁者会将社会大众推向受控制、受奴役的悲惨境地。

新自由主义推崇市场的作用,相信市场万能,主张"全面市场化",反对计划经济。认为市场经济是与私有制匹配的经济运行模式,是唯一能实现资源合理配置的经济制度。这种原教旨主义的市场理论,是为了维护大垄断财团经济行为的绝对自由,尤其是跨国资本在发展中国家凌驾于国家主权之上的肆意妄为。新自由主义在推崇市场作用的同时,极力反对计划经济,认为计划经济是国家干预经济的典型和极端表现。由于市场上大量的供给和需求信息分散在各个生产者和消费者手中,国家根本没有能力将如此大量的信息全部收集起来,因而很难作出正确的分析、判断和计划来指导经济。推行计划经济就是"致命的自负",其结果只能导致经济崩溃和政治独裁。

不难看出,新自由主义之所以在经济上主张"绝对自由化""彻底私有化""全面市场化",是出于垄断资本增殖的需要。经历了从自由竞争时期的原始积累,垄断资产阶级已经足够强大,在西方国家经济和政治生活中处于支配地位。这时,再要求自由竞争、优胜劣汰,无非是将垄断资本的弱肉强食合理化,将垄断资本依仗资本优势获取超额剩余价值的行为合理化,是典型的打着公平竞争旗号对不公平竞争的保护。

(三)政治上实施所谓"民主"

新自由主义以个人主义为理论基点,除了在经济上要求市场调节、反对国家干预,崇尚私有制、反对公有制外,反映在政治上则主张实施西方式的民主、反对社会主义政治制度。他们把苏联模式和社会主义捆绑在一起,认为国家通过掌握生产资料运用计划组织生产,就拥有了绝对的权力,就必然导致在政治上的极权主义。并以此为标签到处贴,用以抨击、反对所有的社会主义政治制度,宣扬西方宪政民主。新自由主义不仅直接反对社会主义政治制度,而且连具有社会主义性质的福利国家制度也一并反对。他们甚至将西方的政党制度、议会制度、选举制度等政治制度超历史化和普世化,将西方的主权在民、三权分立、人人平等的政治观念"去意识形态化",有意掩盖其资产阶级政治制度和政治思想的阶级性、历史性和意识形态性。

(四)国际战略上推销"全球一体化"

新自由主义产生于资本主义国家,但是随着经济全球化的发展,新自由主义开始在全球传播,积极谋求建立全球秩序,实现新自由主义的"全球一体化"。经济全球化为当代资本主义发展提供了新的空间,国家垄断资本主义加速向国际垄断发展。可以说,新自由主义代表的是以美国为首的国家垄断资本主义的阶级利益,它主张建立全球秩序并不是为了维护不同国家的利益,也不可能照顾到不同国家的经济政治现有水平。它所主张建立的世界新秩序,就是为了将整个世界纳入国际垄断资本主义资本增值的世界。尤其是在经济政策上,发达资本主义国家为了实现资本在全球的增值,要求广大发展中国家也实行新自由主义政策。他们要求发展中国家开放国内市场,实现生产要素和资源(除了劳动力要素)在世界范围内自由流动,实现生产、贸易和金融的完全自由化与国际化。他们通过控制国际货币基金组织、世界银行、国际清算银行、世界贸易组织等国际经济组织,制定一系列行业规则,将广大发展中国家纳入到以西方发达国家为主导的全球资本主义体系中。例如,1989 年"华盛顿共识"的出炉,就是位于华盛顿的三大机构——国际货币基金组织、世界银行和美国政府共同提出的体现新自由主义理论的具体政策主张。

冷战结束后,一些国家以"华盛顿共识"为经济转型指南,运用"休克疗法"①,掀起一场迅速、全面推行新自由主义的经济改革。西方学者将这一变革宣称为这些国家经济社会转型的"灵丹妙药"。新自由主义的改革方案究竟是不是"灵丹妙药",并不是哪个西方学者能说了算的,而是要从实践结果来判断。事实上,正是这一剂药方使苏联迅速瓦解,被俄罗斯人视为一场"俄罗斯的悲剧"。2008年美国爆发了以次贷危机为导火索的金融危机,许多大型金融机构倒闭,经济衰退。随之,金融危机影响到世界上许多国家,其中以俄罗斯和东欧国家为代表的转型国家受害最深。这些国家相继出现本国货币飞速贬值、大量国际资本外逃、国内金融机构纷纷破产、实体经济不断衰退,宏观经济动荡不安,经济出现负增长。这些转型国家经济危机的发生具有多种原因,但美国金融危机借由经济全球化对这些国家的影响成为重要的输入性原因。因为经济全球化使各国经济链条链接得更加紧密,爆发于美国的金融危机通过商品、资本、金融、贸易等途径就传导得更加快速和全面。

第二节　新自由主义对世界的影响

新自由主义思潮的兴起及蔓延,对全球政治、经济、文化及国际关系都带来了深刻的影响。无论是在英美发达资本主义国家,还是在拉美等发展中国家,无论是在俄罗斯,东欧,还是在东南亚,中国,都留下了新自由主义思潮影响的痕迹。

---

① 休克疗法(shock therapy)原为医学上使用的一种治疗方法。20世纪80年代中期被美国经济学家弗里·萨克斯引入经济领域, 最初是为了应对玻利维亚的经济危机而采取的一系列治理通货膨胀的金融和财政政策。1992年,俄罗斯开始实行以休克疗法为主要内容的激进改革,并将自由化、私有化等自由主义政策和稳定化相结合,试图在帮助俄罗斯渡过危机的同时,迅速实现经济转轨。但是休克疗法在俄罗斯遭到重大失败。

一、新自由主义国外发展新动向

近年来,尽管新自由主义的理论和政策受到打击,声势不断减弱,但基于几十年全球范围的实践,新自由主义具有强大的政治经济基础,其影响是根深蒂固的, 短期内很难清除, 它会以各种改头换面的方式宣扬自身的主张,时隐时现、适时而动。主要表现在以下四个方面。

(一)经济金融化,继续推动虚拟经济膨胀

一方面,全球金融市场渐趋稳定,虚拟经济继续膨胀。国际金融危机后,面对持续低迷的经济状态,全球量化宽松政策不断升级。无论是发达国家还是新兴市场国家往往通过购买长期非常规资产、直接货币交易等方式向市场注入流动性来稳定金融市场。这些流动性工具的使用不断扩大着全球信贷规模。据相关资料显示,"以平价购买力计算的全球名义 GDP 在 2010 年左右只有不到 1 万亿美元,截至 2015 年上升为近 5 万亿美元。然而与此同时,信用却以远超 GDP 的规模呈不断上升趋势,即使在 2010 年处于危机后数值最低点时也有 5 万多亿美元,到了 2015 年上升为近 9 万亿美元。也就是说,危机以来全球大量的信用增加并没有相应地促进实体经济增长, 而是进入了金融市场"。另一方面,政府金融救市方案为新自由主义增添了"计划"的色彩。国际金融危机发生后,多国启动了政府担保的金融救市方案。英国在纾困计划中筹集了 4000 亿英镑向本国的银行业(如苏格兰皇家银行、哈利法克斯苏格兰银行、劳埃德 TSB 银行等)注入资本并提供担保;德国政府启动 5000 亿欧元的救市资金为银行间借贷提供担保并向银行注入资金;日本央行向金融系统注入将近 4000 亿美元;美国启动金融救市计划,拿出 2500 亿美元直接购买九大银行的股份。显然,面对动荡的金融市场,各国以国家

的名誉和身份对金融体系进行担保旨在唤回市场信心，而相关的金融机构也正是在国家的支持下度过了劫难。后危机时代，金融机构的规模不仅没有缩减，反而得到进一步扩张，在金融衍生品市场的助推下，国际金融机构之间的关联性不断加强，金融资本以更大的规模、更快的速度在国际市场流动。

在金融资本主义的生产逻辑下，资本家可以不经过生产过程，而仅凭资产所有权或货币索取权的凭证实现货币的自行增值。在经济持续低迷的状态下，政府首先是以金融机构为主要救助对象的，政府的救市措施客观上是用国民财富来补贴金融机构、庇护金融资本，危机过后，金融寡头的实力非但没有削弱，反而迅速得到了恢复和进一步发展。在此过程中，政府逐渐回归市场，"看得见的手"发挥的作用日益增强。当然，这并不意味着西方发达国家抛弃了新自由主义，市场理念永远是作为资本主义的灵魂而存在的，只是在新自由主义的最新发展中增加了"计划"的色彩，这种色彩的浓淡与否将随着金融市场的发展而有所变化。但需要明确的是，只要金融资本仍然处于统治地位，作为金融资本意识形态的新自由主义就会始终存在喘息的余地和空间。

(二)金融政治化，利用金融霸权转嫁国内经济危机

新自由主义盛行于国际垄断资本主义的发展阶段，是西方发达国家转嫁国内"滞涨"危机、实施全球扩张的重要工具。新自由主义主张，市场是万能的，为了保证市场效率必须实行私有化。但是，发展中国家在政治经济实践中，工业化基础薄弱，市场力量单薄，只能通过国有企业对国民经济起主导作用，私有化会使发展中国家的国有资产大量流失并迅速集中到私人资本尤其是外国资本手中，从而严重损害发展中国家经济主权、破坏国家经济安全。例如，阿根廷在金融自由化改革之后，由外资控制的银行资产从1992

年的 12% 上升到 1997 年的 52%，在 2001 年金融危机爆发时，阿根廷政府甚至找不到可作抵押的国有资产，无法向国外金融机构贷款，引发全国性动乱；埃及作为新自由主义改革的典范，大量出售国有企业和国有银行，放任国际资本流动，最终致两极分化现象日趋严重，形成了名副其实的依附经济；东欧的大部分国家在进行新自由主义私有化改革后，外国资本对工业和银行业的控制达到了 50% 以上，经济主权根本无从谈起。经济上的依附必然导致政治上的依附，通过对后发国家经济命脉的控制，国际垄断资本主义构建了资本力量主宰一切的世界秩序。自 20 世纪 70 年代以来，在 40 多年的发展过程中，新自由主义将巨型企业培养成为可以和政府相匹敌的力量。这些垄断巨头在主导经济生活的同时，对政府决策也产生了重大影响。因此，即使新自由主义引发了自 20 世纪 30 年代大萧条爆发以来资本主义历史上最严重的危机，它仍然得到了国家权力的支持。因为新自由主义在实现垄断资本的统治意图方面无疑是成功的，成为国际垄断资本在全球扩张过程中构建政治经济新秩序的重要工具。

因此，反映国际垄断资本整体利益的新自由主义的理论和政策，并没有被抛弃，而是进入了一个新的发展阶段。近年来西方发达国家的政治实践也验证了这一点，无论是左翼政党还是右翼政党进行执政，都无一例外地奉行新自由主义的政策和主张。为了推动美国经济复苏，小布什政府和奥巴马政府都采取了较高强度的国家干预主义措施，甚至推动了部分国有化改革。但与此同时，小布什和奥巴马仍然公开宣称坚持新自由主义，继续通过各种途径向发展中国家强行输出新自由主义。即便是号称要让美国再次变得伟大的特朗普，虽然公开宣称要在国际贸易领域推行保护主义政策，但在税收、社会福利以及金融自由化等方面所坚持的仍然是新自由主义政策。综上所述，尽管近年来新自由主义受到各方面的冲击，声势有所减弱，但它仍然是西方资本主义国家的主流意识形态，原因在于新自由主义增强了金融资本的政治统治力,充分体现了资本主义发展的根本逻辑,这也表明新自由主义的意识形态在特定的社会范围内仍发挥着重要影响力。

(三)民主空壳化,变本加厉的金钱政治

新自由主义主张绝对的市场化、自由化,但是资本主义的市场经济并没有带给人们自由、平等和民主,市场经济释放的大量资本不断扩张以实现垄断寡头的利益,垄断资本通过操控权力将所谓的"公权力"转变为维护权贵资本主义利益的"资权力",最终势必侵犯大多数普通劳动者的利益。纵观2016年美国大选,内斗政治、金钱政治、游说政治、民粹政治等折射出美国政治的乱象丛生。美国政治内斗达到了前所未有的强度和规模,金钱政治变本加厉。据统计,美国总统的竞选开支由1980年的1.62亿美元飙升到2008年的50亿美元,募集竞选资金所得来的每一分钱,都对应着当选总统后所给予的政治允诺,候选人已然成为财富集团的利益代言人。美国大选被权贵资本牢牢绑定,俨然成为有钱人的政治游戏,广大民众的声音被湮没于资本的驯化中。

与之形成鲜明对比的是,普通民众的权益日益被践踏。新自由主义主张削减财政开支、限制政府力量,因为缺乏必要的国家干预和调控,政府不能直接影响收入再分配,造成资本财富不断积聚的同时,劳动者日益贫困,贫富差距越来越大。特别是国际金融危机后,西方发达国家政府首选的救助对象是危机的始作俑者——金融机构,而对不断恶化的公共服务境况却视若无睹。欧洲各国因深陷债务危机而实施了大量的紧缩政策,社会福利和公共开支被大幅度削减,贫困人口数量居高不下、处境日益恶化,社会矛盾不断激化。奥巴马政府推行的全民医保改革法案在原有按照劳动者劳动所得缴纳保费的基础上进一步增加了纳税人的负担,提高了中产阶级的医保成本和获得医保的难度。特朗普新政实施了大量减税降费的措施,大量缩减社保预算,推动金融市场自由化。这些举措都具有明确的新自由主义属性。与此同时,各国出台了大量打击工人力量的政策,工人的组织性和斗争性受到严重削弱。因此,伴随着新自由主义的转型与推进,西方国家的民主质量渐趋下降,出现空壳化的现象,这实质上暴露了资本主义的本质属性。

(四)文化虚无化,价值观空洞下的虚无和混乱

在自由市场走向失灵、放任的自由主义带来社会分裂的背景下,西方发达国家也面临着思想道德的危机:"快餐文化"盛行,价值观日益碎片化,在进行价值判断和价值选择时多元化的、相对主义的价值观消解了价值共识,在这背后凸显的则是价值观的空洞、虚无和混乱。

例如,当前欧美民众对"西方价值观"的理解存在严重的分歧,美国国内乃至欧洲"左右极端对立"。"推翻雕像运动"在英美等国愈演愈烈,英美各地围绕历史上的人物是否政治正确展开了大讨论。曾经的民族英雄纳尔逊的雕像被英国人视为第一个应该被推翻的目标,因为他被认为是奴隶制的辩护者;而作为美国联盟象征的罗伯特·李在部分民众眼中则由内战英雄转变为白人至上主义者,其雕像的移除甚至引发了弗吉尼亚州的夏洛特维尔的暴力事件,导致了一场"新型内战"。从国际层面上看,欧洲各国与特朗普主政下的美国所持的国家价值观之间的裂痕也越来越大。特朗普在波兰的演讲,立足宗教和文化的角度阐释了西方价值观并提出捍卫西方文明的号召。他所界定的西方价值观受到了欧美等国精英阶层的严厉批评。此外,"全球化与反全球化"也成为当前国际与国内价值冲突的主要来源。

再如,西方传统选举制度遭受挑战。西方民主选举制度的基本规则在于,不论选举过程如何激烈,选举结束后,败选者都会承认获胜者的合法性地位,确保总统权力的平稳衔接。但是,在2016年美国总统大选中,特朗普明确表示,对于大选结果自己能否接受仍保留悬念,此言暗示如果特朗普竞

选失败,他将不会接受败选的结果,若真如此,这将是对美国200多年民主制度的讽刺与挑衅,彻底否定了美国政治制度中最核心的理念。最终特朗普如愿当选美国总统,希拉里的支持者则不满此次选举结果,在美国多地进行示威游行活动抗议特朗普当选总统。

综上可见,随着利益和价值观的高度分化,价值虚无化思潮不断消解着人们心中的基本信念,西方国家的很多民众对社会制度产生怀疑,对未来的发展缺乏信心,人们遭遇到了前所未有的信仰缺失和价值迷失。

二、新自由主义思潮全球传播及后果

过去几十年里,新自由主义逐渐在全球泛滥,给世界经济社会带来了诸多恶果。今天,人们普遍认为,正是新自由主义导致了全球金融和经济危机。新自由主义的传播后果主要体现在以下四个方面。

(一)经济增长减速,结构性矛盾尖锐

世界经济在新自由主义时期不仅增长放缓,而且积累了越来越严重的结构性矛盾。在过去的几十年里,美国从日本、欧洲以及近年来的中国大量进口,为稳定日本并不景气的经济以及促进欧洲和中国的经济增长起了相当大的拉动作用。但由于从20世纪80年代初以来(除了1991年以外)其出口一直小于进口,出现了愈演愈烈的贸易逆差和经常账户赤字。目前,美国已经形成巨额外债,根据美国财政部提供的数据,到2011年9月30日美国的外债总额已经达到15万亿美元,几乎肯定超过了其当年的国内生产总值。即便按5%的利率计算,仅仅为了支付利息每年就要花掉美国国内生产总值的5%。同时,美国的公共债务也已经达到难以为继的地步,到2012年1月12日,其国债总额已经达到15.2万亿美元(其中4.8万亿是欠其他政府

的)。巨额的外债以及大量的政府债务大大削弱了美元的地位。而美元币值稳定是其他个人和机构愿意贷款给美国一个基本条件。这形成了一个难以解决的结构性矛盾。美国要减少贸易赤字(日本、德国如果停止向美国贷款的效果也是一样),就得至少部分地减少从日本、欧洲和中国的进口,而这很可能给前两个地区的经济雪上加霜,把它们推入衰退的泥潭,这反过来又很可能把美国也拉进危机。反之,如果美国任由当前的趋势发展,极有可能带来美元的大幅度贬值,失去美元的霸权地位。

(二)贫富差距拉大,贫困问题严重

自从商品经济发展到市场经济阶段以来,除了个别时期以外,人类社会的贫富差距加剧更成为一个普遍现象,在新自由主义时期更是并达到了前所未有的程度。自从 1820 年以来,全球贫富差距的总体发展趋势是不断加大,只在两次世界大战之间和第二次世界大战后的 20 年左右时间里略有不同。到目前,如果按购买力平价来进行估计,全球最富有的 10% 的人口占有了全球总收入的一半以上;而如果按汇率进行估计,他们占有全球总收入的三分之二以上。富人越来越富,贫富差距拉大,经济增长缓慢,这些都预示着世界贫困问题的严峻。虽然世界银行等国际机构不断宣称全球的反贫困斗争取得了多大的成就,但事实情况可能并不完全是这样。世界银行发布的世界发展指数中有几个关于贫困的指标,但都是按不同标准统计的贫困人口占总人口的比率(贫困率),而没有贫困人口的数值。如果我们单看贫困率,我们发现确实全球以及各个地区的贫困率在下降。根据世界银行提供的数据,全球极度贫困率(按购买力平价法计算的 2005 年价格的 1.25 美元作为贫困线)从 1980 年的 51.9% 下降到 1990 年的 41.7%,再下降到 2005 年的25.4%。但更仔细的研究会发现,这主要是亚洲地区下降的结果,其他地区都变化不大,欧洲和中亚地区甚至出现了贫困率上升的情况。但这还不是故事的全部,贫困率掩盖了情况的严峻性。由于全球人口总数增加,即便贫困率下降了,贫困人口却有可能增加。

(三)全球范围的有效需求不足,生产能力过剩

由于新自由主义政策的实施,许多国家的实际工资水平下降、大量民众相对和绝对贫困化,大众消费需求增长缓慢、投资水平下降、政府支出减少,导致世界范围的有效需求增长缓慢甚至减少,从而出现了严重的生产能力相对过剩的现象。由于受到发达国家资本市场泡沫的影响,全球生产能力出现了世界性的过剩。在过去的十多年里,情况更加恶化。以美国为例,其制造业的产能利用率在 1948—1980 年间平均为 82.9%,而在新自由主义时期平均只有 78.1%,后一个时期产能过剩明显更加厉害。美国制造业的产能利用率在 20 世纪 60 年代是最高的,平均达到了 84.9%,70 年代下降到 81.5%,80 年代进一步下降到 78.7%,90 年代略有回升,达到 81.2%,但在过去的十年里下降到了有统计以来最低的 74.5%,在本次危机中的 2009 年更是下降到了 66.2%。事实上,美国的整个工业产能利用率的基本趋势是和制造业完全一样的。更进一步,一般认为,欧洲的情况和美国也比较类似,而拉美的产能利用率在 20 世纪最后 20 年也非常低。一方面是世界性的生产能力过剩,另一方面是由于世界上大部分人民处于相对和绝对贫困化而导致的全球性的有效需求不足。只要这两个因素同时存在,直接的后果就必然是经济危机。本轮世界经济危机的爆发和深化就是主要由这两个因素决定的。

(四)社会发展缓慢,各种问题突出

新自由主义政策确实把工人运动打压下去了,同时打击了绝大部分发展中国家发展民族经济的努力,发达国家的垄断资本的利润率确实有了一定程度的回升。但是,这种回升是以加剧资本主义的各种矛盾为代价的,也

是不可持续的。其中一个表现就是社会发展缓慢甚至倒退。由于许多发展中国家以及苏联、东欧社会主义国家（以下简称"苏东国家"）经济发展缓慢的同时贫富差距拉大，再加上自然灾害、战乱等其他各种因素共同作用，这些国家贫困人口增加，全球饥饿人口从 20 世纪 90 年代中期开始上升，并在 2009 年达到 10.2 亿，相当于全球每 7 个人中间就有一个人处于挨饿的状态。不仅如此，由于受到新自由主义的影响，很多国家把国家的医疗支出看作财政负担，在减少财政赤字稳定经济的理由下减少医疗卫生方面的公共支出。他们把大量医疗卫生机构私有化或者商业化，盈利成为这些机构的最重要目的。这些都导致了在医疗技术如此发达的今天，医疗卫生问题在全球泛滥的严重局面。这些问题导致的一个后果就是许多国家人均预期寿命下降。还有，教育退化问题在许多国家出现并带来一系列问题。由于公共投入不足，大量的适龄儿童无法接受最基本的教育。在 2009 年全球有超过 6700 万适龄儿童失学。由于失业人口和贫困人口的增加，以及贫富差距拉大，许多国家在新自由主义时期出现了犯罪盛行并且犯罪形势恶化的现象。

第三节　新自由主义在中国

中国的新自由主义思潮是随着改革开放的不断深入而逐渐传播开的，从 20 世纪 80 年代中后期开始，新自由主义开始在中国传播，新自由主义思潮开始在中国蔓延。虽然新自由主义思潮未能左右中国特色社会主义事业的发展，但其在中国境内的广泛传播，客观上仍然造成了一定的消极影响，在一定程度上误导了中国的改革开放事业。

一、新自由主义国内发展新动向

新自由主义的一系列政策主张，代表的跨国金融资本和跨国公司的利益，其潜在之意是削弱民族国家的政治经济文化认同，我们要密切关注新自由主义思潮在国内的最新动向。

（一）歪曲"市场在资源配置中起决定性作用"

中国全面深化改革的核心问题是正确处理政府与市场的关系。关于这一问题，党的十八届三中全会通过的《中共中央关于全面深化改革若干重大问题的决定》（以下简称《决定》）明确指出："经济体制改革是全面深化改革的重点，核心问题是处理好政府和市场的关系，使市场在资源配置中起决定性作用和更好发挥政府作用。"这一科学论断将市场在资源配置中发挥的"基础性作用"转化为"决定性作用"，是党在长期实践和理论探索的基础上取得的重大创新成果，反映了党在新的时代背景下对于社会主义市场经济本质的正确把握。《决定》颁布后立刻引起了国内外新自由主义者的广泛关注，他们以新自由主义的理论来曲解党的十八届三中全会《决定》的精神，将"使市场在资源配置中起决定性作用"解读为"彻底市场化"，而对"更好发挥政府作用"进行选择性忽视，夸大、鼓吹市场的决定性作用，割裂了市场调节和政府调控两者在资源配置中相互统一的关系，否定、反对国家宏观调控。

实际上，自改革开放以来，反对国家干预、解除政府管制、放任市场自由发展的声音就一直存在，警惕并防范政府是所有新自由主义者的核心主张。按照新自由主义的逻辑，政府与市场、国家与社会之间具有天然的对立关系，市场是配置资源最有效率的工具，通过自由竞争、自由贸易可以自发地保证经济生活的高效运行，在此过程中，人们通过劳动可以自由地追求自己的利益,从而使每个人的权利和尊严得到公正平等的尊重。而政府的存在是为了给这种自由竞争的市场经济的运行创造一个宽松而安定的外部环境,其所充当的是斯密意义上的"守夜人"的角色,服务并服从于市场,而不能直接介入市场、干预经济。因此,中国的新自由主义者始终企图以"原教旨市场经济理论"来影响、左右社会主义市场经济的发展,强调凡是可以交给市场的都交给市场处理,只有在市场完全失灵陷入危机的情况下,政府才可以干预经济,一旦危机解除,政府的干预要立刻从市场经济中撤出。而当前中国经发展出现困难的根本原因正是在于政府对于市场的干预过多,限制了市场自由配置资源的作用。因此,党的十八届三中全会通过的《决定》被新自由主义者视为中国进行全面市场化改革的"宣言书",围绕"使市场在资源配置中起决定性作用",从不同角度进行了新自由主义式的解读并提出相应的主张,例如把"主要由市场决定价格"篡改为"全部由市场决定价格",把经济领域中的"市场决定资源配置"拓展到政治、社会、文化、意识形态等各个领域。

市场经济发展规律表明,市场调节与政府调控两者是相辅相成、缺一不可的,这既是减少市场失灵和政府失灵的有效途径,也是避免经济危机的重要保障。从1992年党的十四大提出建立社会主义市场经济体制的改革目标,到2013年党的十八届三中全会提出市场在资源配置中起决定性作用和更好发挥政府作用,这一系列重大论断和改革举措,都是为了解放和发展生产力、建立中国特色社会主义市场经济体制。使市场在资源配置中起决定性作用和更好发挥政府作用,是社会主义市场经济改革的基本方向。理论和实践证明,市场配置资源是最有效率的形式,中国的经济发展需要通过市场提高资源特别是稀缺性资源的配置效率,但市场在资源配置中起决定性作用而不是全部作用。作为正处于经济社会转型中的发展中国家,中国在充分发挥市场作用的同时,更需要政府的积极作为,转变经济发展方式,转变政府职能,更好地发挥政府作用,这也是社会主义市场经济体制区别于资本主义市场经济体制的重要特征之一。

历史经验表明,自二战以来,多数发展中国家由于没有处理好政府与市场的关系,推进新自由主义完全市场化的改革,经济发展停滞倒退乃至陷入中等收入陷阱,而少数国家经济腾飞的原因在于将政府有为和市场有效有机融合在了一起。当前,中国正处于经济结构转型的关键时期,新自由主义者主张全面市场化改革的背后,彰显的是彻底私有化的诉求,必然会误导我国经济发展的方向。党的十八大以来,中国经济进入新常态,这给中国经济带来了新的发展机遇,我们一方面需要不断规范完善政府的角色,充分发挥政府在市场经济活动中的调控职能,以适应社会化大生产的需求,弥补市场调节的缺陷,发挥社会主义市场经济体制的优势;另一方面也要创造各种条件,促使市场在资源配置中真正发挥决定性作用,优化资源配置、提高经济效益,推动社会主义市场经济平稳健康可持续地发展。

(二)将"发展混合所有制经济"引向歧途

党的十八届三中全会提出积极发展混合所有制经济的重要任务,将其作为我国基本经济制度的重要实现形式,并作出推动国有企业完善现代企业制度的战略部署,但这一部署却被部分国内新自由主义论者曲解为国有企业私有化改革。他们指出,造成当前中国经济困境的重要原因在于国有企业在国民经济中发挥主导作用,因此中国经济改革的方向应该是取消国有经济的主导地位,积极扩大私营经济、外资经济、个体经济在混合所有制经济中的控股比例,通过混合所有制经济的推行,不断稀释国有经济,推进国企私有化改革。

作为公有制同市场经济相结合的重要途径,混合所有制是由不同的所有制成分在企业内部以资本为纽带结合而形成的所有制形态。通过各种经济形式相互促进、共同发展,提高资源配置效率,进而满足现代社会化大生产的要求。混合所有制改革,既不能等同于彻底的私有化、民营化,也不可能出现国有经济"吞并"非公经济的情况,而是不同所有制经济相互融合、扬长避短、共同发展。一方面,发展混合所有制经济,必须坚持以公有制为主体、国有经济为主导。我国宪法规定,公有制在社会主义经济制度中占有主体地位,国有经济是国民经济的主导力量,也是中国共产党执政和中国特色社会主义建设的强大基础,对于推进国家现代化,建立和完善社会主义市场经济体制,不断提高人民物质和文化生活水平发挥了强大的支撑作用。任何削弱甚至消解国有经济的企图或行为都会严重危害社会主义制度的基础,破坏国家的长治久安和繁荣发展。叶利钦主政时期的俄罗斯将大型国有企业私有化,非但没有将俄罗斯带入发达国家的行列,瓦解国有经济的结果是财阀横行、经济停滞、社会扭曲,整个国家竞争力衰竭。因此,我们需要时刻警醒,在混合所有制改革中,新自由主义者鼓吹的由私营经济、外资经济控股,其实质上是通过发展混合所有制经济来消解国有经济的控制力,实现经济私有化。发展混合所有制经济的根本目的是增强国有经济的影响力、控制力和竞争力,从而巩固公有制的主体地位、加强国有经济的主导力量,不断完善社会主义基本经济制度。另一方面,发展混合所有制经济,必须促进和引导非公有制经济健康发展。混合所有制是生产力发展水平多层次性的综合反映,应当充分发挥国有经济、集体经济、个体经济、私营经济、外资经济等不同所有制经济形式的特色和优势,为非公经济的健康发展提供良好的平台,使其与公有制经济开展多种形式的战略合作,实现共赢发展的良好局面。

　　综上所述,混合所有制改革并不是股份多元化改革,无论怎样混合,都是在坚持以公有制为主体的条件下,国有企业和非国有企业共同持股,体现的是社会主义的生产关系。作为一种富有效率和活力的资本组织形式,混合所有制改革将成为深化国有企业改革的重要载体和持久动力。正如习近平总书记所强调的,国有企业是中国特色社会主义的重要物质基础和政治基础,是中国特色社会主义经济的"顶梁柱"。当前需要抓住混合所有制改革的重要契机,积极盘活国有资产存量,转变国有企业的经营机制,奠定政企分开的产权基础,优化生产要素配置,实现国有企业顺利转制。

(三)把"供给侧结构性改革"混同于西方供给学派

供给侧结构性改革是党和政府主动适应、把握、引领中国经济发展新常态,调整经济结构而作出的重大部署。围绕这一战略部署,国内外舆论界从不同角度进行了分析解读,在诸多解读中,国内一些新自由主义论者套用西方供给学派的理论来阐释我国供给侧结构性改革,把这一改革与西方供给学派的理论混为一谈,主张中国应该向供给学派的代表人物学习,根据萨伊定律中"供给创造自己的需求""生产会自行创造销路"等相关论断,进行完全的市场化改革,如大幅度降低个人和企业缴纳的税率、减少政府对经济的干预、构建小政府等。这种主张实质上是假借"改革"的名义,贩卖新自由主义自由化、市场化、私有化的政策意图,误导了我国供给侧结构性改革的发展思路,使供给侧结构性改革陷入西方意识形态话语权的陷阱,偏离了科学社会主义的发展方向。

供给侧结构性改革是在我国经济步入新常态后的重要改革部署,其根本目标是通过优化供给侧机制、促进产业升级,从生产领域加强优质供给、减少无效供给、扩大有效供给,不断提高供给效率和供给质量,使供给体系可以灵活地根据需求结构的变化进行适应调整,解放和发展社会生产力,落实好以人民为中心的发展思想。中国的供给侧结构性改革与西方供给学派的政策主张存在本质区别。首先,供给学派认为市场自主的供给能够自发地创造需求,实现资源的最优配置,反对政府干预,本质上是"市场原教旨主义"的体现;而中国供给侧结构性改革的重要目标是优化经济结构,这既需要发挥市场在资源配置中的决定性作用, 又需要更好地发挥政府的宏观调控和政策导向职能,通过深层次的结构重构和调整,激发经济增长的内生动力,实现"稳增长、调结构、促改革"三位一体。其次,不同于供给学派对需求侧管理的全盘否定,中国的供给侧结构性改革强调适应需求结构的变化,推进供给侧改革,提高供给能力与供给质量,形成供需匹配、协同推进的新经济结构。正如习近平总书记指出的,"要在适度扩大总需求的同时,着力加强供给侧结构性改革",只有将供给侧结构性改革和需求管理有机结合起来,才能实现国民经济健康协调稳定运行。最后,我国的供给侧结构性改革是一个具有全局性、长远性的宏大系统工程,不能简单套用里根经济学以及供给学派的基本经验,例如大幅减税,而需要全面考虑改革背景、改革进展等多个层面的问题。

总体来看,西方供给学派轻需求重供给、弱政府强市场的单一性主张,是始终围绕私有化这一宗旨而展开的。中国的供给侧结构性改革是在坚持公有制的经济制度基础上兼顾需求侧与供给侧的双重管理,统筹市场与政府两种职能,从中国经济发展的实际出发实施的战略部署。任何将供给侧结构性改革与供给学派混为一谈的言论,不过是变换使用了新的方式来主张中国实行"绝对自由化、完全市场化、彻底私有化"的新自由主义改革方案,对于这种企图,我们需要时刻保持警惕。

(四)把"建设法治政府"与反对政府干预混为一谈

在党的十八届三中全会对政府与市场的关系作出科学界定的基础上,党的十八届四中全会围绕"依法治国"这一主题,提出深入推进依法行政、加快建设法治政府的重大任务。2015 年,中共中央、国务院发布了《法治政府建设实施纲要(2015—2020)》。党的十九大报告围绕法治政府建设明确要求形成科学合理的管理体制,完善国家机构组织法。针对这一系列重大部署,国内新自由主义者借机造势,片面理解甚至曲解文件精神,把"建设法治政府"

与反对政府干预混为一谈。他们指出，一方面，法治政府的提出就是针对当前政府对市场经济干预过多的现状而要限制政府权力，建立"小政府""有限政府"；另一方面，市场经济本质上就是法治经济，市场经济本身蕴含着自由、公平、独立的价值精髓，政府权力对市场的干预只会有损市场效率及市场的健康运行，导致经济失序和社会不公，最终侵犯个人的自由和财产等权利。只有依靠自由放任的市场经济才能实现各种经济主体的充分竞争，才能有效制约政府权力，促使政府权力更为公平、更为合理地运行。

我国社会主义法治建设不断推进，针对一度存在的政府与市场、政府与社会的治理边界比较模糊，政府职能越位、缺位、错位的现象并存的实际问题，中央围绕法治政府建设进行了一系列的重大部署。这反映了新时代党和政府对于法治建设的高度重视，体现了高度的法治自信和法治自觉，目的在于依法厘清政府与市场的边界，在此基础上规范政府与市场的行为，促进有为政府和有效市场的统筹运行。因此，正如相关学者所指出的，现在的问题不是讨论是否需要政府、政府要不要干预，而是政府如何履行职能，政府干预选择的政策工具哪些是有效的、哪些又是无效的，怎样通过法律加以规范。由于发展中国家在后发现代化模式下实施的赶超战略和非均衡发展的实践，转型社会中各种传统的、现代的与后现代的因素杂糅交织，利益格局的重新建构与社会关系的巨大解构并存，这一时期尤其需要政府具有强大的调控能力，最大限度地协调各种利益关系，推动各项改革能够在稳定的政治环境中顺利实施，从而比较平稳地实现低成本的模式转换。在这种背景下，正确科学地履行政府职能的前提在于建设法治政府，实现政府权责的法定化。只有坚持实施依法执政、依法行政、以法治权，才能为市场发挥决定性作用和更好地发挥政府作用提供法律保障。法治是政府和市场的平衡器，特别是 2014 年简政放权"三张清单"的推出，为经济新常态下处理好政府与市场的关系提供了明确指引。根据"法无授权不可为"的原则建立"权力清单"，明确政府应该做什么;根据"法无禁止即可为"的原则建立"负面清单",明确企业不应该做什么,发挥市场无形之手的作用;根据"法定责任必须为"的原则建立"责任清单",明确政府对市场的管理责任,发挥政府有形之手的作用。三张清单从限制政府权力到激发市场活力再到明确相关主体的责任,环环相扣、三位一体,为市场和政府在经济社会发展中充分发挥各自的优势提供了明确的法律指南。

(五)用金融自由化误导"金融市场改革"

随着经济全球化的不断深入,金融自由化的趋势也在逐渐增强。中国作为全球第二大经济体,如何在推动经济可持续增长的同时保持金融稳定,是目前中国经济发展面临的一项艰巨挑战。一些新自由主义者开出药方,积极主张金融业改革一定要坚持自由化、市场化的方向,并指出中国金融市场的最大问题就是政府对市场干预过多、监管过度,市场被国有金融企业所垄断而导致严重的扭曲。他们主张,中国金融市场改革下一步必须要开放本国金融市场,在着力发展非国有、民营金融机构的同时,给予外国金融机构同等的国民待遇,放松金融管制、鼓励金融创新,鼓吹这是实现金融强国的客观要求。

金融自由化是针对金融压制政策而提出的政策主张,要求国家放弃对金融体系的管制与干预,充分发挥市场机制的调节作用,具体表现为价格自由化、业务经营自由化、市场准入自由化和资本流动自由化等方面,实际上就是新自由主义思想在金融学领域的展现,一度受到了西方学术界和政府的普遍欢迎,自20世纪70年代以来,金融自由化的浪潮席卷全球。实行金融自由化的国家的经济确实取得了一定程度的增长,但与此同时,由于金融自由化和金融创新加剧了市场的信息不对称,各类市场主体面临更多更复杂的市场风险,这种情况下市场失灵的现象时有发生。货币供给游离于实体经济之外,相对于火爆的虚拟经济,实体经济不断衰退,金融与实体经济日益疏远,金融业的相互竞争逐渐出现失序情况,再加上银行监管的失误和各国缺乏国际金融风险防范的意识,几乎所有实施金融自由化改革的国家都经历了明显的波动效应,多数国家还遭遇了严重的金融危机。包括美国的次贷危机、欧洲的货币危机、日本"泡沫经济"诱发的经济危机,以及拉美的债务危机、墨西哥和亚洲的金融危机等,给金融体系乃至经济发展带来巨大伤害,甚至引发社会动荡。

因此,面对当前国际金融环境的挑战,中国一方面要积极参与国际竞争与合作,最大限度地把握经济发展的机会,另一方面应认真吸取各国在金融自由化危机处理方面的经验教训,谨慎务实地对待金融自由化,积极强化国家对金融系统的监管调控能力。多国金融自由化的经验表明,在制度环境弱的国家,尤其是在没有适当监管的条件下快速推动金融自由化,更容易发生金融危机。新自由主义所主张的金融自由化并不能保证金融系统始终处于均衡状态,其所提倡的市场原教旨主义甚至可能引发金融系统的全盘崩溃。中国在金融市场改革过程中,要在充分发挥市场决定性作用的同时,进行有为政府建设,时刻保持强烈的防范金融风险的意识,强化政府的金融监管,健全金融监管体系,深化金融监管体制机制改革,逐步减少金融自由化风险对我国经济发展产生的不利影响,引导金融回归本源,着力提升金融服务于实体经济的能力。

二、新自由主义国内传播及影响

新自由主义思潮在中国传播造成的消极影响已逐渐为人们所熟知,如果任其发展,不加以正确引导,必然会造成更大的损失。因此,我们必须居安思危,未雨绸缪,主动做好意识形态工作,既尊重差异、包容多样,又有力抵制各种错误和腐朽思想的影响。因此,深刻认知其影响是做好应对工作的必要前提。

(一)"市场万能论"带来的是什么

随着我国改革开放的推进,旧的条条框框不断被冲破。从1978年党的十一届三中全会提出要把党的工作重点转移到社会主义现代化建设上来,到1992年党的十四大提出建立社会主义市场经济体制的改革目标,再到2013年党的十八届三中全会提出使市场在资源配置中起决定性作用和更好发挥政府作用,这一系列改革措施,都是为了建立和完善中国特色的社会主义市场经济体制。一方面发挥市场在资源配置中的决定性作用,另一方面发挥好政府的宏观调控作用,从而极大地解放和发展了生产力,激发了社会活力,推动了经济社会的全面发展,使社会主义焕发出更大的生机,中国因此创造出举世公认的发展奇迹。

必须看到,我们主张市场在资源配置中发挥决定性作用,但同时强调必须更好发挥政府的作用,这是我国改革开放40多年来的一条重要经验。社会主义市场经济体制的形成,使我国的社会生产力获得了一次大解放,经济活力充分迸发,经济增长在全球一路领先。而在市场放开、活力迸发的同时,不可或缺的是有效的政府调控和政府监管。正是这种政府功能使中国的经济总体上平稳运行、健康发展,既能集中力量办大事,又能避免西方金融危机式的颠覆性错误,这是我国发展一条不容舍弃的重要经验。党的十八届三中全会提出的"使市场在资源配置中起决定性作用"同新自由主义的"市场原教旨主义"根本不同,要警惕新自由主义思潮误导我国全面深化改革的性质和方向。

(二)"全面私有化"：中国只能说"不"

改革开放以来，我国突破了"一大二公"的僵化模式，逐步形成了以公有制为主体、多种所有制经济共同发展的基本经济制度，适应了现阶段生产力发展的需要。在长时期的改革实践中，党不断突破种种思想束缚，从而在实践上促进了非公有制经济的良性发展，有效发挥了非公有制经济在促进社会就业、搞活城乡市场、推动经济增长等方面的重要作用。但是，这些改革政策被新自由主义者有意曲解并借题发挥，宣称"中国的经济改革应该实现全面的私有化"。这种全面私有化，已有苏联"500 天改革计划"的覆辙在先，其结果是一场经济的整体"休克"。因此，在这个问题上，我们必须高度警惕。

(三)"中国道路"岂容诋毁与改向

中国共产党的领导地位从哪里来？众所周知，中国共产党的领导地位是在长期的革命实践中成就的。自鸦片战争以来，中国沦为半殖民地半封建社会，由于帝国主义、官僚资本主义和封建主义的剥削统治，国家四分五裂、战乱不断，人民生活极度困苦、百姓流离失所。为了救中国，各种政治力量纷纷登上历史舞台，无论是农民阶级的太平天国运动，封建地主阶级的洋务运动、康梁变法，还是资产阶级的辛亥革命都宣告失败。中国共产党以马列主义为理论指导，立足中国国情，将马克思主义普遍真理与中国具体实际相结合，领导中国人民经过艰苦卓绝的斗争，走出了一条农村包围城市、武装夺取政权的革命道路，彻底实现了人民梦寐以求的民族独立和国家初步统一，为实现国家富强、民族复兴和人民幸福奠定了制度基础。所以，中国共产党的历史地位不是自封的，归根结底是历史的选择，是人民的选择。但是，国内新自由主义的崇奉者无视这一历史选择，反对这一人民的选择，因为他们抱持的是西方自由主义政治理念，主张绝对的个人自由选择，以及这种选择的博弈与较量。其实,这种博弈和较量是资本强权下的事实上不平等的博弈与较量,是一种资本强权下的"虚假的自由选择"。而这种资本强权下的虚假自由选择的制度载体,就是西方式的多党制、"三权分立"。

三、新自由主义在国内的积极应对

随着改革开放进程的逐步深入,我国意识形态领域中出现了各种社会思潮相互激荡、彼此交织的复杂局面。在这一背景下,西方个别发达资本主义国家不断借助新自由主义思潮,加强对我国经济、政治、文化、意识形态等各个领域的侵蚀力度。因此,警惕新自由主义的新动向、批判新自由主义思潮,成为党维护国家意识形态安全、实现"两个巩固"目标的重要任务。党的十八大以来,我们在理论和实践中不断加强对新自由主义的批判,主动防范和果断打击新自由主义思潮的侵蚀,在很大程度上清除了新自由主义的负面影响。然而由于新自由主义已经在我国形成了一定的生存土壤,再加上西方政治力量通过各种途径进行强势渗透,当前新自由主义思潮在我国某些领域还表现得比较活跃,错误论调不绝于耳,试图干扰甚至左右我国现代化建设以及改革的方向。为此,我们必须始终保持清醒的政治头脑,坚持不懈地抓好理论武装,在理论与实践双重维度上毫不动摇地抵制新自由主义思潮的侵蚀。

(一)认清新自由主义真实面目

新自由主义思潮植根于西方社会,是资本主义经济、政治、社会、文化等各个领域矛盾发展的综合性产物。因此,认清其本质才能更好地进行有效抵御。

第一,新自由主义的发展阶段。这一思潮的产生发展经历了四个主要阶段:一是产生阶段。20世纪二三十年代,新自由主义在亚当·斯密的古典自由主义思想基础之上建立起自己的理论体系,然而由于1929—1933年爆发于美国并席卷世界的经济危机完全暴露了市场经济自由放任的弊端,古典自由主义的经济理论遭到西方国家的抛弃,新自由主义也随之遇冷。二是蛰伏阶段。为了缓解大萧条带来的经济危机和社会矛盾,1933年美国总统富兰克林·罗斯福围绕救济、复兴和改革三大主题推行了一系列政策,史称"罗斯福新政",这些政策遵循的宗旨是倡导政府干预经济的凯恩斯主义。在凯恩斯主义的引导下,美国经济高速发展,逐渐由自由竞争的资本主义发展到垄断资本主义。这期间,尽管新自由主义的理论形态不断发展成熟,但是由于和当时在美国处于主导地位的凯恩斯主义存在不同的主张,因此新自由主义蛰伏和酝酿了40年的时间。三是兴盛阶段。20世纪70年代,由于石油危机导致全球经济危机的爆发,在应对危机的过程中,美国依旧奉行凯恩斯主义,颁布了诸多积极的财政政策以扩大有效需求,实现经济复苏。但是这些政策非但没有解决经济停滞的问题,过量增发货币又造成了严重的通货膨胀。凯恩斯主义面对"滞涨"危机束手无策,受到各界严厉批判。伴随着英国首相撒切尔和美国总统里根的上台,新自由主义取代了凯恩斯主义的主导地位成为官方经济学,其大力复兴古典经济理念,主张私有化、市场化、全球化、贸易自由化等,反对政府干预经济。四是全球蔓延阶段。20世纪90年代以来,随着"华盛顿共识"的全球推进,以"反凯恩斯革命"为自我标榜的新自由主义嬗变为以自由化、私有化、市场化为核心的资本主义的经济范式、政治纲领和政策体系,迅速向拉美、原苏东社会主义国家和亚非发展中国家蔓延开来。

综上可见,新自由主义的发展几经波折,但在资本主义漫长的历史发展中始终占据一席之地,即便在2008年国际金融危机后在政治上依然屹立不倒。原因在于,新自由主义不仅创造了实力强大的政治经济基础,而且体现了资本主义发展规律的必然性。新自由主义诞生之初将自己标榜为一种经济学理论,但实际上它作为一种意识形态已经渗透到经济、政治、文化、社会等各个领域,是披着经济学理论外衣的意识形态理论,具有明确的政治目标和政治使命。新自由主义通过在全球范围内推广、灌输、渗透资产阶级的价值理念和思想理论,实施对发展中国家"和平演变"的战略,构建促进垄断资产阶级利益的国际秩序。

第二,新自由主义的理论构建及扩张。尽管新自由主义具有多个流派,其表现形态、主张看法也不尽相同,但其本质与核心思想是不变的,都是围绕"市场化、自由化、私有化、全球化"进行理论建构和推广扩张的。首先,新自由主义主张的市场化是资本占统治地位的市场,体现的是资本主义发展的本质规律。资本主义是以交换价值为目的的社会形态,资本主义发展得越彻底,就越追求万物商品化。新自由主义倡导的是反对政府干预的自由市场,认为造成经济动荡、效率低下乃至社会不公的罪魁祸首就是政府的干预,而否定了政府干预,就否定了以政府调控为特色的社会主义市场经济体制,取而代之的是资本主义市场经济体制,进而彻底否定社会主义。其次,新自由主义主张的自由化是资本流动和资本扩张不受任何限制的自由。新自由主义强调,只有各种生产要素和资源在全球范围内自由流动,形成全球统一的市场,实现金融和贸易的自由化与国际化,才能高效配置资源、充分发挥比较优势。这种理论无疑顺应了资本流动的内在要求,为垄断寡头获取剩余价值提供了平台。最后,与市场化、自由化相配套的必然是以私有化为核心的产权改革。新自由主义推行的私有化是以巩固和发展资本主义私有制为宗旨且超越一国一域空间限制的私有化,将公有制等同于垄断,否定生产资料公有制,极力鼓吹在所有制变更下的私有化,或者通过私有化促成私有制的确立,并向全球推广其私有化改革的主张。

由此可见,不论新自由主义的表现形态如何变化,究其实质,始终是附属于资本逻辑并服务于资本利益的全球扩张的,其所主张的一切都直接服务于扩展和加深社会政治、经济生活领域中的资本主义市场关系,使之在全球范围内重塑国际政治经济秩序。新自由主义的建立历经了多个时代也发生了几次重大的变化,时至今日虽然受到前所未有的质疑,但它作为主导西方国家40多年的主流意识形态,在当下仍然在发挥其作用,短时期内不仅不会消亡,甚至可能会随着时代发展,产生新的形态。我们需要时刻警惕新自由主义的新动向,旗帜鲜明地批判新自由主义,揭示它的实质,分清理论是非,防止其冲击主流意识形态,侵蚀人民群众的思想认知。

(二)坚决抵制新自由主义思潮泛滥

当前,我国社会主要矛盾已经转化为人民日益增长的美好生活需要和不平衡不充分的发展之间的矛盾。"为了解决这一矛盾,需要大力提升发展的质量和效益。当前,我国经济已由高速增长阶段转向高质量发展阶段,正处在转变发展方式、优化经济结构、转换增长动力的攻关期,迫切需要完备的思想体系指导我国经济高质量发展的实践,以妥善应对经济发展面临的各种挑战和风险。

第一,坚持科学理论指导。面对新矛盾、新任务,以习近平同志为核心的党中央对经济发展形势作出了科学判断,将马克思主义政治经济学与中国经济发展实践有机结合起来,观大势、谋全局、干实事,在实践中形成了习近平经济思想。这一思想的主要内涵可以概括为"七个坚持"。首先,坚持加强党对经济工作的集中统一领导,这是经济发展的根本前提,也是中国特色社会主义经济制度的优势所在。其次,坚持以人民为中心的发展思想,这是经济发展的根本目标,也是检验经济发展成败的标准,其贯穿于统筹推进中国特色社会主义事业"五位一体"的总体布局和协调推进"四个全面"的战略布局中。最后,坚持适应把握引领经济发展新常态,坚持使市场在资源配置中起决定性作用、更好发挥政府作用,坚持适应我国经济发展主要矛盾变化完善宏观调控，坚持问题导向部署经济发展新战略，坚持正确工作策略和方法、稳中求进。

第二，推进高质量发展的重要途经。习近平经济思想深刻总结了我国经济发展实践的成功经验，对马克思主义经典作家没有讲过、西方经济理论始终无法解决的许多重大理论和实践问题作出了回答，打破了西方普世主义的神话，向世界展示了中国特色社会主义政治经济学的最新成果与理论突破。因此，进入新时代，面对新自由主义思潮的暗流涌动，我们必须准确把握和认真践行习近平经济思想，充分运用这一强大的思想武器，坚决批判和抵制新自由主义思潮。这一思想的创立，不仅建构了当代中国马克思主义政治经济学的理论框架，指引着中国经济高质量发展的实践进程，而且为世界社会主义的发展贡献了中国智慧。

(三)夯实抵御新自由主义侵蚀的经济基础

新自由主义不仅仅是一种经济学理论的嬗变与衍生，其在中国特色社会主义市场经济体制确立和完善的过程中已经成为一种解构人们制度认同的实践性力量。因此，抵制新自由主义思潮的侵蚀，不仅需要加强理论武装，更要在实践中纠正谬误，坚持中国特色社会主义经济制度，确立正确的改革方向。

第一，贯彻落实新发展理念。发展理念是发展行动的先导，新时代，以创新、协调、绿色、开放、共享为主要内容的新发展理念，是建设现代化经济体系、指引我国经济健康发展的发展思路、发展方向和发展着力点。创新是引领发展的第一动力，协调是持续健康发展的内在要求，绿色是永续发展的必然条件和人民对美好生活追求的重要体现，开放是国家繁荣发展的必由之路，共享是中国特色社会主义的本质要求，这五大新发展理念构成了有机统一的整体，赋予了发展全新的内涵。照搬新自由主义意识形态，只能使中国陷于停滞或倒退。抵御新自由主义的渗透和影响，必须从根本上树立和遵循指导中国经济社会实践的新发展理念。

第二，坚持和完善我国社会主义基本经济制度和分配制度。改革开放以来，我们逐步建立和完善起来的社会主义基本经济制度，是中国发展和繁荣的根基，也是当前和今后抵御新自由主义的坚实制度基础。新时代，坚持"两个毫不动摇"是坚持和完善社会主义基本经济制度的必然要求。一方面，毫不动摇巩固和发展公有制经济。生产资料公有制是社会主义经济制度的基础，在所有制结构中要始终坚持公有制的主体地位和国有经济的主导地位，推行公有制多种实现形式，推动国有资本更多投向关系国家安全和国民经济命脉的重要行业与关键领域，不断增强国有经济的活力、控制力和影响力。另一方面，毫不动摇鼓励、支持、引导非公有制经济发展，使市场在资源配置中起决定性作用，更好发挥政府作用。在保障公有制主体地位和国有经济主导地位的前提下，大力发展多种经济成分，建立科学完备的政策法规体系，为多种经济成分平等竞争和共同发展提供坚实的法律基础；深化商事制度改革，进一步放宽市场准入，不断完善市场监管机制，加大对于小微企业的支持力度，充分发挥非公有制经济的积极作用；深化收入分配制度改革，坚持按劳分配和按生产要素分配相结合，坚持共同富裕的社会主义原则，形成公平与效率相结合的新型分配格局。

第三，以供给侧结构性改革为主线，建立现代经济体系。我国经济已由高速增长阶段转向高质量发展阶段，建设现代化经济体系是当前我国经济跨越由"量"到"质"的关口的迫切要求，而发展实体经济、提高供给质量则是建立现代经济体系、推动经济高质量发展的根基所在。坚持供给侧结构性改革的正确方向，巩固"三去一降一补"成果，增强微观主体活力，提升产业链水平，畅通国民经济循环，着力提升供给体系的质量和效率，优化经济发展结构、增强经济增长动力。

　　第四,发展更高层次的开放型经济,推动形成全面开放新格局。以"一带一路"倡议为重点,坚持引进来和走出去并重,遵循共商共建共享原则,加强创新能力开放合作,形成陆海内外联动、东西双向互济的开放格局。拓展对外贸易,培育贸易新业态新模式,逐步形成全面贸易伙伴关系。

第三章 历史虚无主义思潮

历史与一个民族的命运休戚相关，以史为鉴，可以帮助人们察往知来，创造更加美好的未来。古往今来，一切民族和国家都十分重视自己的历史，都会善待自己的历史。清代思想家龚自珍曾言："史存而周存，史亡而周亡……灭人之国，必先去其史；隳人之枋，败人之纲纪，必先去其史；绝人之材，湮塞人之教，必先去其史；夷人之祖先，必先去其史。"可见，历史在培育民族国家认同感，增强民族自信心、凝聚力以及提高民族素质等方面都具有重要作用。当前，我们站在世界百年未有之大变局和中国民族伟大复兴战略全局，要奋力把中国特色社会主义事业向前推进，但在这个过程中，包括历史虚无主义等社会思潮的沉渣泛起，势必对社会造成较大负面影响，给人们的思想造成很大的混乱。因此，我们深入分析历史虚无主义，这对于客观、全面地了解历史，避免陷入片面性的误区，回应历史虚无主义对历史、特别是对中国近现代史的非议歪曲与错误认识，对于我们统一思想、凝聚共识具有十分重要的意义。

第一节　历史虚无主义的本源

20 世纪 90 年代以来,历史虚无主义思潮在我国泛起。它秉持唯心主义历史观,否定唯物史观对中国近现代历史研究的指导意义,要求实现中国历史近现代研究的"范式转换"。这一思潮在反对"激进主义"的名义下否定近代以来中国革命的必然性,认为中国革命对中国现代化只有破坏性作用,颂扬改良;以抽象的人性论取代马克思主义的阶级分析方法,根据片面的历史材料,对历史人物提出新的评价,制造"好人不好""坏人不坏"的新结论;违背历史研究"必须从既有的事实出发"的原则,根据一些历史现象的表面特征主观臆断历史发展的可能结局,否定运用唯物史观对中国近现代历史进程和重大事件作出的结论。尽管这一思潮多以学术研究、学术创新的面目出现,其最终目的不在学术创新,而在否定中国选择马克思主义指导、选择社会主义道路、选择中国共产党领导的必然性。这一思潮不仅在一些研究领域和部分高知人群中颇有市场,并通过一些文学作品、影视节目和网络向大众传递其核心观点,对社会大众的思想产生影响。因此,我们必须要认清历史虚无主义的本源。

一、历史虚无主义的内涵

我们对一种社会思潮的理解,不能人云亦云,一定要弄清楚是什么、为什么,唯有如此,才能客观、准确把握它。拨开层层迷雾,看清楚它的本来面目。关于历史虚无主义的解释,我们不妨从几个概念入手,来深刻剖析它的内涵,以及它所惯用的手法。

(一)厘清虚无、虚无主义及历史虚无主义

历史虚无主义问世以来，特别是 20 世纪 90 年代以来研究者不可谓不多、追随者趋之若鹜，不明真相者更不在少数。为了追本溯源，我们有必要对最基本的学理性问题予以澄清，特别是有关概念的界定进行梳理。

第一，对虚无的界定。"虚无"一词是历史虚无主义的核心概念。《现代汉语词典》(第 5 版)中对"虚无"的解释是："有而若无，实而若虚，道家用来指'道'(真理)的本体无所不在，但无形象可见。"①田居俭在《警惕历史虚无主义思潮》一书中指出："虚者，模糊歪曲也；无者，抹杀消除也。"②刘美玲、刘鸹在《在"纲要"教学中消解历史虚无主义的思考》一文中认为"'虚'是虚构臆造，'无'是抹杀否定"③。归根到底，我们认为，虚无就是空虚而无根，是一种缥缈、虚幻的状态。

第二，对虚无主义的理解。虚无主义一词，对我国来说是个舶来品，它是英文单词 Nihilism 的中文译名。就英文词源来说，它源自拉丁文"nihil"，意指"什么也没有"。陈元明对"虚无主义"语义使用渊源做了详细的梳理。④在西方，海德格尔认为，哲学上对"虚无主义"一词的首先使用可能是 1799 年在雅各比《给费希特的信》中，雅各比批评费希特哲学为虚无主义，在他看来费希特把人类理性作为知识的唯一来源的观点必然导致一种空疏的主观主义，因而用虚无主义来命名他的唯心论哲学。"虚无主义"的概念后经由屠格

---

① 中国社会科学院语言研究所词典编辑室：《现代汉语词典(第 5 版)》，商务印书馆，2005 年，第 1537 页。

② 梁柱、龚书铎：《警惕历史虚无主义思潮》，人民教育出版社，2006 年，第 24 页。

③ 刘美玲、刘鸹：《在"纲要"教学中消解历史虚无主义的思考》，《重庆科技学院学报》(社会科学版)，2011 年第 9 期。

④ 参见陈元明：《论新中国成立以来历史虚无主义的两种取向》，《毛泽东思想研究》，2015 年第 2 期。

涅夫流行开来,它表达了这样的观点,即唯有我们亲身经验到的存在者,才是现实存在着的,其余的一切包括基督教的上帝皆为虚无。在此,虚无主义被用来揭示一种信仰丧失状态下的生存状况。尼采进一步思考和分析虚无主义问题,并给后世奉献了一句振聋发聩的虚无主义口号——“上帝死了”①。他赋予了虚无主义概念新的更丰富的含义:“虚无主义意味着什么? 意味着最高价值的自我贬黜。没有目的,没有对目的的回答……虚无主义是迄今为止对生命价值解释的结果。”②他还认为“任何信仰,任何自以为真实的行为一定是谬误。因为根本就没有真实世界。这就是说,这样的世界仍然源于我们头脑的远景式假象……在这个意义上说,虚无主义否定了真实的世界存在和神圣的思维方式”③。从这个意义上讲,应将虚无主义理解为一个最高价值逐渐自我贬黜的过程。列奥·施特劳斯在题为“德意志虚无主义”的演讲稿中指出,“虚无主义的意思也许是 vellenihil,意欲虚无包括自身在内的万物的毁灭,因此,首先是自身毁灭的意志”“但我相信,这并非德国虚无主义的最终动机”。④他还认为,德国纳粹运动“意欲现代文明毁灭”⑤的这种渴求之所以是虚无主义的,“因为它为了这目的而不抒手段,这样就毁灭了对于任何高尚、理智的人而言使生活有价值的东西”⑥。《现代汉语词典》认为,“虚无主义是一种否定人类历史文化遗产、否定民族文化,至否定一切的思想”⑦。

---

① [德]尼采:《查拉图斯特拉如是说》,钱春绮译,上海三联书店,2008 年,第 6 页。

② [德]尼采:《权力意志:重估一切价值的尝试》,张念东等译,商务印书馆,1991 年,第 199 页。

③ [德]尼采:《权力意志:重估一切价值的尝试》,张念东等译,商务印书馆,1991 年,第 280 页。

④ [美]列奥·施特劳斯:《苏格拉底问题与现代性——施特劳斯讲演与论文集:卷二》,丁耘等译,华夏出版社,2008 年,第 104 页。

⑤ [美]列奥·施特劳斯:《苏格拉底问题与现代性——施特劳斯讲演与论文集:卷二》,丁耘等译,华夏出版社,2008 年,第 104 页。

⑥ [美]列奥·施特劳斯:《苏格拉底问题与现代性——施特劳斯讲演与论文集:卷二》,丁耘等译,华夏出版社,2008 年,第 123 页。

⑦ 中国社会科学院语言研究所词典编辑室:《现代汉语词典(2002 年增补本)》,商务印书馆,2002 年,第 1420 页。

总体而言,通过上述对虚无主义概念的历史考察,可以看出,这一概念的使用经历了一个长期的演变过程。总体来说,虚无主义在哲学意义上是怀疑主义的极致形式,认为世界、生命特别是人类的存在没有意义、目的以及可理解的真相及最本质的价值,现在通常泛指对某种甚至一切对象、事物的一种绝对否定的观点、态度和思想倾向,①它夸大了事物内部矛盾双方的对立性,割裂了矛盾双方的统一性。

第三,对历史虚无主义的认知。根据对虚无主义的这种理解,抽象而言,历史虚无主义是对历史存在,严格来说是对历史人物和历史事件存在的两面性进行割裂的理论或实践,这种两面性可以是偶然与必然的两面,可以是积极与消极的两面,可以是正确与错误的两面,也可以是延续与断裂的两面等。具体而言,历史虚无主义的实践主要体现在对待历史的态度和评价上。冯夏根、胡旭华认为:"所谓历史虚无主义,简言之,就是虚无历史,即对客观历史的本质、真相和规律持怀疑、否定和消解的态度,对历史现象、历史事实和历史人物任意解释甚至刻意歪曲的一种历史观。"②梅荣政、杨军认为:"历史虚无主义是一种以唯心史观为基础的典型的实用主义,是同马克思主义唯物史观根本对立的。"③杨金华认为,所谓历史虚无主义,简言之,就是虚无历史。历史虚无主义者以反思历史为名,歪曲"解放思想"的真意,以戏说来解构经典,以荒诞来替代正说,通过捕风捉影、子虚乌有的故事来反叛历史传统。在历史本体论上,历史虚无主义不承认历史及文化传统的继承性与连续性,否定历史发展的内在逻辑,轻率地抛弃各种历史遗产。在历史方法论上,历史虚无主义以历史选择论为指导,以历史假设为前提,进行主观臆想

---

① 参见唐忠宝:《虚无主义及其克服:马克思的启示》,中共中央党校博士学位论文,2013年,第15页。

② 冯夏根、胡旭华:《虚无的背后——新时期历史虚无主义思潮论析》,《湖南文理学院学报》(社会科学版),2009年第5期。

③ 梅荣政、杨军:《历史虚无主义重新泛起的透视》,《马克思主义研究》,2005年第5期。

和推断，最后得出所谓"新结论"①。

综上所述，历史虚无主义就是在唯心史观指导下，否定历史的规律性，夸大历史的选择性，把支流当主流，把现象当本质，孤立地分析历史中的阶段性错误而否定整体过程，以实用主义的态度对历史事件和历史人物复杂的两面性进行简单化的割裂，用现实熔铸历史，甚至别有用心地歪曲历史事件和历史人物为其现实目的服务的一套思想理论。

（二）历史虚无主义的惯用手法

历史学是科学，是尊重事实的学问。在科学研究中我们提倡大胆探索的精神，但是这种精神离不开科学的态度。离开了科学态度的探索，就会离真理距离越远。历史虚无主义者不以事实为出发点，不是全面、系统地掌握有关资料，把握历史事实的总和并阐明其内在联系，透过历史现象分析历史的本质和主流，揭示历史的发展规律，而是随心所欲地挑选零碎的历史事实对历史加以编织或剪裁，其惯用手法主要有以下九点。

第一，否定人类社会发展是有规律可循的。历史虚无主义宣扬人的主观性决定各种历史事件和历史现象，具有不可测性，因而没有规律可言。马克思主义认为，人类社会是按照原始社会、奴隶社会、封建社会、资本主义社会、共产主义社会的发展规律不断地从低级到高级发展的。这是人类社会发展的一般规律。而中国的封建社会时间太长，在西方列强入侵中国后，中国沦为了半殖民地半封建社会，这是中国社会发展的特殊规律。在面临民族危亡、国将不国的时候，中国向何处去？各种主义和思潮都进行过尝试，资本主义道路没有走通，改良主义、自由主义、社会达尔文主义、无政府主义、实用主义、民粹主义、工团主义等，也都"你方唱罢我登场"，但都没有解决中国的

---

① 杨金华：《当代中国虚无主义思潮的多元透视》，《马克思主义研究》，2011 年第 4 期。

前途命运问题。中国共产党领导人民进行革命,推翻了压在中国人民头上的帝国主义、封建主义、官僚资本主义三座大山,建立了中国人民当家做主的中华人民共和国,又逐步探索、坚定了中国特色社会主义道路自信、理论自信、制度自信、文化自信。这就是中国社会发展的基本规律,是历史的必然选择,人民的正确选择。历史虚无主义却到处宣扬"共产主义是一个科学性不很明确的,还弄不清楚的概念","社会主义是理想,资本主义是现实",等等。他们以历史的偶然性来否定革命的必然性,认为"历史的发展有太多的偶然",以此来否定中国革命具有历史必然性,提出所谓"革命制造论""革命破坏论""误入歧途"等谬论,企图通过否定革命,来否定中国共产党的历史,来否定走社会主义道路的历史必然性。

第二,以假设推断代替历史事实。历史虚无主义经常提出"假设不搞五四运动""假设不向苏联学习而向英美学习""假设当年不出兵抗美援朝"等假设的观点,而后推论可能产生的效应和结果,证明自己判断的正确。其实,历史是不承认"假设"的,我们分析认识问题,只能是对已经发生的历史事实进行分析判断,而不能以尚未发生的想象作为依据。

第三,抓住历史枝节进行无限夸大。党是经过艰苦奋斗,在不断同各种困难做斗争,不断同敌对势力做斗争,不断同自己的缺点、错误做斗争中,探索出中国特色社会主义道路的。毋庸讳言,在这个艰苦的过程中,我们犯过不少错误,有"左"的也有右的,出现过多次失误,有些失误还是全局性的。但是这些错误和失误放到中国特色社会主义伟大事业中毕竟是前进中的错误,是主流中的支流,是探索当中难以避免的。尤其需要强调的是,中国共产党光明正大,堂堂正正,从不讳疾忌医,更不坚持错误。我们的错误和失误都是党依靠广大人民群众自己揭露、自己纠正的。中国特色社会主义的道路自信、理论自信、制度自信、文化自信,都是在不断地纠正错误和失误中逐步补充完善的。历史虚无主义却专门去搜集、罗列党在工作中的失误,无限夸大,以否定党带领人民所取得的成绩，以历史的个别现象来否定历史的本质。比如，有的地主本人很勤奋也很节俭，是靠几代人积攒家产发迹的；有的农民翻身后腐化变质。这都是个别人、个别事件、个别现象。历史虚无主义就擅长拿类似的例子，来解读地主阶级并不是反动的，农民运动是痞子运动，以此来否定反封建的土地革命，进而实现以点带面、以偏概全、虚无剪裁历史的目的。

第四，用今天的标准去衡量历史的事件。判断事物的功过是非，只能放到当时的历史条件下分析判断，不能用今天的形势和条件去衡量过去的事件和决策。比如，历史虚无主义大肆宣传我们过去是"闭关锁国"，早就应该"跟美学英""不要跟着苏联与美国和西方为敌"等等，其实从安全角度分析一下这个历史过程就再明白不过了。中华人民共和国成立时的安全环境首先是生存问题，是政权安全。以美国为首的西方世界根本不承认我们政权的合法性，和我们建交的只有以苏联为首的十几个社会主义国家和周边的几个小国如缅甸、柬埔寨等。西方国家通过政治上的歧视，经济上的封锁，军事上的围堵，一直想把新中国扼杀在摇篮中，在这种情况下，我们经过几十年斗争，政权站稳了脚跟，在广大第三世界朋友的簇拥下获得在联合国的合法地位，美国等也相继和我国建交。这时以美国为首的西方世界又说共产党独裁，说社会主义制度不行，企图搞垮中国共产党的领导和社会主义制度。这时候我们面临的是制度安全。中国共产党依靠广大人民的力量实行改革开放，使生产力大解放大发展，中国的国际地位和世界影响力明显提高，中国发展模式已为世界许多国家所认同。这个时候，美国和西方世界又和我们争夺资源，争夺市场，争夺高科技领域，争夺话语权和制定规则权，我们面临着发展的安全。这是我们走过的实实在在的历史过程。历史虚无主义却说我国对西方的开放搞晚了。

第五，把探索中的不同认识说成是个人之争。在实践过程中不断探索，有所发明、有所创造、有所前进。既然是探索,在党内在领导层就难免有不同意见。历史虚无主义把党内的历史说成是个人恩怨的斗争,是整人的历史,是钩心斗角,和封建宫廷争权夺利没什么区别等。王光美同志曾坦然地说:"主席和少奇没有什么个人恩怨。两个人都是想把新中国建设搞好,让人民过上好日子。只不过是思路不同。主席主张搞快一点,少奇主张搞稳一点,主席想通过抓阶级斗争、上层建筑推动生产力发展,少奇想通过抓经济建设推动生产力发展。应该说两个人的主张都有正确的一面也有片面的一面,如果两个意见结合起来就好了。主席和少奇的出发点都是想把中国的事情办好。而且长时间的历史证明还是毛主席想得深一些,考虑远一些,多年证明主席对的多。所以当时全党都是拥护主席的决策的。"这个活生生的事例,可以使历史虚无主义无地自容。

第六,披着学术的外衣谋求政治诉求。历史虚无主义的一个很迷惑人的手法就是利用学术研究做幌子去"挖掘新的材料""还原历史真相",用"新的视角""重新审视历史",利用所谓"学术没禁区",发扬"学术要民主"来宣传自己的错误观点。比如,清政府 1908 年颁布的《钦定宪法大纲》中提出了教育、司法、经济制度、政治体制、外交一系列社会改革,就断言说这属于"革命性改革""使中国社会成为民主社会的雏形",很遗憾这个进程被辛亥革命打断了;如果按慈禧太后、光绪皇帝宪政路子走下去,中国会走上英国式的民主化道路,所以辛亥革命其实是不必要的。实际上这是根本经不住分析的。其一,《钦定宪法大纲》所提改革目的是为了维护清朝封建统治;其二,因为它代表的是封建统治者的利益,得不到广大人民的认同和支持,所以根本就没推开;其三,正是辛亥革命推翻了封建王朝才掀开了中国历史的新篇章。

第七,利用文学艺术否定传统文化和社会主义先进文化。历史虚无主义利用电影、电视、小说、讲座、研讨会等形式嘲笑我们祖先创造的龙的传统、长城的精神、黄河文化都是落后愚昧的,至于美化汉奸的,歌颂叛徒的,贬损革命伟人和爱国人士，贬损英雄模范的也有不少谬论。尤其是谁攻击共产党，谩骂社会主义，谁就被捧为敢于解放思想；而谁坚持党的文艺路线，宣传正能量，他们就攻击谁，说是"老左"，是"僵化"。

第八，利用互联网等先进手段碎片化历史。历史虚无主义利用微博、微信等互联网手段宣扬他们的错误观点，有的断章取义，有的伪造历史事件，有的散布政治谣言，特别是把一些历史事件不讲前因后果地任意剪裁，把一部完整的历史碎片化、简单化加以宣扬，造成了恶劣影响。比如，《解放军报》曾报道我军潜水艇上一名士官技术超强，几次在潜艇出现故障的情况下成功排障，使潜艇得以顺利运行。可网上题目改为"我军潜水艇事故频发，风险极大"，同一篇文章，题目一变，主旨全变了。这种手法对历史的客观性真实性伤害极大，同时在人们不经意中误导了舆情。

第九，有所虚无有所不虚无。历史虚无主义虚无的是正史、正能量，是历史的事实和本质，而不虚无的则是负面的反动势力、错误思潮和它虚构的历史，甚至是无中生有。历史虚无主义提出的口号就是"还历史真面目""告诉你一个真实的历史"，要"重建历史""再塑历史"。通过虚无革命，提倡改良主义；通过虚无共产党领导，提倡资产阶级领导；通过虚无社会主义建设成就，提倡走英美式的资本主义道路；通过虚无党的领袖，提倡崇拜封建主义资产阶级的代表人物。①

二、历史虚无主义的演进

近代以来，历史虚无主义在我国一直存在，特别是进入 20 世纪以来，有过几次典型的表现。不容否认，历史虚无主义作为一种较为典型的社会思潮

---

① 参见李殿仁：《认清历史虚无主义的极大危害性》，《红旗文稿》，2014 年第 20 期。

对人们的思想、社会的发展等都构成了较为严峻的挑战,因此我们要保持高度警惕,认清楚历史虚无主义的演进过程,才能有针对性回应种种挑战。

（一）20世纪二三十年代出现全盘西化思潮

第一次世界大战和俄国十月革命之后,新文化运动逐渐分解为马克思主义和全盘西化论两支。以陈序经、胡适为代表的全盘西化论,对传统民族文化与历史遗产采取了一种轻蔑、虚无的态度,认为中国传统文化在各个方面都不如西方文化先进,要为我们的民族寻求一条出路,就只有抛弃我们的传统文化,全盘接受西方文化。陈序经提出"一刀断根"论,他在《中国文化之出路》中就声称,"西洋文化无论在思想上,艺术上,科学上,政治上,教育上,宗教上,哲学上,文学上,都比中国的好。就是在衣、食、住、行的生活上头,我们也不及西洋人的讲究"[1]。今后"中国文化的出路,惟有努力去彻底西化的途径"[2]。胡适提出"百事不如人"论,他认为中华文化的出路在于"努力全盘接受这个新世界的新文明",这体现了对待中国传统文化的虚无主义态度。

"全盘西化"论的最大特点,在于彻底割裂了中华民族的历史进程,抹杀了历史连续性的本质特征,而且与随之发生的中国革命的成功经验相背离。这种"全盘西化"论不能正确反映近代中国文化发展的要求,同近代中国历史发展的方向相违背,因而理所当然地受到了抵制和批判。另外,由于这种思想否认民族文化的独立主体地位,过分夸大西方文化的世界性意义,以文化的时代性替代文化的民族性,没有能解决中国文化的根本出路问题,出台之后便受到各方的批评。随着马克思主义在中国的广泛传播,特别是人民革

---

[1] 陈序经：《中国文化之出路（节选）》,载罗荣渠主编：《从"西化"到现代化——五四以来有关中国的文化趋向和发展道路论争文选》,北京大学出版社,1990年,第371~372页。

[2] 陈序经：《中国文化之出路（节选）》,载罗荣渠主编：《从"西化"到现代化——五四以来有关中国的文化趋向和发展道路论争文选》,北京大学出版社,1990年,第371~372页。

命的胜利,民族自尊心、自信心和自豪感得到极大增强。特别是新中国成立后,马克思主义被确立为我们的意识形态,全盘西化论走向了沉寂。

(二)20世纪70年代后期出现清算毛泽东思想为目的的思潮

毛泽东逝世以后,特别是粉碎"四人帮"后,西方舆论界鼓噪出一种"非毛化"的提法,恶意宣传毛泽东的夫人江青和他信任的王洪文、张春桥、姚文元都被抓起来了,影射我国正在"否定毛"。之后又把我们在真理标准问题大讨论中将林彪、"四人帮"歪曲篡改了的毛泽东思想和路线恢复过来及解放思想一概说成是"对毛泽东的攻击"。其实,这个提法是从西方舆论界一度流行的"非斯大林化"脱胎而来的。1956 年 2 月,赫鲁晓夫在苏共二十大作秘密报告全盘否定斯大林,被西方舆论界说成是赫鲁晓夫搞"非斯大林化"。所以"文化大革命"结束后不久,西方舆论界就想当然地认为中国要学赫鲁晓夫,必然要重新评价毛泽东,批判毛的错误,"否定毛""非毛"。

本来"非毛化"的提法是西方舆论界根据自己特定的立场所作的主观臆测,但这种观点传到国内之后,便被一些人进行了发挥。1979 年春,国内出现了一股"批毛""非毛"和诽谤、诋毁毛泽东的思潮。他们扛着清算"毛泽东主义"的旗号,极力贬损、攻击毛泽东和毛泽东思想。1989 年 2 月 12 日,王若望、方励之等人在接受法新社记者采访时声称,苏联当时一些人清算斯大林的行动是"绝对正确的","现在是我们对毛泽东采取同样做法的时候了""如果我们不处理毛泽东主义的问题,我们将不能越过前面这堵墙,并且向前进",所以,"清算毛泽东主义的时候已经到了"。[①]究其本质,是想通过否定毛泽东及毛泽东思想从根本上否定毛泽东领导时期中国共产党的历史,抹去现实中我们坚持中国共产党的领导、坚持马克思主义、坚持社会主义道路的

---

① 　梅荣政、张晓红:《论新自由主义思潮》,高等教育出版社,2004 年,第 141 页。

历史依据。

（三）20世纪80年代末历史虚无主义沉渣泛起

与政治领域否定中共历史相呼应的便是一些人在文艺领域开展了一次以否定、虚无传统文化为中心，进而从虚无的角度来贬低中华民族的过去、现在和未来，主张全盘学习西方文化的虚无主义思潮。导火线是1988年6月以反思黄河文明为名否定中华民族历史与文化的电视政论片《河殇》的播出。在这部电视片中，作者以地理环境决定论否定了历史唯物主义，称经济不是历史发展的决定性因素，历史是由地理环境决定的。中国人"不像欧洲民族那样生活在地中海周围，也不像美国人那样住在两个大洋之间"，是因为中国人"眷恋着大陆，始终不能超越土地的限制走向大海"，这就决定了"中国历史的命运"，也决定了这种"内陆文明""黄土文化"的落后、保守和封闭。因此，"黄河文明"是一种"失败的文明""单靠这片黄土和这条黄河已孕育不了新的文化"，中国要走向现代化，唯一的出路就是融入西方的"蓝色海洋文明"，无条件地接受"全盘西化"。①

苏联解体、东欧剧变后，国际上以资本主义为主导的经济全球化迅速发展，世界社会主义运动暂时处于低潮，两种社会制度在全球范围内的并存、合作、竞争、斗争，在总体上呈现出"资"强"社"弱、"资"进"社"守的态势。西方国家特别是美国反共势力，把苏联崩溃视为一个世纪才遇到一次的大好机会，他们从苏联的演变中看到了历史虚无主义灭人国、夺人志的"价值"，为了使中国也"变得像西方一样非意识形态（化）、实用主义、实利主义，并在文化上和政治上更加自由"，他们在向全世界特别是社会主义中国推行美国的价值观念、培植自由化势力的过程中，极力兜售、倡导、宣扬历史虚无主

---

① 王扬：《〈河殇〉大讨论述评》，《文艺理论与批评》，1989年第3期。

义,致使历史虚无主义在20世纪90年代沉渣泛起,特别是近几年来波及范围涉及史学研究、历史题材的文学艺术以及教育等多个领域,影响非常恶劣。

历史虚无主义思潮的宣扬者们主张"告别革命",否定中国近现代史上的革命;美化中国近代统治阶级,为近代中国统治阶级翻案;借中国共产党的错误而否定其全部历史;借毛泽东晚年的错误而否定毛泽东的一生;借国际共产主义运动史上的错误和苏联模式的缺陷,全盘否定国际共产主义运动的历史和苏联社会主义的理论和实践,等等。

(四)21世纪初历史虚无主义出现新的动向

21世纪初开始,历史虚无主义思潮又有卷土重来之势。这次思潮首先是打着理论创新的幌子,利用学术刊物、研讨会和学术著作等表现其虚无主义观点。同时,它还以学术反思的面貌出现在文学和艺术作品中,特别是通过历史题材的影视作品等形式,隐蔽地渗透和传播其核心观点。

《炎黄春秋》杂志2014年第5期刊发了一组"历史虚无主义"笔谈,笔谈的三篇文章分别是:《历史虚无主义的来龙去脉》《要警惕什么样的历史虚无主义》《历史虚无主义的实与虚》。笔谈从理论上"重新解释"了历史虚无主义的内涵,"系统梳理"了历史虚无主义的来龙去脉和表现。其核心观点是:把马克思主义称为历史虚无主义,把马克思主义的历史认识体系称为教条主义历史虚无主义,把反对历史虚无主义者称之为最大的历史虚无主义者。笔谈的一位作者说:"马克思的历史图式与基督教历史图式十分相似。他虽然肯定了资本主义的成就,但他最终还是以一个设想中的未来社会阶段把资本主义的历史否定了。资本主义无论取得了怎样的成就也是异化的,它的政治制度、经济制度、社会组织与道德观念等等都将要被彻底抛弃。这显然脱离了启蒙的思想路线,陷入历史虚无主义。""在这个理论体系中,它把一个不存在的、仅仅是想象中的共产主义作为评判事物的唯一标准,不仅否定了奴隶社会、封建社会、资本主义社会这个漫长的人类历史,也否定了现实世界中的文明榜样。"接着,他以苏共垮台、苏联解体为例分析了马克思主义这种"教条主义历史虚无主义"在实践中"带来了巨大的灾难"。他说,教条主义历史虚无主义"在一开始就与政治行动结合在一起,一开始就是一种政治意识形态,而不是简单的学术倾向或认识偏差。由于这个原因,它的社会影响和后果也是任何其他的历史虚无主义所不能比拟的","它严重地扭曲了社会历史观,使人们不能对历史和现实做出恰当的理解和判断,从而构成改革开放和社会进步的巨大思想阻力"。另一位作者还说,在我国,那些反对历史虚无主义的人具有某种"强力意志","但这种强力并非来自批判者本身,而是来自只允许一种声音存在的举国宣传体制的支撑"等。

这种"重新解释","颠覆"了人们对历史虚无主义的明确界定,他们"超越"了对具体历史事实的选择性虚无,直接将马克思主义及其指导下的历史认识体系扣上"历史虚无主义"的帽子,欲图从"理论制高点上"夺取批判历史虚无主义的旗帜和话语权,以彻底挣脱加在他们身上的这个"魔咒"。然而事与愿违,这样做的结果使得这股思潮的政治实质更加显露。历史虚无主义思潮的宣扬者主动接过"历史虚无主义"的概念,将其反过来扣向他们的批评者的做法,是当前历史虚无主义思潮的一个新特点。它意味着我们与历史虚无主义思潮的理论斗争进入了一个新的领域。①

三、历史虚无主义重新泛起的原因

历史虚无主义思潮在中国的出现,尤其是 20 世纪八九十年代以来的泛

---

① 参见马学轲:《2014 年意识形态领域十个热点问题》,《马克思主义研究》,2015 年第 2 期。

滥,并不是偶然的,而是有着深刻的国际和国内背景的。

(一)国际形势的变化和西方社会思潮的冲击

历史虚无主义思潮一般形成于社会转型时期,但我们也不能否定外部环境变化对于历史虚无主义的影响,特别是在多种因素综合作用下,历史虚无主义在特定时期内还会呈现出增强的趋势,造成更大的思想混乱。

第一,世界社会主义运动处于低潮,是历史虚无主义思潮重新泛起的国际背景。社会主义制度诞生之后显示出巨大的优越性,并取得了伟大的成就,由于各种原因,到 20 世纪 60 年代其发展过程中积聚的各种矛盾已经到了非常严重的程度,但绝不是到了病入膏肓、无法医治的地步。而 20 世纪 80 年代末 90 年代初,苏联东欧一些国家的某些领导人,"却屈服于国内外敌对势力的强大压力,对于在科学社会主义框架内,通过改革解决发展中遇到的问题丧失信心,主动放弃社会主义意识形态"[①],最终导致了东欧剧变和苏联解体,使国际共产主义运动遭受到严重挫折。

苏联解体、东欧剧变不仅造成了社会主义信念在世界范围内的震荡与危机,客观上也促成了意识形态领域里的反马克思主义思潮的严重泛滥。西方一些头面人物,包括历史上一贯的反共分子及其媒体,纷纷把这场剧变看作社会主义、共产主义的崩溃,胡说共产主义将不可逆转地在历史上衰亡,"在未来的 21 世纪社会主义不再会有一席之地,它的实践和信条将不再与人类的状况有什么关系"[②],"自由民主制度也许是'人类意识形态发展的终点'和'人类最后一种统治形式',并因此构成'历史的终结'"[③]。在信奉社会

---

① 阎志民:《世界社会主义运动低潮与中国特色社会主义的崛起》,转引自北京市科学社会主义学会编:《探索与发展:中国社会主义 50 年的光辉历程》,世界知识出版社,1999 年,第 3 页。

② 黄仁伟等:《中国和平发展道路的历史选择》,上海人民出版社,2008 年,第 142 页。

③ [美]弗朗西斯·福山:《历史的终结及最后之人》,黄胜强等译,中国社会科学出版社,2003年,第 1 页。

主义、共产主义的人们中，也有人借口批判"斯大林模式"而全盘否定社会主义制度，甚至认为社会主义没有前途，不改革是死路一条，改革也是死路一条。各种思潮的激荡交锋，对中国人民的思想也造成了很大的冲击。相当一部分人对苏联解体、东欧剧变产生了极大的伤感情怀，对世界社会主义、国际共产主义运动的前途感到困惑和忧虑，还有一部分人直接放弃了共产主义信仰，加入到西方反社会主义舆论阵营中，为其呐喊。历史虚无主义思潮在20世纪90年代初泛滥无疑与此有很大关系。

进入21世纪以来，世界社会主义运动已经逐渐走出苏联解体、东欧剧变的震荡期，进入了一个在探索调整中缓步前进的新阶段，而且还出现了以中国特色社会主义为代表的值得我们关注和振奋的一些亮点，但是由于苏联解体、东欧剧变无论是广度上还是深度上对社会主义运动的打击都异乎寻常的沉重，世界社会主义运动发展的局部高涨，还不足以使整个运动从低潮中走出来。再加上依托于20世纪70年代开始的现代科学技术革命，当代资本主义又出现了新发展，由于历史社会等各方面原因，处于社会主义初级阶段的中国与发达资本主义国家在经济技术及物质生活水平方面，还存在相当大的差距，要缩短这一差距并非一朝一夕就能完成的。而对这些情况缺乏客观认识的人，往往就会产生历史虚无主义的情绪，如一些人对于俄国十月革命后我们到底应不应该选择马克思主义，经济文化落后的中国到底应不应该选择社会主义道路，中国共产党执政的历史必然性等问题产生疑问与动摇。

第二，西方国家推行多种和平演变策略，为历史虚无主义思潮蔓延提供外部环境。自20世纪50年代以来，国际敌对势力对我国实施西化、分化的和平演变战略一直未变，反对马克思主义、否定社会主义的思潮将长期存在。80年代以后，他们利用社会主义国家的困难和危机，加大了和平演变的力度，以美国为首的西方国家凭借经济、政治和文化的优势，以经济、科技和信息为载体,大肆对我国进行思想渗透,并利用各种渠道攻击我国的政治制度,鼓吹含有资产阶级意识形态的价值观、历史观,扶植支持一些国内外的敌对势力,以"反思历史"为名,歪曲"解放思想"的真意,对中国共产党领导的革命、建设和改革进行大肆的丑化、歪曲,企图动摇马克思主义在我国意识形态领域的指导地位,颠覆中国共产党的领导。这些不可避免地会对我们的主流意识形态产生这样那样的消极影响。

第三,国际交往交流的逐步深入,为历史虚无主义思潮发展提供土壤。从文化交流的角度来看,改革开放以来,随着国际交往的加强,特别是近些年来经济全球化进程的不断深入,大量宣扬西方文化尤其是宣扬西方价值观念的作品通过公开或地下渠道涌入中国,带来了大量的西方社会思潮。这些思潮纷繁杂陈,立场迥异,彼此激荡消涨,活跃于政治、经济、文化、学术研究、国际关系、社会生活等各个领域,如果缺乏科学分析,引导不当,就会侵蚀我们的主流文化,对社会发展和人们的思想产生消极的影响。例如,新历史主义、消费主义等西方社会思潮引入后,一些论者往往不加辨别,不顾中国国情照搬照抄,对中国历史进行穿凿附会的解释。

以新历史主义而言,它是20世纪70年代末在英美文化界逐渐形成的一种有别于旧历史主义和形式主义的新的批评方法。与传统历史主义关注历史事件本身的研究不同,新历史主义"强调从政治权力、意识形态、文化霸权等角度对文本实施一种综合性的解读"[1]。换句话说,对于一个历史事件新历史主义的研究侧重点在于当时和事后的历史书、历史小说、文献资料、民间传说、文学作品等各种文本是如何反映、记载、阐释历史事件,并从中揭示它们所反映的当时当地的政治、思想和文化背景的。[2]当然不可否认,新历史主义对历史学的某些解释及反思是敏锐而深刻的,对这些有益成分的引介,

---

[1]　朱立元主编:《二十世纪西方美学经典文本》(第4卷),复旦大学出版社,2000年,第55页。

[2]　参见张中载等编:《二十世纪西方文论宣读》,外语教学与研究出版社,2002年,第593页。

丰富了我国史学研究的理论资源,开阔了历史学研究的学术视野。但另一方面,新历史主义也将历史认识论推至极端的相对主义,其最主要的特征就是否认历史史实的客观性,将历史直接归结为文本和叙事的游戏。否定历史的客观规律性,夸大历史选择的偶然性、任意性。受这种思潮的影响,国内打着学术研究的名义,消解、篡改和重塑历史一度成为时尚。

(二)改革开放和社会转型带来的时机和条件

在计划经济时代我们实行的是高度一致的一元化意识形态,随着改革开放和社会主义市场经济的发展,我国的经济结构、社会结构、利益格局生活方式等领域日渐呈现出多元化的趋势,这种情况反映到思想意识领域,也必然出现与社会多元化格局相适应的各种思想,历史虚无主义思潮便是其中之一。

第一,主流意识形态建构和创新不足。我们要看到,历史虚无主义之所以会蔓延成潮,不能仅归咎于外界的影响及国内社会环境的开放程度,也应从我们主流意识形态建构自身进行反思。改革开放以来我国的经济社会发展取得了举世瞩目的成就,经济增长迅速,人民生活水平显著提高,综合国力明显增强,国际地位举足轻重。但市场经济逐利原则的引入,也使人们把物质利益的实现作为最终目的,金钱成为人们衡量价值的标准,损人利己、唯利是图、拜金主义、功利主义、享乐主义、极端个人主义的思想也开始传播,出现了许多与社会主义本质相违背的社会问题。由于对社会主义本质认识的局限,主流意识形态在解释这些现实问题时,还存在一些不足理论与现实的某种程度上的脱节,致使在社会上,甚至在党内都存在着对马克思主义、社会主义和共产主义的信仰危机。现实与历史息息相关,对于改革开放各类现实状况的怀疑与不满也会影响到一些人对于历史的评价。

第二,学习运用唯物史观过程中与时俱进不够。唯物史观是我们认识社会历史规律的科学的历史观和方法论,就唯物史观的自身发展而言,新中国成立之后,虽然确立了唯物史观的指导地位,但是由于后来受"左"倾思想的影响,人们在学习运用唯物史观的过程中又出现了简单化、公式化的趋势。改革开放以来,我们对唯物史观及其指导下的史学的反思与实践,总体上是积极的,但由于历史原因,我们对历史唯物主义的理解和运用没有能够与时俱进,实现大的理论突破。正因为如此,在运用唯物史观应对信息化、全球化裹挟下的各种非马克思主义思潮对历史的冲击、误解、歪曲时,也常会出现应对乏力的现象,这也是历史虚无主义思潮泛起的另一个重要因素。

第三,在处理继承与发展关系中守正创新不强。就历史研究的主体而言,一些论者在史学研究的理论及方法方面还存在一些误区。学术的发展离不开创新,史学研究也是如此,但是学术的发展是一个不断积累的循序渐进的过程,只有在充分吸收前人所创造的一切知识财富的基础上,才有可能创造出超越前人的成就。所以,我们强调创新并不意味着不加辨别地否定或贬低前人的研究传统和某些已成定论的研究成果。而当下,一些学风浮躁的学者急于出成果,忽视了继承是创新的必要前提,在研究过程中往往打着学术创新的名义,把唯物史观当成必须要克服的教条,视为畏途,对其刻意回避,而对于西方的各类学术思想,尤其是那些与唯物史观相左的观点,未经分析就盲目当成"科学理论"而大加追捧。这种缺乏自己的独立判断,言必以西方为规矩的学术作风,往往会背离历史真实,落入历史虚无主义的窠臼。

第二节　历史虚无主义的实质及表现

历史虚无主义思潮一般形成于社会急剧转型时期。近代以来,历史虚无主义思潮在中国主要出现于两个历史转型时期:一是 19 世纪末到 20 世纪初期,一些知识分子怀着为内忧外患的中国寻找"出路"的信念,竭力主张中国应走西方的道路,形成了第一波历史虚无主义思潮;二是改革开放之后,一些人借纠"左"否定中国革命史,否定马克思主义中国化的历史必然性,形成了第二波历史虚无主义思潮。这两波历史虚无主义思潮,虽然出现在不同历史时期,但都有共同的理论主张,即都以"全盘西化"为核心诉求。区别在于,在马克思主义和社会主义的影响不断扩大、新民主主义革命不断前进的情况下,第一波历史虚无主义思潮逐步淡出了历史舞台;在中国特色社会主义道路不断坚定、制度优越性不断彰显的情况下,第二波历史虚无主义思潮却未消退,还有不断增强的趋势,对中国特色社会主义事业发展构成严峻挑战。因此,我们对历史虚无主义思潮应保持高度警惕,认清其本质。

一、揭露历史虚无主义的实质

"虚者,模糊歪曲也;无者,抹杀消除也。"①历史虚无主义思潮所虚无、否定的历史,并非是以往的所有历史,而是从反对社会主义的特定政治目的出发,否定某一阶段或某几个阶段的历史。其中,重点放在攻击近现代中国革命,否定党领导的革命和建设的历史领域。具体而言,包括以"学术研究"的名义企图颠覆历史、以"重新评价"的说词肆意歪曲历史、以"艺术作品"的形式戏说恶搞历史、以虚假谎言抹杀共产党领导的合法性。特别是近年来,一些人以"反思历史"为名,歪曲"解放思想"的真意,从纠正"文革"的错误走到"纠正"社会主义,认为我国搞社会主义过早,而应该让资本主义充分发展;从纠正毛泽东晚年的错误走到全盘否定毛泽东时代的实践探索,以改革开放后的辉煌成就全面否定改革开放前社会主义建设。这些带有历史虚无主

---

① 田居俭:《历史岂容虚无——评新时期史学研究的若干历史虚无主义言论》,载梁柱、龚书铎主编:《警惕历史虚无主义思潮》,人民出版社,2006年,第12页。

义色彩的看法,深具迷惑性和渗透性,背后潜藏着"乱史灭国"的政治目的。因此,我们必须要透过历史现象揭露历史虚无主义实质,揭示历史发展规律,不能让有所企图者随心所欲剪裁历史。

(一)以"学术研究"的名义企图颠覆历史

自改革开放以来,历史虚无主义思潮在我国思想界时隐时现。常常打着"学术研究"的幌子,在"重新评价""重写历史"的名义下,作翻案文章,设置"理论陷阱"。比如,在中国近代史的研究中,有人用"半封建半资本主义"来取代近代中国半殖民地半封建社会的性质的科学判断。表面上看,这是一个学术问题,实际上这是一个"理论陷阱"。毛泽东在《中国革命和中国共产党》有这么一段话:"只有认清中国社会的性质才能够认清中国革命的对象、中国革命的任务、中国革命的动力、中国革命的性质、中国革命的前途和转变。"认清中国社会的性质,也就是认清中国的国情,是认清一切中国革命的基本的根据。也就是说,对近代中国半殖民地半封建社会性质的定位,是中国革命,包括孙中山领导的旧民主主义革命和同社会主义相联系的新民主主义革命的前提,如果这个前提被否定了,革命的历史必然性和进步性也就不存在了,有关近代中国社会和中国革命的一系列结论也都要被改写,在这一历史进程中涉及的相关重要历史人物的评价标准也就完全不同了,显然这是完全违背历史事实的。

然而历史虚无主义在糟蹋、歪曲历史的同时,却声称自己是在进行"理性的思考",是要实现所谓"研究范式"的转换,似乎只要戴上这种理性的光环,他们就会名正言顺地占据史坛的话语权了。实际上,历史虚无主义同理性思考完全背道而驰。他们为了否定革命的正义性和必要性,就竭力美化帝国主义和封建主义,他们把推动历史前进的革命政党、领袖和革命的群众运动边缘化,甚至加以丑化,而对阻碍历史前进的反动势力及其代表人物则加以颂扬,把他们放到了历史舞台的中心位置。这从根本上歪曲、颠倒历史的做法,是不折不扣的反理性思考。

(二)以"重新评价"的说词肆意歪曲历史

近年来,一些人对于中国近现代的历史采取虚无主义态度,以"重新评价"为名,肆意歪曲历史。其主要表现:一是提出否定革命、"告别革命"的主张,认为革命只起破坏性作用,没有任何建设性意义。二是把"五四"以来中国选择社会主义发展方向视为离开所谓的"以英美为师"的"近代文明的主流"而误入了歧路,宣称经济文化落后的中国没有资格搞社会主义,新中国成立以后搞的不过是小资产阶级的空想社会主义。三是以纠正改革开放前一些历史结论的偏向为由,为已经被中国历史发展所证明了的一些历史结论"翻案",蓄意扭曲和颠倒功过是非,以此否定中国人民为争取民族独立和人民解放而进行的反帝反封建斗争,把中国共产党领导的革命和建设的历史歪曲成一系列错误的延续,否定和掩盖其本质和主流。以上种种表现归结到一点,就是要通过"告别革命"诋毁和嘲弄中国人民为争取民族独立和人民解放而进行的反帝反封建斗争。20世纪前半叶,中国人民在中国共产党的领导下,争得了民族独立和翻身解放;后半叶,沿着社会主义道路开拓前进,取得了举世瞩目的光辉成就。这是值得自豪和珍惜的历史。但是有人却声称:由于中国在20世纪选择革命的方式,所以造成了"令人叹息的百年疯狂与幼稚"。因此,应当"告别革命",反对革命的一切后果。他们把新中国的建设事业说得一团漆黑,把旧中国说成是一片光明。有的甚至公然赞美外国的侵略,主张中国应投入他们的怀抱,成为他们的附庸。

在《告别革命》的书中,作者对革命作了这样的描述:"革命容易使人发疯发狂,丧失理性","革命残忍、黑暗、肮脏的一面,我们注意得很不够"。"革命是一种能量的消耗,而改良则是一种能量积累";"改良可能成功,革命则一定失败"。在反对所谓"激进主义"、推崇保守主义的名义下,否定革命,颂扬改良。他们把近代中国凡是追求变革进步的都斥为"激进"而加以否定,而维护封建专制统治的则被称为"稳健"而加以肯定,断言是"激进主义"祸害了中国,阻碍了中国现代化进程。他们否定近代中国历史上的农民运动,认为"每次农民革命都造成社会生产大规模的破坏","很难得出农民运动是推动历史前进的动力这个普遍的结论"。继而抬高洋务运动,贬低戊戌变法,抬高清廷的"新政",贬抑辛亥革命、五四运动和中国共产党领导的革命运动。有些人则对近现代史下了这样的断语:"谭嗣同是近代激进主义的开头","现在看来,它所带来的负面效应也相当大。这一效应影响到革命派,甚至可以说一直影响到现在"。"辛亥革命是搞糟了,是激进主义思潮的结果。清朝的确是腐朽的王朝,但是这个形式存在仍有很大意义。宁可慢慢来,通过当时立宪派所主张的改良来逼着它迈上现代化和'救亡'的道路;而一下子痛快地把它改掉,反而糟了,必然军阀混战。"正是经过这样的"重新评价",从鸦片战争到中华人民共和国成立的 109 年历史,因革命而走上社会主义道路并获得伟大成就的历史,就从根本上被否定了。从这里也可以使我们看到,历史虚无主义把"重新评价"的重点放在近现代史的原因,就是为了否定革命。

与"告别革命论"相伴而生的还有"侵略有功论",认为帝国主义侵略是西方各国送给中国的近代文明礼物,鼓吹中国的现代化应该通过追随殖民帝国来完成,"他们把帝国主义侵略"和"近代文明"等同起来,鼓吹侵略有功,侵略有理。有的论者说:"从某种意义上说,是鸦片战争一声炮响,给中国送来了近代文明。''中国要富强康乐,先得被殖民一百五十年。'"①

---

① 田居俭:《历史岂容虚无——评史学研究中的若干历史虚无主义言论》,《高校理论战线》,2005 年第 6 期。

(三)以"艺术作品"的形式戏说恶搞历史

历史虚无主义并不局限于知识阶层小圈子里的自话自说。近些年来,它利用符合大众心理和娱乐习惯的文化消费形式,把核心观点转化为感性的影视形象和抓人眼球的通俗文字,通过互联网、影视作品和通俗读物等向社会大众传播,形成了"戏说""恶搞"等新的叙述方式。在虚无主义肆虐之下,历史真相在这种"戏说""恶搞"中变得模糊起来,变得轻佻起来。

不顾史实创作文艺作品。有一部电视连续剧《走向共和》,可以说就是通过影视形象翻近代史的案,是历史虚无主义的一个标本。为了渲染李鸿章这个"悲剧英雄"的厚重气氛,可以凭空捏造出这样的悲壮情节:在签订《辛丑条约》时,庆亲王看到条约内容后,手一直在抖,李鸿章见状把笔拿了过来,对庆亲王说:"天下最难的,就是把自己的名字签在卖国条约上,你还年轻,还是我来担这个罪名吧!"这样,一个大义凛然、忍辱负重的形象耸立起来了。在这部剧中,慈禧被塑造成"一个优秀的政治家",李鸿章是"争取国家利益"者,袁世凯则是一个"有能力的人"。从慈禧、李鸿章、袁世凯到孙中山,都是"带有崇高悲剧意味的英雄史诗"中的"悲剧英雄","都是在为中国找出路"。剧情反复强调他们向帝国主义势力屈膝投降、签订各种丧权辱国的不平等条约等行径是"被逼无奈","没有办法","已经是最大限度地保护中国的利益了"。"对于历史人物是拔高、美化慈禧太后、曾国藩、李鸿章、袁世凯,贬低、丑化林则徐、洪秀全、孙中山等等,电视连续剧《走向共和》,则是以艺术的形式集中反映了这种历史观。"①

戏说"红色经典"恶搞英雄。在对"红色经典"改编热潮中,社会上出现了一种对革命人物运用"无厘头"的方式进行恶作剧式的搞笑、调侃现象,而且

---

① 龚书铎:《历史虚无主义二题》,《高校理论战线》,2005 年第 5 期。

这种恶搞英雄人物的现象近两年来在网上非常流行。例如，"黄继光是摔倒了才堵枪眼的"，董存瑞炸碉堡是"因为手被炸药包上的双面胶粘住了"，邱少云在战场上不是被烧死而是被吓死的等。艺术创作需要创新，这毋庸置疑，但创新必须要以尊重历史为前提，必须要有一定的道德荣辱标准和法律底线，倘若仅为追求感官享乐、商业利益或者炫耀自己的"才华"而置这些因素于不顾，那它带来的精神污染，将是不堪设想的。特别是近几年来历史虚无主义思潮也已经影响到了我国的教育领域，国内一位著名学者曾就此问题做了深刻的分析，他称"虽然我们的教育部门还表面上把苏霍姆林斯基列为伟大的教育家，但大多数学生和教师根本没有热情去读读他的著作。苏联不是垮掉了么？所以苏联的一切都是错误的。不能讲狼牙山五壮士了，因为弹尽粮绝了还不投降，那叫'没有人性'。不能讲草原英雄小姐妹和戴碧蓉、欧阳海了，因为那是给黑暗的年代涂脂抹粉……有些学校连王愿坚的《七根火柴》也讲不下去，因为学生们质疑道：红军过草地，明知道没有人烟，为什么不带上方便面？起码的野外生存常识都没有，饿死活该。《白毛女》也讲不下去了，因为学生们认为那完全是瞎编：喜儿为什么不嫁给黄世仁？杨白劳欠债不还钱，这是公然破坏法制，畏罪自杀，死有余辜。喜儿一旦嫁给黄总，就会过上民主自由的幸福生活，怎么会头发都变白了，最后投入了恐怖主义分子的怀抱。"[1]可见，这种思潮的泛滥，无疑也对学生产生了恶劣的误导作用。[2]

（四）以虚假的谎言，抹杀共产党领导的历史合法性

历史虚无主义者把抗美援朝说成是"替苏联火中取栗"，"白死几十万人"，

---

① 陶东风等：《中国新时期文学 30 年：1978—2008》，中国社会科学出版社，2008 年，第 335 页。

② 参见方艳华：《历史虚无主义思潮的演进及重新泛起原因论析》，《吉林师范大学学报》（人文社会科学版），2011 年第 6 期。

并且还编造"毛岸英违反条例在司令部做蛋炒饭，炊烟被美军飞机发现招来轰炸"的谎言，以此贬低毛泽东的形象；将社会主义改造说成是"强迫工商业主交出财产""打着公私合营旗号抢动"；将"大跃进"和"人民公社化运动"归结为"毛泽东好大喜功"；甚至连在艰难困苦条件下研制出"两弹一星"这样伟大的历史功勋，历史虚无主义者们都能污蔑为"饿老百姓的肚子搞维护自己独裁统治的武器"；而三年困难时期和"文革"则更是历史虚无主义者的重点靶标。

毛泽东是中国共产党和中华人民共和国的主要缔造者，他的伟大的历史功绩、思想理论和在人民群众中的崇高威望，成为国内外反共势力企图西化、分化中国的不可逾越的障碍，因而诋毁、诬蔑、攻击毛泽东和毛泽东思想就成为历史虚无主义的"重中之重"。他们任意夸大毛泽东晚年的错误，把毛泽东领导时期说得一无是处，企图以此打开缺口，全面否定党的领导和社会主义制度。

二、解析历史虚无主义的表现

近年来，围绕党史、国史、新中国史、改革开放史，历史虚无主义思潮的主张者和赞同者形成了大量错误观点、判断和结论，其中，最为突出、最为集中、最为聚焦的，主要有颂扬改良否定革命的历史进步性、轻蔑黄土文明颂扬海洋文明、颂扬侵略有功否定中国人民反侵略的救亡斗争、致力于"翻案文章"颠倒对历史人物功过是非评价等，实际上，就是对我们党史、国史、新中国史、改革开放史的否定。作为一种唯心史观，历史虚无主义所虚无否定的历史，并非是以往的所有历史，而是从反对社会主义的特定政治目的出发，否定某一阶段或某几个阶段的历史。梳理起来，主要有以下几个方面。

（一）颂扬改良，否定革命的历史进步性

历史虚无主义提出所谓的"研究范式"转换，用"理论创新"的名义，来达到否定革命，颂扬改良的目的。所谓"范式转换"，就是用所谓的"现代化史观"取代"革命史观"，把革命同现代化对立起来，借以否定中国近代史上的革命斗争。当然，从理论和实践上探讨中国现代化的源流、曲折和发展，不失为近代史研究的一种角度，但问题在于，持"现代化史观"论者往往是以否定争取民族解放和人民民主这一近代中国主旋律为前提的，这就从根本上违背了近代中国的历史实际和首要的历史要求。正因为这样，经过上述历史"研究范式"的转换，现代化就成为近代中国历史发展的唯一要求和唯一主题，而革命便成了破坏社会稳定、制造社会动荡、阻碍现代化的消极力量。其实，这种"现代化史观"并不是什么创新，早在 1938 年蒋廷黻在《中国近代史》一书中就说过，"近百年的中华民族根本只有一个问题，那就是：中国人能近代化吗？能赶上西洋人吗？能利用科学和机械吗？能废除我们家族和家乡观念而组织一个近代的民族国家吗？能的话，我们民族的前途是光明的；不能的话，我们这个民族是没有前途的"[1]。他由此得出结论，以落后的中国抵抗西方列强的入侵必遭失败；"明智的选择"是放弃无益的抵抗，甘于认输，一心一意学习西方，去实现中国的现代化。而此时正是抗日烽火连天、全民族抗战之时，这样的论调对争取民族解放战争的消极作用是不言自明的。可以说，这是"现代化史观"的最早表述，而今天持此论的正是继承和发展了这样的观点。我们知道，争取民族独立和实现国家富强即现代化，是近代中国历史的两大要求。但在民族灾难深重、国家不独立、人民受压迫的情况下，是无法实现现代化的。近代中国有多少爱国者抱着科学救国的理想，苦苦追

---

[1] 蒋廷黻：《中国近代史》，岳麓书社，1987 年，第 11 页。

求和奋斗，结果都一一失败了。这就是因为当时的社会环境不允许。所以只有通过革命来解放生产力，才有可能实现国家的富强。那种用所谓的"现代化史观"取代"革命史观"，把革命同现代化对立起来，目的是为了否定中国近代史上的革命斗争。其实，所谓"革命史观"是他们否认革命而生造出来的一个概念，并不反映中国近现代史研究中的马克思主义历史观。对于中国革命和中国的现代化，我们都主张要用科学的历史观，即以唯物史观为指导加以研究。我们并不否认，改良和革命都是社会改造的途径。所谓改良，它不像革命那样最彻底、最根本地摧毁旧的事物，而是缓慢地、渐进地改造旧的事物。在一定的历史时期，这种改良具有进步的意义，像近代中国维新变法运动就有积极的历史作用。但又不能否认，近代中国的改良虽然取得了一定成绩，但最终都以失败告终，这是近代中国的社会历史条件使然。而当革命条件成熟，把根本改造社会的任务提上日程的时候，继续鼓吹改良，反对革命，就会成为历史进步的阻碍者。事实表明，革命绝不是同现代化相矛盾、相对立的，革命是现代化最重要、最强劲的推动力量，如果没有革命为现代化创造民族独立、人民解放这个前提条件，中国的现代化就永无实现之日。

由此可见，这种所谓"研究范式"的转换，都是违背近代中国历史事实的，都是按照他们的主观愿望和政治诉求来剪裁历史的。这其实是他们设置的一种"理论陷阱"。正是在这样"研究范式"转换的基础上，和这种"现代化史观"相呼应的，就是有些学者所认为的，近代中国的主要问题，是"救亡压倒了启蒙"，所以现代化被耽误了。这成了他们诉说革命的一大罪状，也是某些人鼓吹"告别革命"的一个主要依据。毫无疑义，救亡是近代中国的主题；救亡需要思想启蒙，而救亡本身也是一场具有极大威力的思想启蒙，特别是中国共产党领导的人民大革命，彻底的反帝反封建斗争，对中国人民的觉醒并由此而组织起来，是前所未有的。这说明所谓"救亡压倒了启蒙"，只不过是某些人为了否定和反对革命而制造出来的一个伪命题。

（二）贬斥黄土文明，颂扬海洋文明

历史虚无主义者把西方的政治思想、政治制度、价值观念作为普世价值，反对中国共产党的领导和社会主义制度。从历史虚无主义思潮的表现中，我们可以看到一个规律性的现象，这就是历史虚无主义和"全盘西化"论仍然如同难兄难弟一样，二者如影随形。这里要指出，历史虚无主义必然导致民族虚无主义和文化虚无主义，一些人不但歪曲近现代中国的历史，而且对我们以爱国主义为核心的民族精神，中华源远流长的灿烂文化也恣意抹杀。在一些人的笔下，我们的民族不仅"愚昧""丑陋"，而且充满"奴性"、安于现状、逃避现实，等等；把中国优秀的文化和文化传统说成是走向没落的"黄色文明"，要实现现代化只有乞灵于西方的"蓝色文明"。华裔美籍著名物理学家李政道教授看了电视剧《河殇》后撰文指出："中华民族文化发源于黄河。当黄土文化移入了长江流域，使长江居住的黄人结合了北方的黄人。黄河的黄水流入了大海，使海外的华人也永远连接了这伟大的河流。黄帝的儿女们，我们必须团结，发扬民族理想，建立自尊、自信……一个只依赖过去的民族是没有发展的，但是，一个抛弃祖先的民族是不会有前途的。5000 年的黄土文化值得我们骄傲，希望我们今后的创业，也能得到未来子孙们的尊敬。黄帝的儿女们，我们只要有志气，不必害怕目前的贫穷。盼能启新自兴，望弗河殇自丧。"①他对这种民族虚无主义给我们民族可能造成的伤害表达了深刻的忧虑和不安。

（三）颂扬侵略有功，否定中国人民反侵略的救亡斗争

在具体论证逻辑上，从抽象的人性论出发，以人性替代革命性、阶级性，

---

① 李政道：《读〈河殇〉有感》，《光明日报》，1988 年 11 月 4 日。

主张将所有的战争都推上被告席,泛泛地为战争之苦而呻吟,淡化侵略者与被侵略者的区别。或是完全避而不谈殖民征服给亚洲、非洲、拉丁美洲带来的灾难,而主张要从"现代化""全球化""世界一体化"的高度来看待殖民化的问题。"侵略有功论"以一种釜底抽薪的方式直接抹杀了近代以来反帝斗争的合法性,使反帝斗争成为无矢之的。在他们看来,像琦善、李鸿章这样主张妥协投降的人物,是实事求是的、明智的,是负责任的态度,是真正的爱国,而主张抵抗的林则徐等人,则成了不负责任的蛮干。颠倒是非到如此地步,连起码的爱国之心、民族大义,都化为乌有。这种不可思议的言论,要在过去将会被看作可耻的卖国言论,人人喊打的过街老鼠,而今天却成为某些人的"思想解放"的时髦话语。有人说,鸦片战争后"资本主义终于打入了封建主义禁锢着的神圣天国",是好事,应当"大恨其晚",如果再早一点,"我们中国就远不是如此的面貌了"。有文章说,"从根本意义上来说,是鸦片战争一声炮响,给中国带来了近代文明"①。有人认为,无论是清王朝的抵抗,还是农民自发的三元里抗英斗争和义和团运动,"在形式上都是民族自己的斗争,而在实质上,都是站在维护本民族封建传统的保守立场上,对世界资本主义历史趋势进行本能的反抗,是以落后对先进,保守对进步,封建闭关自守孤立的传统对世界资本主义,'自由贸易'经济变革的抗拒"②。还有人认为,过去只是更多地从"侵略与反侵略""压迫与被压迫""奴役与被奴役"这个正义与非正义的道德立场出发去审视,因此见到的只是血与火的悲惨场面,想到了爱国保家,维护的是独立与尊严,表现的是愤怒与声讨,最终便是对"世界走向中国"这一历史做出消极的、片面的、情绪化的彻底否定。③看了这些高论,真是"侵略有功,反抗有罪"了,连自己的脊梁骨都抽掉了,还有什

---

① 郑炎:《打破束缚,更新观念》,《学术研究》,1994 年第 4 期。

② 周清泉:《中国近代史应当提到世界史的历史范围内研究》,《成都大学学报》,1985 年第 3 期。

③ 参见胡波:《走向世界:中国近代历史不可忽视的主题》,《学术研究》,1994 年第 4 期。

么民族气节可言？从这里不难看出历史虚无主义思潮的实质究竟是什么。这使我们更能深切地理解邓小平的预言：如果中国复辟资本主义，就只能成为某个大国的附庸。有那么一些人就是要心甘情愿地做别人的"附庸"，当"孙子"！这里还用得着一句老话：就是不能依了他们，若依了他们，就会亡党亡国。

（四）致力于做"翻案文章"，颠倒对历史人物功过是非评价

历史虚无主义对待历史的态度，有哗众取宠之心，无实事求是之意。一些人越过了学术研究应有的底线，却在"学术研究"的名义下，不尊重历史事实，片面引用史料，根据他们的政治诉求，任意打扮历史、假设历史，胡乱改变对近现代历史中重大事件、重要人物和重要问题的科学结论；有的则以"客观""公正"的面貌出现，崇尚"坏人不坏""好人不好"的模式，要求按照人性论的原则治史，否则就是"脸谱化""扣帽子"；一些人还以"思想解放""理论创新"的名义糟蹋、歪曲历史。在一定意义上说，他们确是一种"研究范式"的转换，不过是转换到旧史学中常常能够看到的，维护封建正统、蔑视人民群众的力量、为统治阶级辩护的老路上去。这绝不是什么"创新"，而是历史观上的复旧。公正地说，他们比旧史学还不如，因为他们不是研究历史，而是玩弄历史。正因为这样，已经被历史判明属于反动的一些历史人物，像慈禧、李鸿章、袁世凯这样一些人，都被描述成为有功于现代化的、忧国忧民的"悲剧英雄"，甚至成了"改革的先驱者"；而对林则徐、洪秀全、谭嗣同、孙中山则加以非难、贬低。近年来，有的论者仅仅根据蒋介石个人的日记，就武断地得出"可以改写中国近代史"，说我们对国共两党的斗争，对中国革命历史的阐述，诸如把国民党蒋介石集团说成是"大地主、大买办、大资产阶级利益的代表"等等，都是根据"土匪史观"和"内战思维"得出的"荒唐、谬误的观点"，要求人们要彻底摆脱这种"土匪史观"和"内战思维"，要"重写中国近代史"；声

明"我的任务,找寻并告诉读者一个真实的蒋介石"。这就是说,我们史书上的蒋介石,人民群众所认识的蒋介石,都是不真实的,只有蒋介石日记中的蒋介石,才是真实的。这就自觉地站到了为蒋介石辩护的立场上去,这显然是很不严肃的,为一个正直的史学工作者所不取的轻浮的学风。当然,在历史研究中,个人的日记、信件和回忆录等,都是有价值的史料,是值得研究的。但同任何史料一样,都需要进行辨伪求真的考证,都要放到一定的历史背景下加以分析,特别是对于个人自己的言论,更要如此。中国是一个史学很发达的社会,而在史学研究中考据学又受到了高度重视,对史料采取什么态度,往往是对史学家史识、史德的一个评价标准。像蒋介石这样纵横捭阖于政治舞台,善于以权术消灭异己的人,又怎么能够把他自己的言论作为历史的主要的、甚至是唯一的依据呢? 如果历史可以这样来写的话,那么从秦桧到李鸿章、袁世凯、汪精卫,都可以被描绘成高大的爱国者形象。当下一些人做翻案文章不正是用这种手法吗? 他们仅仅根据蒋介石在日记中写了自己的隐私,就断定所记述的内容是真实的,就以此为根据来评判历史事件,而不必去考察全部历史事实,无须考察中国社会性质和阶级关系的特点,无需考察蒋介石国民党的全部政策及其社会后果,以为经过这样轻轻一笔,就可以抹杀中国革命斗争的性质,就可以为蒋介石"脱帽加冕"了。这是对极其严肃的史学研究工作的亵渎。马克思主义史学家刘大年在《方法论问题》一文中,曾针对英国出版的《中国季刊》上刊载的一篇研究性长文,发表评论。该文坚决反对说蒋介石是大地主大资产阶级的代表, 他引用一些材料说明蒋介石在"四·一二"反革命政变后,为与武汉政权对抗需要款项,遂通过发行国库券强迫资本家认购,甚至采取逮捕、没收财产、绑票勒索等恐怖手段,逼迫资本家就范。文章作者因此得出结论:"蒋介石国民党占统治地位的领导是反资本家的。"刘大年指出,"《季刊》所述事实不假,然而它的结论却是完全错误的。道理很简单:此时共产党领导的人民革命力量仍然强大存在,南京与武汉的斗争胜负未决。1928 年蒋再次上台,地位也不巩固。对于蒋介石只有两条道路可供选择:极力加强南京政权,把共产党进一步打下去,保住大地主大资产阶级统治,或者相反,看着人民力量发展,在全国出现一个'反资产阶级'政权。蒋选择了前者,即牺牲资产阶级局部的暂时的利益,换来保护大资产阶级的长远利益。这说明蒋确实是大地主大资产阶级最得力的代表人物。《季刊》作者眼光短浅,见不及此,而得出蒋介石'反资产阶级'的结论。根本原因仅在:拒绝对中国近代复杂的历史事变做基本的阶级分析,否认阶级分析。"①这个分析无疑是十分正确、深刻的。然而,当年国外的这种错误观点,却被今天国内的某些学者接受,并走得更远了。

第三节　历史虚无主义在中国

　　历史虚无主义思潮的泛滥,造成了十分严重的危害,它妨碍人们对历史的科学认知,割裂革命与建设、历史与现实的有机联系,妨碍历史共识与政治共识的形成,造成了严重的思想混乱。因此,对其影响我们要有清醒的认知。

一、历史虚无主义对中国的影响

　　历史虚无主义是以理论上的"假设"取代历史的真实发生,以历史假设为前提,从主观臆断出发来挑选零碎历史事实加以修饰、裁剪,以"验证"先前臆断"真实性"的唯心主义历史观。历史虚无主义的要害就在于颠覆历史,

---

　　①　沙健孙、龚书铎主编:《走什么路——关于中国近现代历史上的若干重大是非问题》,山东人民出版社,1997 年,第 18 页。

否定已有的历史结论，歪曲已经发生的历史事实，掩盖历史真相，对于我们历史观的形成极为有害。

（一）消解主流意识形态建设的历史根基

历史虚无主义向社会提供一套完全不同于主流意识形态关于我国近现代历史的话语体系，引导大众怀疑主流意识形态"撒谎"，从而消解大众对主流意识形态的认同。当前我国社会主义意识形态和核心价值观是绝大多数人民群众认同的，党和政府也高度重视充分发挥 20 世纪中国历史的"以史鉴今、资政育人"重要作用。但由于 20 世纪的历史决定了当代中国的领导核心、指导思想、根本制度和基本道路的选择，历史虚无主义对这段历史的歪曲和攻击，所反映的更根本的是政治问题、是对待党和国家现实的态度问题，不能不给予严重关注。历史虚无主义妄图以其裁剪拼接甚至捏造出的种种所谓"历史真相"一类的货色，与唯物史观、中国近现代革命史和爱国主义教育争夺阵地，在大众中制造"学校教的都是骗人的""共产党一直在说谎"这种负面情绪，并进一步使群众对马克思主义的科学性、社会主义的必然性、中国共产党执政的历史和现实合理性产生质疑和否定，丧失国家观念、民族自尊心和爱国主义情感，进而使我们立党立国的思想基础走向自我消解和倾覆。"历史虚无主义的蔓延，必然会动摇社会主义和中国共产党领导的历史基础，使广大群众认识模糊，信仰缺失。历史虚无主义必然导致民族虚无主义，使广大群众丧失国家观念，民族情感。"①而"正确认识和对待历史，是一个关乎国家兴亡的大是大非问题……根本的原则性问题是不能被颠倒、被搅乱的，否则就会从根本上搞乱社会主流思想和主流价值，动摇一

---

① 冯夏根、胡旭华：《虚无的背后——新时期历史虚无主义思潮论析》，《湖南文理学院学报》（社会科学版），2009 年第 5 期。

个民族、一个国家立足和发展的思想根基"①。

(二)阻挠近现代历史的演进历程

历史虚无主义对中国近现代历史的随意剪裁和解释，会引导大众重新建构起符合其核心观点的历史认知，造成人们在历史知识方面的混乱和对待中国近现代史的不严肃态度。这些"历史虚无主义者"故作高深，伪装深沉的"学者"迷惑了不少的人。他们对历史进程中的社会进步，持否定态度；对历史人物的功绩持否定态度；对历史上人民的生存状态的逐步改善持否定态度；他们几乎否定一切。可悲的是，一些人为了显示自己的高深和深沉，也加入到"历史虚无主义者"的辩护中去，甚至为"历史虚无主义者"直接开脱。殊不知，这些故作高深的理论，从其根本上就是荒谬的，都是没有社会实践、脱离实际的表现。历史是一面镜子。从苏联解体的过程中，我们可以清楚地看到历史虚无主义思潮所造成的严重危害。

(三)质疑社会发展方式的进步性

历史虚无主义者的言论中包含了一种假定为不言自明的价值判断，即西方的模式和价值首先被认定为是普世的、先验的正确，中国必须以同样的方式和朝着同一的方向实现西方式的现代化。由于这一思维模式事先把西方资本主义肯定为是规范和标准，然后以此尺度来衡量中国革命，导致那些符合西方模式和价值观的历史被赞扬，而一些不符合西方模式和价值观的历史则被否定。而无论是赞扬还是被否定，都统统被加以孤立地、片面地放大、渲染。这一"认知失衡"导向下的结果，就是对历史的有所"虚无"，有所不"虚无"。他们虚无中国人民的革命运动、中国共产党的领导、马克思主义的

---

① 梅宁华：《旗帜鲜明地反对历史虚无主义——辛亥革命百年回眸》，《红旗文摘》，2010 年第10 期。

指导、社会主义制度和人民民主专政；不虚无的是早已经有历史定论的叛徒、汉奸、反动统治者，其目的就是要反对共产党领导，反对社会主义制度，反对公有制主体地位，反对人民民主专政的政治主张，试图实现使国家接受"全盘西化"，走资本主义道路的妄求。历史虚无主义并不在乎历史究竟应该是怎样，它在乎的是利用各种谎言和似是而非的谬论在党员干部中、在人民群众中、在现实生活中人为制造思想混乱、挑起不满和矛盾，并将人们的负面情绪引向质疑、反对、否定社会主义制度和共产党领导的方向上。"历史虚无主义的根本危害就在于，从历史领域入手，通过否定、丑化历史达到否定现实的目的，借以摧毁我国坚持四项基本原则的历史依据，否定社会主义根本制度和发展道路。"①

（四）引发民族虚无主义和文化虚无主义的滋生

历史虚无主义必然导致民族虚无主义和文化虚无主义。一些人不但歪曲近代以来的中国历史，而且对中华民族的伟大民族精神、对源远流长的灿烂民族文化也一笔抹煞。一些人用他们的笔，把中华民族描绘成"愚昧""丑陋"、充满"奴性"、缺乏创造力、安于现状、逃避现实的民族等。这样一些荒唐的言论，不但远离历史的真实，而且使人丧失民族自尊心和自豪感。历史虚无主义这些充斥着"替天行道"式的矫情，标新立异的"大胆思想"和"另类话语"，具有很大的欺骗性和煽动性，加上各种资本控制的种种媒体特别是互联网的广泛扩散，对社会舆论、群众心理，特别是广大青年大众的政治认识，产生着和扩散着极其错误的导向和极为恶劣的影响。

一个国家对其社会发展道路的选择，从根本上来说是一种历史活动，而非纯粹的思想活动或某些人的主观臆想。中国走社会主义道路，是中国人民

---

① 万陈芳：《认清历史虚无主义思潮的真实面目》，《社科纵横》，2010 年第 1 期。

经过长期革命实践作出的历史选择，是中国近现代革命发展的必然逻辑。正是近现代的中国革命尤其是中国共产党领导的新民主主义革命推翻了压在中国人民身上的三座大山，开拓了中国通向社会主义的正确道路。历史虚无主义对中国近现代革命的否定，并不是为了改变历史的过去。因为"已经客观存在着的历史，除了不断地加深对于它的认识、理解之外，是谁也改变不了的"①。历史虚无主义否定革命的历史真相，实质上是要釜底抽薪，从历史依据上抽掉中国走社会主义道路的客观必然性，使中国走西方的资本主义道路，使中国回归到"以英美为师"的"近代文明的主流"。

由此可见，历史虚无主义是一种非常危险的社会思潮。它以"学术研究"的学者形象示人，以"边缘反抗主流"的弱者形象出现，力图对人们已经接受的、沉淀下来的文化因素进行解构和重构。学者的招牌会放松人的警觉，弱者的形象会蒙蔽同情者的眼睛，而解构的话语则会误导那些价值观还未树立的年轻人走上歧途。历史虚无主义的泛滥最终会把人们的历史信仰和文化积淀吞噬掉，从而将整个社会推到一个没有历史和信仰崩塌的危险境地。因此，要旗帜鲜明地反对把存在的历史虚无化、把黑暗的历史漂白化、把洁净的历史抹黑化。

二、中国应对历史虚无主义的态度

对于既违背唯物史观的基本原理，又违背中国具体实际的历史虚无主义思潮，我们必须坚持用唯物史观的基本原理进行深入研究，作出马克思主义的回答。同时，面对当前社会的各种挑战，我们也必须要与时俱进的用唯物史观理论对现实问题作出科学合理的解释。只有这样，才能标本兼治，有

---

① 《邓小平年谱》（下），中央文献出版社，2004年，第714页。

效遏制历史虚无主义思潮的泛滥。

(一)坚持马克思主义,这是中国人民的历史选择

理论在一个国家的实现程度取决于这个国家的需要程度。先进的中国人最终选择了马克思主义作为改造中国的思想武器,并非源于任何个人、团体或政党的好恶,正如毛泽东同志所说,"马克思列宁主义来到中国之所以发生这样大的作用,是因为中国的社会条件有了这种需要,是因为同中国人民革命的实践发生了联系,是因为被中国人民所掌握了。任何思想,如果不和客观的实际的事物相联系,如果没有客观存在的需要,如果不为人民群众所掌握,即使是最好的东西,即使是马克思列宁主义,也是不起作用的"[①]。而这种需要便是旧民主主义革命的失败、近代中国革命形势的发展和时代条件的变化。

鸦片战争之后,为了救亡图存,中国人民经过近八十年的艰难探索,才最终找到马克思主义,这种艰难求索的突出特点就是比较。1840年后中国的民族危机和社会危机日益加深,社会各阶级和集团曾提出过不同的解决方案:以龚自珍、林则徐等人为代表的地主阶级改革派主张要"师夷之长技以制夷",学习西方先进科学技术,从封建主义制度内部进行改革;以曾国藩、李鸿章为代表的地主阶级洋务派则提出"中体西用"的主张,以传统的纲常礼教为基础嫁接西方的科学技术,从军事、民用、教育等方面进行了一场以"自强求富"、巩固封建制度为目的的洋务运动;以洪秀全等人为代表的农民阶级从西方基督教中摄取了某些成分并结合19世纪中国农民的革命要求对其加以改造,创立了"拜上帝会",幻想建立平均主义小生产的太平天国。然而轰轰烈烈的农民革命运动还是失败了。

---

① 《毛泽东选集》(第四卷),人民出版社,1991年,第1515页。

传统的纲常礼教、西方的基督教、小农的平均主义都救不了中国。以康有为、梁启超为代表的资产阶级维新派把向西方的学习由经济技术领域推进到了政治制度领域,以西方的进化论、天赋人权、社会有机体论为思想武器,主张提倡西学,兴民权,废科举,兴学堂,发展近代工商业,变法图强,试图按照西方资本主义国家的面貌自上而下地对中国进行改革。它虽然在特定条件下起到了震荡民心的作用,但却无法回答"'为什么先生总是侵略学生'这一实际问题,到头来反而成了'先生'打人的戒尺和根据"①。最终,改良主义也没有让中国脱离半殖民地半封建社会的历史命运。在严重的民族危机之下,以孙中山为代表的资产阶级革命派,以西方资产阶级的民主共和学说为武器,制定了"驱除鞑虏,恢复中华,创立民国,平均地权"的资产阶级革命纲领,后又概括为民族、民权、民生"三民主义",试图以欧美资本主义制度为模型,把中国改造成英美那样的资本主义国家。他们经过几十年的革命活动,推翻封建帝制,但由于其思想武器软弱无力,脱离广大劳动人民,再加上资产阶级自身的软弱性,未能改变中国半殖民地半封建的社会性质和中国人民的悲惨命运。

中国人民在对各种思潮的比较中,认识到马克思主义是救国救民的真理。随后,马克思主义与中国工人运动相结合,诞生了中国共产党。从此,中国革命进入了一个新的时期。可以说,选择马克思主义是近代先进的中国人经过亲身实践,在反复比较、审慎思考后作出的历史选择。

实践证明,马克思主义是中国人民取得胜利的锐利思想武器,是指引中国人民昂首前进永远立于不败之地的理论旗帜。在马克思主义指导下,中国共产党领导中国人民完成了反帝反封建的新民主主义革命任务,结束了中国百余年的半殖民地半封建社会的历史,建立了人民当家作主的新中国。新

---

① 王锡孝等主编:《中国——走历史必由之路》,山东人民出版社,1990年,第36页。

中国成立后,在马列主义、毛泽东思想的指导下,中国共产党领导各族人民经过社会主义改造,消灭了剥削制度和剥削阶级,确立了社会主义制度,并积极探索中国式的社会主义建设道路,尽管历经坎坷,但是我国的社会主义建设事业仍然取得了巨大成就,初步奠定了现代化建设的物质、技术、文化基础。党的十一届三中全会以来,中国共产党坚持解放思想、实事求是的思想路线,根据改革开放的新实践,认真总结探索,坚持和发展马列主义、毛泽东思想,确立了中国特色社会主义理论,指导着中国向富强、民主、文明、和谐、美丽的社会主义现代化国家昂首迈进。进入新时代,中国共产党团结带领中国人民,自信自强、守正创新,统揽伟大斗争、伟大工程、伟大事业、伟大梦想,创造了新时代中国特色社会主义的伟大成就。中国共产党和中国人民以英勇顽强的奋斗向世界庄严宣告,中华民族迎来了从站起来、富起来到强起来的伟大飞跃,实现中华民族伟大复兴进入了不可逆转的历史进程![1]

(二)坚持社会主义道路,这是中国走向富强的必由之路

关于半殖民地半封建社会经济形态的前途问题,列宁曾在不同的时期提出过三种可能性,即殖民地社会经济形态、资本主义社会经济形态、社会主义社会经济形态。上述三种可能性在鸦片战争到新中国成立的近110年间都相继出现,但前两种可能都被中国人民及中国历史所否定了,只有社会主义最终成为了现实。历史发展证明,社会主义对于中国人民来说,不是历史发展的偶然现象,也不是一些人所说的"历史的误会",而是自鸦片战争以来中国人民在长期艰苦曲折的斗争中,经过痛苦的反复探索和筛选作出的正确选择。

关于资本主义在中国走不通的问题,我们必须将其放到具体的历史条

---

[1] 参见习近平:《在庆祝中国共产党成立100周年大会上的讲话》,《人民日报》,2021年7月2日。

件下去进行全面的分析。一方面,帝国主义及封建主义的双重剥削压迫使得中国民族资本主义处境艰难,不可能自由、健康地成长。帝国主义的侵略本性就决定了它决不允许中国发展成一个在政治上能够保持独立,在经济上能够和它们互相竞争的资本主义国家。而是竭力使中国处于半殖民地半封建的落后状态,剥夺中国在政治上、经济上的独立性,把中国变成它们的商品倾销市场和廉价原料的生产基地,成为西方大国的经济附庸。虽然,在资本主义的入侵过程中, 中国在一定程度上也引入了一些资本主义的生产方式,但这并非着眼于推动中国经济的发展,满足于符合中国实际的现代化发展的总体要求,而是为了实现帝国主义更好地对中国进行经济压迫与剥削,为自身获取最大限度的利润的现实需要。因此,在近代中国除了沿海、沿江少数城市的经济得到畸形繁荣以外, 其他广大地区特别是农村的经济都濒临破产。另一方面,近代中国不可能走资本主义道路,是因为中国没有一个能够领导人民完成民主革命任务的资产阶级政党。以康有为为首的维新派是中国最早带有资产阶级性质的政治派别,1898 年他们企图在不触动封建统治的基础上通过皇帝自上而下进行资产阶级改良, 但最终归于失败。随后,以孙中山为代表的资产阶级革命派推翻了封建帝制,但西方资产阶级共和国移植到中国之后, 却成了封建专制政权的变种, 袁世凯窃取了革命果实。后来,同盟会改组为国民党,但由于混入许多封建官僚和投机分子,国民党逐渐失去了原有的革命性质,与人民群众的关系愈发疏远。1924 年国共第一次合作,改组国民党,使得国民党恢复了生机,两党合作进行反帝反封建的北伐战争,这本来可以大大促进民族资本主义的发展,但大革命后期国民党右派发动政变,将枪口对准工农大众,这使其失去了广泛的社会基础。国民党取得全国政权后,不但竭力维护封建势力和帝国主义势力,而且还建立起一个庞大的官僚资本,使民族资本受到更沉重的排斥。这从根本上宣布了

20世纪中国走资本主义道路的彻底破产。①

由此可见,历史选择不是由任何人主观愿望所能决定的,资本主义道路在中国走不通是因为当时中国所处的特定时代条件和中国自身的社会条件不允许,并不是谁想不想走的问题。

选择社会主义道路是以中国共产党人为代表的先进的中国人在艰难曲折的长期斗争中形成的共识。同时,我们也要看到,中国是在一个经济文化相对落后的条件下进入社会主义的,我们中间缺少资本主义社会,如果孤立地来看,好像这与科学社会主义创始人所设想的社会主义制度必须要建立在高度发达的物质技术基础上的理论存在一定差距,实际并不是如此。历史唯物主义认为,人类社会形态的更替既有其普遍性,又有其特殊性。一方面,社会形态的更替要经历一个"原始社会—奴隶社会—封建社会—资主义社会—共产主义社会"五种社会形态由低到高的过程,这种社会形态更替的普遍性是从人类社会的许多具体的形态及其更替中抽象概括出来的。但是同时,历史唯物主义又认为,社会形态是具体的、历史的。在人类社会总体中的不同的国家、民族由于各自的特殊条件,其发展是不同步的,社会形态的更替有其特殊性。1881年马克思在论及俄国农村公社时曾说:"它的历史环境,即它和资本主义生产同时存在,则为它提供了大规模地进行共同劳动的现成的物质条件。因此,它能够不通过资本主义制度的卡夫丁峡谷,而占有资本主义制度所创造的一切积极的成果。"②中国也是如此,如"帝国主义对近代中国的侵略和压迫,使中国不能沿着固有的轨道走资本主义的道路,而成为半殖民地、半封建社会这种特殊的社会。同时落后国家、民族,往往可以采纳先进国家、民族所创造的生产力等成果,使社会发展出现如前所说的跨

---

① 参见徐勇:《20世纪中国的历史方位与社会主义选择》,《中共党史研究》,1991年第3期。

② 《马克思恩格斯选集》(第三卷),人民出版社,2012年,第830页。

越性"①。

　　实践证明,中国走社会主义道路是正确的,中华人民共和国成立以来各个领域取得的伟大成就就是最好佐证。当然,我们也承认与发达资本主义国家确实存在一定的差距,但要辩证地看待这种差距。发达资本主义国家经历了二三百年的发展才达到现在这样的水平,而我国在 2050 年将建成社会主义现代化强国, 也就是说我们社会主义中国只用一百年的时间就可以实现资本主义用二三百年才能达到的发展水平。这也充分说明了社会主义制度远比资本主义制度更能适合生产力的发展,更能解放生产力,创造更高的劳动生产率。另外,如果一个国家在五种经济形态中缺少哪一种,就得补上哪一课,那么没有经历过奴隶制的德国岂不是要补奴隶制的课? 没有经历封建制的美国岂不是要补封建制的课? 对中国而言,抛弃社会主义道路,显然违背广大人民群众的根本利益和心愿。

(三)坚持中国共产党的领导,这是中国实践证明的英明之举

　　在社会实践活动中,历史的主体在选择历史,而历史规律也在对主体的各种选择进行筛选。历史规律的客观性就在于它不断淘汰那些不符合中国国情的选择,而只青睐那些符合中国实际的明智选择。②历史对于政党的选择也是如此。

　　中国共产党成立前后,当时中国国内存在过多种政治实体,如封建地主阶级顽固派、地主阶级改革派、资产阶级维新派、资产阶级革命派等。中国共产党成立之时,国内仍存在北洋军阀各个派系,国民党、无政府主义团体、资

---

　　① 杨国定:《中国走社会主义道路违背了马克思主义吗? ——评"补课说"》,《西华师范大学学报》,1987 年第 3 期。

　　② 参见叶险明:《历史决定论与对当代社会主义实践的反思——兼评当代关于社会主义问题研究中的几种错误观》,载吴倬主编:《时代精神的思考(哲学篇)》,清华大学出版社,1993 年,第 28 页。

产阶级改良派等,这些政治实体无不希望按照自己的意愿创造历史,为历史的发展创造一条路径。从实力上看,中国共产党及其所领导的军队最初是处于十分弱小、敌我力量对比悬殊的地位,其占中国人口的比例之低与世界上其他政党相比是罕见的。但是在上述的众多政党选择中,为什么其他政党都如过眼云烟,一批批被历史所淘汰,而只有中国共产党人最终获得成功,成为中华民族的中流砥柱。

这是因为"历史在比较、鉴别、评判、选择政党的时候有一条根本的标准,那就是从其实际活动,看其立党宗旨是谋取一党一群甚至是一撮一己的私利,还是谋求广大人民群众的利益以及在多大程度上代表人民群众的意志,满足人民的愿望和要求"[①]。而被选中的政党,必须要具备以下四种能力:"第一,能否正确认识近代中国国情和社会主要矛盾;第二,能否据此正确地提出并认真解决彻底改造中国社会的任务,也就是制定正确的纲领并为之奋斗;第三,能否为完成上述任务而制定适用于不同历史时期的路线、方针、政策、策略;第四,对于革命政党来说,经得起历史检验和选择的好的领导者;如果具备部分条件,那就只是否具有革命的坚定性和彻底性。如果全部具备这些条件,那就是能充当一段时间的领导,或在某一方面发挥一定的历史作用;如果全不具备,那就只能被历史淘汰。"[②]我们依此,可以看出无论是旧式农民起义,还是资产阶级改良派和资产阶级革命派的努力,他们都没有正确认识近代中国国情和中国社会的主要矛盾,都不能带领并依靠人民取得革命胜利。而中国共产党之所以能从各种政治力量中脱颖而出并发展壮大,正是中国共产党代表着无产阶级和广大人民群众的根本利益,始终把全心全意为人民服务作为自己的根本宗旨,党制定的一切纲领政策,进行的一切奋斗归根到底都是为了实现好、维护好和发展好最广大人民的根本利益。

---

① 赵延庆:《从近代政党的兴衰看历史对中国共产党的选择》,《东岳论丛》,1991 年第 4 期。

② 赵延庆:《从近代政党的兴衰看历史对中国共产党的选择》,《东岳论丛》,1991 年第 4 期。

这个宗旨也决定了共产党人的事业，就是人民大众的事业。因此，在革命、建设和改革过程中，它总是得到最广大人民群众的同情和支持。

在战争年代，中国共产党领导中国人民开展反帝反封建的新民主主义革命，推翻了"三座大山"，建立中华人民共和国，中国结束了长期受帝国主义压迫、欺凌的屈辱历史，实现了国家的独立统一、民族团结和社会的全面进步，中国人民真正站起来了。在此过程中，从来没有任何一个政治组织能像中国共产党这样集中了这么多的先进分子，得到广大人民群众如此广泛的拥护。中国共产党初创时期，依靠工人阶级的支持，党员人数不多的中国共产党却很快打开了革命的局面。土地革命战争时期，中国共产党领导建立了工农民主政权，取得了万里长征的胜利。抗日战争时期，中国共产党实行抗日民族统一战线政策，调动了各阶级的积极性。解放战争时期，建立和发展人民民主统一战线，开辟国统区"第二条战线"。力量弱小的中国共产党之所以能屡次在历史的重要关头完成如此重大的转变，力量上获得迅速壮大，正是人民群众认同支持的结果。新中国成立之后，我们进行了社会主义改造，确立了社会主义制度，人民群众以更大的热情支持和拥护党的领导，发挥了建设社会主义的积极性、主动性和创造性。改革开放以来，在中国共产党的正确领导下，我们开始全面建设社会主义的经济、政治、文化、社会，开创了中国特色社会主义道路，民族团结、社会安定，经济、文化、科学技术蓬勃发展的社会主义新中国正屹立于世界民族之林，愈来愈成为世界上任何人都不能忽视的巨大力量。党的十八大以来，中国特色社会主义进入新时代，我们坚持和加强党的全面领导，统筹推进"五位一体"总体布局、协调推进"四个全面"战略布局，坚持和完善中国特色社会主义制度、推进国家治理体系和治理能力现代化，坚持依规治党、形成比较完善的党内法规体系，战胜一系列重大风险挑战，实现第一个百年奋斗目标，明确实现第二个百年奋斗目标的战略安排，党和国家事业取得历史性成就、发生历史性变革，为实现中华民族伟大复兴提供了更为完善的制度保证、更为坚实的物质基础、更为主动的精神力量。[①]究其原因，就在于中国共产党得到了人民群众真心实意拥护。

"民为邦本，本固邦宁"，"水能载舟，亦能覆舟"。正是因为中国共产党顺应了历史的潮流，肩负起了民族独立、人民解放和国家富强、人民幸福的两大历史使命，在领导革命、建设和改革的过程中，始终以广大劳动人民的根本利益为出发点，同人民群众保持血肉联系，才能最终获得了人民的拥护和认同。所以，它的领导地位是在长期革命斗争中逐步形成的，是近代中国历史发展的必然结果，这是任何人都否定不了的基本事实。

---

① 参见习近平：《在庆祝中国共产党成立 100 周年大会上的讲话》，《人民日报》，2021 年 7 月 2 日。

第四章　文化保守主义思潮

　　一百多年来，"中国向何处去"一直是制约中国思想走向的一个核心问题，正是在这一思想架构里，逐渐形成了文化保守主义、自由主义西化派和马克思主义三个最大、最具影响力的思潮并存的思想格局。19世纪中叶以来，中国处于社会和文化的急剧变革时期，这是一个创新、开辟的时代，也是一个总结、反思的时代。尤其是近年来，文化保守主义更以异军突起之势，成为文化思想界一个引人注目的思潮和文化流派。国学热、读经热使人们在重温、感叹中国传统文化魅力之时，也在进一步思考中国传统文化的出路。在我们这个泱泱大国走向现代化的漫长征程中，历史悠久而又背负沉重、博大精深而又精糟并存的中国传统文化，是我们走向现代的羁绊与累赘，还是纠现代化之偏的救世良方？在应对改革与开放的冲击中，传统文化是明日黄花，还是梅开二度，指引我们从现代化的迷失中回归我们的精神家园？这些都留给我们深深的思考。因此，探索、研究和思考中国文化保守主义，推动和引导中国文化保守主义思潮健康发展，是我们当前亟待解决的重要理论和现实问题。

第一节　近代中国文化保守主义及主要流派

文化保守主义思潮是近年来在中国大陆发展势头迅猛并对社会产生较大影响的一种重要社会思潮。文化保守主义思潮尽管最早在西方出现,但19世纪,随着西方资本主义的扩张和文化侵略,文化保守主义在非西方地区也开始活跃起来,文化保守主义思潮成为发展中国家的一种普遍文化现象。中国文化保守主义思潮缘起于19世纪20年代初,20世纪90年代初,随着中国改革开放的进一步深入,文化保守主义思潮在中国大地迅猛展开。

一、保守主义与文化保守主义

在当代中国的各种社会思潮中,文化保守主义是对青年学生影响较大的一种社会思潮。这股思潮在我国影响悠久,根深蒂固,有着深厚的生存土壤,同时也有着广泛的社会基础和现实需要。我们要正确认识和分析文化保守主义思潮,提高自觉抵制错误思潮的能力,树立正确的政治观和历史观,坚定中国特色社会主义道路自信、理论自信、制度自信、文化自信。

(一)保守主义

保守主义是一种关于社会政治秩序及其变革方式的理论。它的基本特征是:强调历史的延续性,强调代表连续性和稳定性的法律和秩序,反对一切突然的革命和革新,维护传统社会纽带如家庭、伦理、宗教等。①作为一种

---

① 参见《中国大百科全书(政治学)》《大不列颠百科全书(国际中文版)》"保守主义"条目,中国大百科全书出版社,1997年。

政治哲学的保守主义产生于 18 世纪末。1790 年，英国政治家埃德蒙·伯克（Edmund Burke）以《法国革命论》（又名《法国大革命反思录》）一书，奠定了近代西方保守主义的思想基础。在书中，伯克对法国大革命进行了猛烈抨击，认为法国大革命是"世界上迄今所曾发生过的最为惊人的事件""最可惊异的事件"。许多事情都"以最荒谬和最荒唐的手段并以最为荒唐的方式发生了，且显然地是用了最为可鄙的办法。在这场轻率而又残暴的奇异的混乱中，一切事物似乎都脱离了自然，各式各样的罪行和各式各样的愚蠢都搅在了一起"[①]。伯克对法国大革命的批判态度是毫不隐讳的，这也使其所秉持的保守主义自诞生之日起就带有鲜明的意识形态特征。与此同时，对法国大革命的不同态度还衍生出了自由主义和激进主义的政治思想。维护传统和既有秩序是保守主义的核心，因其表现领域不同，保守主义又分为经济保守主义、政治保守主义和文化保守主义三种。同政治和经济上的保守主义相比，文化保守主义具有更深刻、更复杂的社会历史背景。

（二）文化保守主义

"文化保守主义"（Cultural Conservatism）是伴随西方现代化运动的产生而最早在西方出现的一种文化思潮。它是对于非保守和非传统的现代化所发生的一种全球性反应，旨在维护传统文化的地位和价值。"文化保守主义"本来是一个描述西方文化思潮的概念。当以这种概念探讨中国文化的近现代化历程，剖析中国的文化现象时，我们会发现二者是有所区别的：在西方文化语境中，文化保守主义形成的基础是经济社会的现代化与历史文化传统之间的矛盾，是针对反传统的激进倾向而言，其基本特征是力图以价值理性来批判以工业化为主导的现代化进程中出现的工具理性的过分膨胀，并

---

① ［英］埃德蒙·伯克：《法国革命论》，何兆武、许振洲、彭刚译，商务印书馆，1998 年，第 13 页。

进而解决由之带来的人情的淡漠、道德的沦丧、意义的迷失等一系列问题；而在中国文化语境中，文化保守主义兴起于中国近现代文化发展的危难之中，目标是谋求对传统文化的传承和价值世界的重建，它不仅针对反传统思潮，同时也针对冲击传统价值的外来文化，因而认同和回归民族文化传统成为中国文化保守主义在注重价值理性之外的另一个重要特征（这也是非西方国家文化保守主义的鲜明共性）。西方的文化保守主义属于传统—现代的矛盾，基本上是一种传统主义。中国的文化保守主义，还纠缠着本土—外来的问题，即含有传统主义与民族主义双重因素，①两者的相似之处仅在于对各自传统的某种认同。研究者正是从认同传统文化这一特征来界定中国文化保守主义的。在他们看来，中国现代史上，凡在谋求民族文化现代化的进程中主张认同传统文化者，皆可归之于文化保守主义。②

站在唯物史观的立场上，我们认为，在"五四"以来的中国思想史上，各种社会思潮纷至沓来，错综复杂，其中马克思主义、自由主义西化派和文化保守主义（以现当代新儒家为其重镇）是三个最主要的思想派别。在各种思潮的相互比较中，马克思主义由于其本身的科学性、真理性与非常切合中国现实政治斗争的需要，能够提供解决中国问题的思想武器，因而在中国得到广泛传播，并同中国工人运动相结合，诞生了中国共产党。百年来，中国共产党坚持运用马克思主义研究和解决中国实际问题，不断推进马克思主义中国化、时代化、大众化，指导中国革命、建设、改革事业取得了举世瞩目的伟大成就，使马克思主义焕发出勃勃生机。当前，马克思主义不仅是我们立党的根本指导思想，也是我们立国的根本指导思想，是全国各族人民团结奋斗的共同理论基础。自由主义西化派和文化保守主义虽继续存在，但一直是作

---

① 参见陈少明：《在历史与理念之间——汉宋学术与文化保守主义思潮》，《中国近代社会思潮》，华东师范大学出版社，1996年，第296~297页。

② 参见田文军：《冯友兰与文化保守主义》，《冯友兰研究》（第1辑），国际文化出版公司，1997年。

为非主流的思想流派而与马克思主义形成对立互动的思想格局。这种思想格局反映着当今世界发展潮流和国内政治力量的对比，在较长时期内还将继续延续下去。

二、近代中国文化保守主义的主要流派

中国的文化保守主义思想萌发于 19 世纪初，19 世纪末 20 世纪初聚集为旗帜鲜明的文化派别。20 世纪 20 年代，文化保守主义思潮激荡澎湃，与自由主义西化思潮、马克思主义思潮成为现代中国的三大社会思潮，影响深远。文化保守主义各个派别围绕传统文化的转型和新文化的构建问题，不断阐发自己的主张，成为近代思想文化发展中一个支脉。其主要思想流派和主张有：

（一）洋务派与"中体西用"论

目前学界公认，以曾国藩、张之洞为代表的洋务派是近代中国最早的文化保守主义派别。因其指导思想为"中体西用"，而"中体西用"是保守主义的文化理论。①洋务派的所谓"中学"是指以"三纲五常"为核心的儒家学说，"西学"指近代传入中国的自然科学和商务、教育、外贸、万国公法等社会科学。洋务派主张在维护清王朝统治的基础上，采用西方造船炮、修铁路、开矿山、架电线等自然科学技术以及文化教育方面的具体办法来挽救统治危机，以西学之用来巩固中学之体。"中体西用"论既是挽救统治危机的手段，也是探索传统文化出路的文化革新理论，它通过中西文化的相容互补使中国固有

---

① 参见喻大华：《晚清文化保守主义思潮研究》，人民出版社，2001 年，第 14 页；蒋广学：《曾国藩：近代中国政治与文化保守主义思潮的奠基者》，《江苏社会科学》，2005 年第 5 期；何晓明：《返本与开新——近代中国文化保守主义新论》，商务印书馆，2006 年。

文化增益新知,焕发生机。因而,在专制统治和顽固守旧思想占据主导地位的晚清,"中体西用"论为西方文化传入中国打开了一扇门,有益于中国文化的近代化转型。

"中体西用"论诞生后,成为晚清以至其后时期中国文化保守主义思潮的核心理念。"中体西用"的思维模式,是用"体用""本末"概念来界定中外文化在构建新型文化中的地位和关系,坚决维护儒学的"主""体""道"的本位,只是随着形势发展,"体""用"范围也不得不与时俱进。随着西学东渐的深入,"中体"的内容从整个政治、文化体系而逐渐缩小到纲常伦理。到新文化运动时期,"与民族精神生活密切关联的诸多领域也都将要受一番西方文化的洗礼,这时,保守主义者乃提出,真正值得保守和发扬的人类文化精神,在中国与西方,都深藏在古代先哲们的遗产中"①。而"西用"的范围,则从坚船利炮等器物层面推广到政治体制等制度层面,再到思想文化层面。将一种文化拆分为"体""用"或"本""末"的思维尽管在逻辑上存在矛盾,但"作为解决中国文化和西方文化冲突的一种折中性的思想方法,它有效地调节着中国人的自尊和自卑之间的平衡,足可以堪称百余年来影响最大的一种文化模式"②。在文化保守主义发展演变的历程中,与"中体西用"类似的文化观念一再出现和翻新。新儒家代表人物贺麟就明确表示:"儒家思想是否复兴的问题,亦即儒化西洋文化是否可能,以儒家思想为体、以西洋文化为用是否可能的问题。中国文化能否复兴的问题,亦即华化、中国化西洋文化是否可能,以民族精神为体、以西洋文化为用是否可能的问题。"③由此可见,直至20世纪40年代的文化保守主义者仍然未摆脱"中体西用"论的思维路向。

---

① 参见耿云志:《从保守主义的角色演变看中国近代文化的发展进路》,《湖南大学学报》(社会科学版),2008年第6期。

② 参见任晓兰:《从传统到现代:中国文化保守主义思想评析》,《贵州社会科学》,2009年第4期。

③ 贺麟:《文化与人生》,商务印书馆,1988年,第6页。

（二）晚清国粹派与"国粹保存主义"

晚清国粹派[①]是活跃于 20 世纪初到辛亥革命间的文化派别，带有强烈的政治色彩。1905 年 2 月上海成立国学保存会，是为国粹派出现的重要标志。1905 年至 1912 年间，章太炎、刘师培、邓实、黄节、王国维、黄侃、马叙伦等人以《国粹学报》为核心，标举"国粹保存主义"，撰稿评论，著书立说，轰动一时。国粹派成员政见歧异，思想繁杂，即便就其文化哲学的核心概念——国粹或国学而言，国粹派成员的认识也并不一致。有人认为，国学是"黄帝、尧、舜、禹、汤、文、武、周公、孔子之学"[②]；有人认为，国学乃"一国所有之学也"[③]；还有人认为，国粹是采自中外文化中一切优秀的东西。[④]章太炎则提出，"国粹即国史"，是我们民族的历史，主要包括中国有史以来的语言文学、典章制度和人物事迹三项。[⑤]尽管如此，在国粹要以本国文化为主体这一点上是不言而喻的。

国粹派崛起之时，"西学"在中国的传播已有数十年，中国人对西学的惊愕、抵制情绪已大为消减。面对日渐看涨的西化思潮，国粹派一方面感叹中西方的巨大差距，另一方面又反思西化运动，以深沉的忧患意识拯救国粹，提出"爱国、保种、存学"。国粹派以保存国粹、弘扬国学为宗旨，在经学、史地学、文字学等领域都有重大的学术成就。但是国粹派又非完全守旧，他们对传统文化能采取一种批判继承的态度，主张以中国固有文化为主体，发展民族新文化。在对待西学的态度上，他们主张积极吸纳西方新知，以达到中西

---

①　区别于五四时期充当封建卫道士、抵制新文化运动的国粹派与国粹主义。

②　《国粹学报》第 38 期（上）黄节对《国粹学报》三周年的祝词。

③　邓实：《国学讲习记》，《国粹学报》第 9 期（1905 年 10 月 18 日）。

④　参见黄节：《国粹保存主义》，《政艺通报》壬寅年（1902 年）第 22 期。

⑤　参见章太炎：《演说录》，《民报》第 6 期（1906 年）。

融会贯通的理想境界。①国粹派在观照中西文化的基础上提出中国文化的宏观建构思路,提出"中西会通"说、"中体西用"说、"中主西客"说、"中西辨证综合"说等几种观念。特别是"中西辨证综合"的观念突破了"中体西用"的思维框架,开始步入"古今中西辨证综合的理路"。他们提出中西学术的结合,必须突破"中体西用"的框架限制,强调学习汲取世界各民族优秀文化,务必"以东西诸国为客观,而吾为主观",从而初步提出了建构近代文化的民族主体性问题。②这是难能可贵的。

(三)"东方文化派"与"中西调和"论

"东方文化派"是指五四新文化运动中反对西化、提倡东方文化,主张新旧调和与中西调和的文化保守主义者。③"东方文化派"产生于五四时期的中西文化论战中,代表人物有梁启超、梁漱溟、杜亚泉、钱智修、陈嘉异、章士钊、吴宓、梅光迪等人。这些人不属于一个统一的文化组织,文化思想上的主张也不尽相同,④但在主张中西文化、新旧文化调和等方面则具有一致性。

第一,在东西文化对比上,"东方文化派"与新文化派都承认东西文化存在差异。但新文化派将这种差异视为"古今之别",认为西方文化领先于东方文化。而"东方文化派"则认为是"中外之异"⑤,因而,东西文化不存在优劣的

---

① 参见田嵩燕:《国内近十年来晚清国粹派研究述评》,《山西师范大学学报》,2000 年第 2 期。

② 参见郑大华:《论"东方文化派"》,《社会科学战线》,1993 年第 4 期;周德丰:《晚清国粹派的文化哲学思想评议》,《南开学报》,1996 年第 4 期。

③ 参见郑大华:《论"东方文化派"》,《社会科学战线》,1993 年第 4 期。

④ 如梁启超因旅欧归来而写《欧游心影录》,极力鼓吹东方文化救世论;梁漱溟则以中西印三方文化及其哲学取向进行系统比较,阐述中国文化的独特价值;杜亚泉、钱智修、陈嘉异等人主要依托《东方杂志》积极参加东西方文化论战,主张折中调和论;《甲寅杂志》主编章士钊则提倡新旧文化调和、反对道德革命;而吴宓、梅光迪等学衡派人士则以"昌明国粹,融化新知"为宗旨。

⑤ 郑大华:《论"东方文化派"》,《社会科学战线》,1993 年第 4 期。

问题,而是各有特色(如杜亚泉之谓"静的文明与动的文明"①)。而且在西洋文明呈现危机之时,东方文明正可以疗救西方文明之偏颇。1917 年至 1918年,杜亚泉先后发表《战后东西文明之调和》《迷乱之现代人心》等。钱智修也以《功利主义与学术》等文章跟进,宣扬中国文化优长。论述的主旨是:"正因为东西文明各具特色, 故不能以西方文明作为标尺以衡度中国文明并进而否定中国文明。中国人应坚定民族文化自信,不仅用以挽救自己,而且用它来平静惶惶不安之西方精神世界"②。

第二,在传统文化问题上,"东方文化派"主张保存和改造传统文化。五四时期,军阀割据,复古守旧思想弥漫。新文化派认为欲拯救民族于水火,推进中华民族的现代化进程,必须荡涤封建专制思想,激烈批判传统文化,宣扬民主、科学。"东方文化派"认为新文化派的这种态度是不可思议的。他们认为传统文化是先民长期积累下来的,只可保存和改造,不可弃。固有文化是新文化形成的基础,绝不能因为传统文化的某些方面需要改造就对传统文化本体进行攻击、摈弃。这样做将会是"世界灭而人道熄","是忘本也"。

第三,在新文化的构建上,"东方文化派"提倡中西调和,折中新旧。调和的基础当然是以中国固有文化为主体。"东方文化派"认为,中西文化既然是各有特点,而且有一定的互补性,因此中西文化的调和不但是可能的,而且是必需的。不唯中国新文化的构建需要调和中西,而且世界新文明的发展也要取长弃短,归于东方文化以人为本的宗旨。用杜亚泉的话讲,"战后之新文明,自必就现代文明,取其所长,弃其所短,而以适于人类生活者为归"③。东方文化派中西文化调和论的实质,乃是在保守中国固有道德文化本体的基础上,增益西方文化之用,仍是"中体西用"的思维框架。

---

① 杜亚泉:《静的文明与动的文明》,《东方杂志》(1916 年 10 月)第 13 卷 10 号。
② 暨爱民:《文化的守望:"东方文化派"的民族主义关怀),《吉首大学学报》,2008 年第 1 期。
③ 《杜亚泉文选》,华东师范大学出版社,1993 年,第 266 页。

（四）本土文化派与"中国本位"文化建设论

1933 年 7 月，《申报月刊》刊出"中国现代化问题号"特辑，目的是将 20 世纪 20 年代以来思想界讨论过的东西文化观、东方化与西方化、打倒军阀与帝国主义、资本主义道路与社会主义道路的争论等问题归结为一个总问题——中国的现代化问题。1935 年 1 月 10 日，王新命、陶希圣、萨孟武等 10 位文化界知名教授，在 1935 年 1 月 16 日出版的《文化建设》月刊第 1 卷第 4 期上联名发表《中国本位的文化建设宣言》（下称《宣言》），在全国引起轰动。自此，1933 年以来时断时续的文化论争进一步发展并系统化。《宣言》认为，中国的政治改造已达到了相当的成功，"但将如何建设中国的文化，却是一个急待讨论的问题"。他们批评模仿英美和苏俄的人，都是轻视了中国空间的特殊性。鉴于"在文化领域中，我们看不见现在的中国了"，而"要使中国能在文化领域中抬头，要使中国的政治、社会和思想都具有中国的特征，必须从事于中国本位的文化建设"[1]。这显然是批评"西化派"照抄照搬外国经验，在全国引起很大反响。作为回应，10 位署名人再次在《文化建设》月刊上发表了《我们的总答复》一文，进一步阐述文化建设方针。那么，什么才是"中国本位的文化建设"？如何建设？根据《宣言》和《我们的总答复》，文化建设必须顾及中国的特殊性，注意到中国"此时此地的需要"，即人民的生活需要充实、国民的生计需要发展、民族的生存需要保障。文化建设应遵循"不守旧，不盲从，根据中国本位，采取批评态度，应用科学方法，来检讨过去，把握现在，创造将来"。具体做法是：对于中国古代的制度、思想应加以检视，不徒然赞美之，亦不徒然诅咒之，而应"存其所当存，去其所当去"；对于欧美文化应当吸收，但不应以全盘照搬，而应"吸收其所当吸收"，衡量的标准是"现代中国的

---

[1]　王新命等：《中国本位的文化建设宣言》，《文化建设》，1935 年 1 月第 1 卷第 4 期。

需要"。中国本位文化建设的目的是使中国文化不仅能与别国并驾齐驱,而且对世界文化有最珍贵的贡献。①

可以看出,本位文化派要求不论是在对中国传统文化与政治的取舍,还是在引进吸收国外文化时,都要以中国现时现地需要为旨归,即"在纵的方面不主张复古,在横的方面反对全盘西化,在时间上重视此时的动向,在空间上重视此地的环境"②。"中国本位"的文化建设论主要针对西化派,但也批评了盲目守旧的顽固派;要以中国现实的需要为标准,作为有选择地吸收、保留中西文化的尺度。这种观点,强调了文化的民族性和时代性,也反映了本位文化论者试图突破"体用二元"文化观的主观愿望。③

(五)新儒家学派与"返本开新"论

新儒家是中国文化保守主义发展源流中影响最大、历史最长,并延续至今的一个思想流派。它以接续儒家"道统"、复兴儒学为己任,以服膺宋明理学为主要特征,力图以儒家学说为主体为本位,来吸纳、融合、会通西学,以寻求中国的现代化道路。④在方克立先生主编的《现代新儒家学案》和《现代新儒学论著辑要丛书》里,共计收入了梁漱溟、熊十力、马一浮、张君劢、钱穆、冯友兰、方东美、贺麟、唐君毅、徐复观、牟宗三、杜维明、成中英、刘述先等15位学者进入新儒家研究序列。新儒家自20世纪20年代发端,至今经历了三代学者:

第一代是1921年至1949年,以梁漱溟、熊十力、马一浮、张君劢、冯友兰、钱穆为代表。梁漱溟是新儒家的开创者,他的《东西文化及其哲学》从哲

---

① 王新命等:《中国本位的文化建设宣言》,《文化建设》,1935年1月第1卷第4期。

② 王新命等:《我们的总答复》,《文化建设》,1935年5月第1卷第8期。

③ 参见李毅:《中国马克思主义与当代文化保守主义思潮研究》,天津社会科学院出版社,1998年,第59页。

④ 参见方克立:《关于现代新儒家研究的几个问题》,《天津社会科学》,1988年第4期。

学的角度对东西文化进行剖析,得出了中西文化之争不是古今之争的结论,并对马克思主义的唯物史观提出批评。新儒家第一代学者主张复兴民族文化,"掘发其固有宝藏,涵养其自尊自信之毅力"①。他们援佛入儒,汲取西学养料,以实现传统的现代化或者拯救儒家道统。他们认为,中国的现代化不等于西化,但也不同意中国文化本位论。他们要接着宋明理学讲,贯通中西哲学,创造一种本族本位的、融纳现代民主科学的中西合璧的新哲学、新文化。到抗日战争时期,熊十力完成"新唯识论"的哲学体系,冯友兰建立了"新理学"的哲学体系。至此,现代新儒学确立了自己人本主义的、道德形而上学的精神方向,理论已基本成熟。

第二代是 1950 年至 1979 年,代表人物有方东美、唐君毅、牟宗三、徐复观。新中国成立后,他们移居香港和台湾,亦称为"港台新儒家"。对国民党丢失大陆的检讨以及对港台地区"西化"之风的反击,是港台新儒家倡导儒家文化复兴的最初动因和历史背景。② 1958 年元旦,港台新儒家发表《为中国文化敬告世界人士宣言——我们对中国学术研究及中国文化与世界文化前途之共同认识》,全面阐述了他们对中国文化的过去、现在、未来,以及中西文化关系等问题的看法,明确提出"返本开新"的思想纲领。他们认为,儒家心性之学是中国文化的核心,也是人类的最高智慧,由此内圣心性之学开出科学、民主的外王事业,乃是中国文化自身发展必然的、内在的要求。

第三代是 1980 年至今,代表人物有成中英、刘述先、杜维明等。他们积极倡导儒家思想的现代化、世界化和"儒学第三期发展",主张发展儒家资本主义,试图使儒家思想成为"人类走向未来所能依赖的唯一的定盘针"。在他们的推动下,现代新儒学不仅传播于海外,而且对大陆思想界也产生了很大

---

① 熊十力:《纪念北京大学五十年并为林宰平祝嘏》,载《熊十力全集》(第 5 卷),湖北教育出版社,2001 年,第 23 页。

② 参见胡伟希:《传统与人文——对港台新儒家的考察》,中华书局,1992 年,第 8 页。

影响。

20世纪90年代以来大陆新儒家的出现与港台新儒家的反哺有密切关系,学界将此作为新儒学运动的第四个阶段。[1]

现代新儒家学派从开创起,就站在中西文化交流的前沿。他们既具有深厚的传统文化背景,同时又亲历西方社会,对西方文化有深刻的了解和切身的感受。他们认可西方文化中具有普适性的价值体系如民主、科学等,并力主将其引入以改造中国社会。他们的传统取向是对传统文化价值的认定。对于他们来说,中国传统文化中的某些内容(不是全部)具有恒久、普遍的价值。这种价值不仅表现在过去和现在,而且是未来人类社会文化中不可或缺的基本组成部分,甚至引导着世界文化的发展方向。正是由于新儒家学派对中西文化有深刻的认识和批判继承的态度,他们能够在文化的发展取向上与世界对话,力图跟上并引导世界的前进潮流。

三、近代中国文化保守主义的评析

1840年鸦片战争以来,中国的社会、政治、经济和文化等领域中都发生了许多结构性的变迁。引起这一结构性变迁的主题虽然在不同历史时期中表现不一、纷繁复杂,但有一个共同的时代背景,即西方强势文明的挑战。从某种意义上讲,中国社会的结构性变迁是在一种与西方强势文明的比照和竞争中实现的。这种西方强势文明挟坚船利炮而来,既对中华民族的生存构成威胁,同时更对中国传统文化所构建的人文制度世界提出了挑战。站在辩证唯物主义的角度来看,正是中国近代文化保守主义的兴起与发展,对于近

---

[1] 2005年9月,中国哲学史学会会长方克立先生在致第七届当代新儒学国际学术会议的信中指出,以甲申(2004)年7月贵阳阳明精舍国学会讲(或谓"中国文化保守主义峰会")为标志,中国的现代新儒学运动"已进入了以蒋庆、康晓光、盛洪、陈明等人为代表的大陆新生代新儒家唱主角的阶段,或者说进入了整个现代新铺学运动的第四个阶段"。因此大陆新儒家也被称为第四代新儒家。

代中国乃至世界都产生了重要的影响。

(一)探求中国出路的思想引领

在强敌环伺中如何改变中国的落后面貌,摆脱被奴役被压迫的命运?在中西文化对比与交流中,如何看待传统文化的价值?中国近代文化保守主义恰恰是在这两点上回应了时代的疑惑,从而在历史发展中发挥了积极的作用。

第一,中国近代文化保守主义思潮对西方武力入侵,中国的国家独立和主权遭到破坏提出了应对之策,即通过保守和发展传统文化谋求民族的复兴。史华慈曾指出:"民族主义的荣耀与耻辱是他们的主导动力,而其他保守主义因素则相对是次要的。他们的民族主义保守性来源于一种信仰,即只有从自己的社会文化传统中汲取力量,中国才能生存和繁荣。——如果中国坚持与自己的过去相脱离,它是不会赢得民族尊重的。"①在近百年的发展中,文化保守主义者始终关注民族的发展和生存问题;中华民族危亡之际,往往也是文化保守主义活跃之时。因此,浓厚的民族主义色彩是中国近代文化保守主义的特征之一。②

第二,文化保守主义者坚守并发展传统文化的取向不是出于对既往世界与文化的感性留恋,而是对近代中国"意义危机"与"精神迷失"的回应。美国学者张灏认为,近代以来由于西方世界观和价值系统的涌入,打破了一向借以安身立命的传统世界观和人生观。与此同时,各种新说相持不下,使得"传统价值取向的象征日益衰落"③,精神之家园无所归附,遂使国人陷入严重的"精神迷失"境地。近代文化保守主义者深信,为拯救此"精神迷失",一

---

① [美]史华慈:《论五四前后的文化保守主义),载王跃、高力克主编:《五四:文化的阐释与评价——西方学者论五四》,山西人民出版社,1989 年,第 159 页。

② 参见郑大华:《中国文化保守主义研究的几个问题》,《天津社会科学》,2005 年第 2 期。

③ [美]张灏:《幽暗意识与民主传统》,新星出版社,2006 年,第 98~99 页。

方面须在体认传统文化现代价值的基础上改造之,如此才能收拾"迷乱之现代人心";另一方面又须正视时代与社会的发展,以西方物质文明助益民族发展,如此家国性命与精神乐土皆可无虞。因此,文化保守主义者主张改造传统文化以适应时代发展,吸纳外来文化以为传统文化的有益补充;同时,又认可西方民主、科学等普适性价值,主张政治改革以挽救民族危机。正是由于对世界情势和中国现实生存的关怀,近代文化保守主义与政治上的保守主义绝不等同,甚至决然两分。从洋务派到新儒家,无不对社会政治改革倾注相当的热情,其中不乏政治改革的中坚,国粹派诸人甚至谋求以革命手段改造中国政治。

第三,中国近代文化保守主义思潮以世界性的眼光思考并评判中国传统文化的价值,对现代化过程中文化的民族性与世界性、时代性与多元性等问题进行了深入探讨。主要是围绕三个问题来构建文化理论:一是本土文化与外来文化的关系;二是传统与现代性的关系;三是西化与现代化的关系。[①]这三个问题不仅是中国的,也是其他一切落后国家在实现现代化过程中必然遇到并且必须解决的问题。在阐释中国传统文化价值的基础上,文化保守主义者从文化比较的角度对西方文化的弊端提出了尖锐的批评。这有助于人们理智地看待西方文化和中国文化,对传统文化转型和新文化的建设具有积极意义。

(二)无法克服自身的思想局限

当然,中国近代文化保守主义也有其自身无法克服的局限性。如建立民主宪政国家是中国近代政治改革的目标,也为清末以来的文化保守主义者所公认。民主宪政要求从客观制度上对权力加以防范,而不寄望于权力行使

---

① 参见郑大华:《中国文化保守主义研究的几个问题》,《天津社会科学》,2005 年第 2 期。

者的自觉。而儒家文化虽对现实政治保持着抗议精神和批判意识，但这种精神和意识始终停留在道德理想的层面，未能落实为客观制度的构想。儒家主要着眼于培养权力行使者的主观德性，以造就一个理想的人格主政，"由内在的德性对权力加以净化"①。从这种思想路径出发，中国传统文化与民主宪政有明显的悖逆之处，最简单化的表达就是民主宪政重法治轻人治，儒家传统重人治轻法治。这是中国传统文化与近代民主政治理念最难契合之处。文化保守主义者期望以传统文化开出科学、民主的外王事业，但是以儒家文化为主流的传统文化实难堪其任。再如，文化保守主义者对于中国从传统向近代的转型虽有清醒认识，但他们对西方工业文明弊端的先验体认使他们对现代化总有一种戒慎态度。美国学者艾恺将文化保守主义视为一种世界性的反现代化思潮，中国的文化保守主义也不例外。中国的文化保守主义者力图把"传统"与"现代"调和起来，以"现代化"为武器来维护传统儒家道统于不落，即以"西用"护卫"中体"。这一思维模式，一方面企图将经济基础与产生其上的思想文化等上层建筑割裂开来，另一方面又希望以传统思想文化为根基培育出现代化的经济基础。这即便不是缘木求鱼，也是舍近求远。

另外，中国近代的文化保守主义者还表现出强烈的文化优位意识。②所谓文化优位意识就是指那种将文化思想的改造看作比政治权力、社会条件或经济生产方式的改革更重要、更根本的观点，强调思想和文化的改革应优先于政治、社会和经济的改革，而且唯有前者才能巩固改革的成果。林毓生将这种"文化优位意识"称为"借思想文化以解决问题的途径"③。这种思想文

---

① ［美］张灏：《幽暗意识与民主传统》，新星出版社，2006年，第41~42页。

② 参见郑大华：《中国文化保守主义研究的几个问题》，《天津社会科学》，2005年第2期。

③ 这种文化优位意识不独表现在文化保守主义者身上，也表现在19世纪末20世纪初的西化派中，只不过在改造中国的问题上，后者选择了摒弃中国传统文化，实行全盘西化的改造途径。参见［美］林毓生：《中国意识的危机："五四"时期激烈的反传统主义》，穆善培译，贵州人民出版社，1988年，第45页。

化改造先行的理路并非不可取，但由此过分夸大文化的作用所导致的文化全能倾向则需警惕。毕竟文化思想的改造只是社会整体改革的一部分，而且在某些情况下，起而救世远胜于坐而论道。

第二节　当代中国文化保守主义的兴起与表现

当代中国文化保守主义思潮是近现代中国文化保守主义思潮的延续，但其已超出近现代文化保守主义学术哲学范畴，而涉及到政治、经济、文化各个领域，演变为一股重大社会思潮。其借助国人对传统文化的热爱，广泛散布其政治主张，对社会公众乃至对中国特色社会主义建设均产生了较大的消极影响。

一、当代中国文化保守主义的兴起

在当代中国，文化保守主义思潮一般是指20世纪90年代以来在中国大陆发生的以大陆新儒家为主要代表，以主张复兴儒学、回归传统，并以儒学作为中国未来文化发展方向乃至治国指导策略为特征的思想潮流。这种思潮的滋生和蔓延不是偶然的，而是有着深刻的社会背景和现实需要，它的一些主张和思想也需要我们认真研究和思考。

（一）当代中国文化保守主义兴起的背景

我们在研究一种社会思潮的时候，首要解决的问题就是要了解这种思潮形成与发展的多重背景，努力做到知其然、知其所以然。当代中国文化保守主义兴起的复杂背景主要体现在以下三点。

第一，文化保守主义的兴起源于对文化激进主义的反思。1978年12月，党的十一届三中全会召开，标志着我国进入了改革开放和社会主义现代化建设新的历史时期。这一时期的最大特点就是改革开放。刚刚经历过十年内乱的国人，在医治创伤的同时，痛定思痛，深刻反思极左错误思潮，反思的焦点则集中在文化领域。改革开放之初，为调动一切积极因素，党中央作了把工作重点转移到以经济建设为中心的战略决策，大力倡导解放思想、实事求是，为经济社会发展提供了宽松的政治环境。在这一特殊的历史背景下，各个不同的阶层和利益群体纷纷走上台前发表自己的意见，提出自己的主张，表达本群体的愿望。在文化领域的反映尤为突出，一时间各种思想纷呈，多种思潮涌动，出现了声势浩大的"文化热"。在这场"文化热"中形成了多种具有代表性的观点，如"全盘西化论""西体中用论""彻底重建论"等，"儒学复兴论"就是在这场"文化热"中提出来的。20世纪90年代对80年代的"文化热"进行总结和批判成为众多学者不约而同的要求。文化保守主义的出现就是这种反思的产物，其对立面正是文化激进主义。

第二，思想政治教育的失误，马克思主义意识形态的淡化为当代中国文化保守主义思潮的兴起提供了生存空间。改革开放之初，我们在重视经济工作的同时，却忽视了大学生的思想政治教育，给我国的社会主义建设事业造成了非常严重的负面影响。邓小平高度重视这一现实问题，在多种场合反复强调：一定要重视青少年思想政治教育，要教育好我们的青少年，教育好我们的学生。他说："由于对少数青少年的教育和管理不够，也出现了一些不健康的现象，一些青年男女盲目地羡慕资本主义国家，有些人在同外国人交往中甚至不顾自己的国格和人格，这种情况必须引起我们的认真注意。"邓小平认为，一部分青少年对社会上存在的某些现状产生不满情绪，这既不奇怪也不可怕，但一定要引起我们的高度重视，要加强对其教育和引导，不然就会害了他们。针对1989年严重政治风波，邓小平深刻地指出，如果说有错误,那就是我们坚持四项基本原则还不够一贯,没有把它作为基本的观念来教育我们的人民,教育我们的青少年,教育全体共产党员和干部。"十年最大的失误是教育,这里我主要是讲思想政治教育,不单纯是对学校、青年学生,是泛指对人民的教育。"邓小平说的资产阶级自由化思潮出现的原因,也是20世纪80年代中后期中国大陆文化保守主义思潮兴起的重要原因。新儒学代表人物蒋庆在《中国大陆复兴儒学的现实意义及其面临的问题》一文中提出:"中国大陆复兴儒学的可能性还在于中国大陆出现了'信仰危机'。所谓'信仰危机'是指中国大陆的人们普遍不再相信马克思主义……在现在的中国大陆,人们在精神上处于空白状态,这无疑为复兴儒学提供了一个最大的可能性。"这些不切实际的话从侧面反映了一个道理,马克思主义意识形态一旦淡化,非马克思主义和反马克思主义必然蜂拥而至。

第三,改革开放带来了海内外的文化大交流,激活了中国内地潜伏已久的文化保守主义情绪。新中国成立后,儒学复兴思潮在中国的港台、海外继续传承和发展,并积极向内地传播,进行儒学文化的"反哺",这也是当代中国文化保守主义思潮的思想理论来源、发展依据和现实的外部条件。改革开放以后,海外学者纷纷来华讲学,积极推动儒学文化在大陆的复兴。与此同时,大陆与海外之间的文化交流愈加活跃,各种形式的学术讨论、讲学活动纷至沓来,海外新儒学的著述也相继在大陆出版发行,文化保守主义思潮开始向大陆转移。海外新儒学对内地的"反哺"手段很多。例如:他们把儒学传播的重点放在内地的学术界,定期举办各种形式的学术会议,主动邀请内地认同复兴儒学的学者参会,为其提供活动经费,提供发表论著的机会和条件,帮助创办刊物和出版丛书,并且频繁出席内地各种学术研讨会,通过经常性的讲学、访问和接触,进行文化渗透,积极培养在内地传播新儒学和主张复兴儒学的代表人物等。20世纪70年代末到80年代初,中国大陆开始出现"重新评价孔子、重新评价儒学"等认同民族文化的思潮。一些人公开提出

"复兴儒学",恢复儒家文化的应有地位,以儒学为主导来实现和推进中国现代化,不过这一主张未能成为当时中国的主流。20世纪80年代中后期,内地"新儒学"渐成气候,一些人公开举起"新儒学"的旗帜,通过各种媒体,发表了多种多样的"复兴儒学"的观点。2004年文化保守主义"大陆新儒家学派"公开亮相,并且一出场就奋力争取话语主导权,通过著书立说、举办各种研讨会等形式积极推动"儒学复兴"。2005年,文化保守主义获得了进一步的发展。"大陆新儒家学派"代表人物蒋庆、陈明等先后提出"重建儒教为国教"和"以公民宗教重建儒教"的主张。蒋庆在《关于重建中国儒教的构想》一文中直言不讳地提出:"通过儒者的学术活动和政治实践,将'尧舜孔孟之道'作为国家的立国之本即国家的宪法原则写进宪法,上升为国家意识形态。也就是说,恢复儒教古代'王官学'的地位,把儒教的义理价值尊奉为中国占主导地位的统治思想",建立中国式的"儒教宪政制度"。陈明在《"鹊巢鸠占"说》一文中则指出:"最大的希望在政府,他们会迟早意识到自己的意识形态需要更换,到时候,将是最大也是最后的机会。因为那意味着常态的恢复。现在,鹊巢鸠占,实际什么也谈不上,顶多只是制造气氛修炼内功而已。"这就说明,文化保守主义已不仅是一种文化思潮,而且还是一种现实针对性很强的政治思潮。

(二)当代中国文化保守主义的基本主张

当代中国文化保守主义认为,在中国复兴儒学不能走"心性儒学"苦修"内圣"的路子,而是要走"政治儒学"的激进"外王"路线,公开提出了"重建儒教""王道政治""儒士共同体专政"等思想主张,声称要用儒学取代马克思主义的指导地位,表现出强烈的意识形态性。主要表现在以下三点。

第一,"崇儒反马"的基本立场。公开宣称要以儒学和儒教取代马克思主义的主导意识形态地位,是当代中国文化保守主义最核心的思想观念,也是其最重要、最基本的思想特征。蒋庆提出，"在当今的中国大陆，一种外来的异族文化——马列主义——在国家权力的保护下取得了"国教"的独尊地位，而这种异族文化既不能安立中华民族的民族生命，又不能表现中华民族的民族精神"，因此，"儒学理应取代马列主义，恢复其历史上固有的崇高地位，成为当今中国代表中华民族的民族生命与民族精神的正统思想"。康晓光认为，用马克思主义理论来为共产党执政提供合法性，"实际上是非常困难的"。他提出了"用孔孟之道来替代马列主义""儒化中国"的主张，并且提出"儒化的原则是'和平演变'。儒化的策略是'双管齐下'，在上层，儒化共产党；在基层，儒化社会"。"有一天，儒学取代了马列主义，共产党变成了儒士共同体，仁政也就实现了。"陈明提出"鹊巢鸠占"说，意指中国的主导意识形态这个位子本来应该是儒学的，现在却被马克思主义占去了，其不满情绪溢于言表。秋风认为，马克思主义意识形态在中国早已崩溃。一个世纪以来，中国人患上了严重的意识形态和后意识形态精神狂躁症，要治疗这种意识形态疾病，就必须根除马克思主义，回归儒家。以"铁杆反马列派"自称的余樟法态度更加激进，在他看来，"马克思主义从理论到实践都不对"，因此对"马家进入和影响中国一个多世纪，高居'宪位'大半纪"的现实强烈不满，要求恢复儒学的正统地位。他寄希望于中共"去马归儒""改邪归正"。从当代中国文化保守主义主要代表人物的上述言论可以看到，在"崇儒反马"这一点上，他们的立场高度一致。这种公开挑战主流意识形态的立场，虽然得到了一些人的"欣赏"，但其思想主张实在离现实太远，很难得到广泛认同。

为了实现"以儒学取代马克思主义"的目标，当代中国文化保守主义采取了"阵地战"策略，就是要占领网络、报刊、出版社、学校、社团、文艺舞台、新闻广播等文化阵地，把它们变成宣传大陆新儒学思想的工具。2010年，康晓光抛出了要打"持久"的"阵地战"的提法。他说："如果传统文化要复兴的话，就要和官方主导的官方文化、西方的主流文化争夺这些文化阵地。所以我把社会化的过程，传统文化重新回归社会化主体的过程理解为传统文化与其他的文化争夺文化阵地的过程。"十年来，当代中国文化保守主义在这方面取得了相当的进展，不仅创办了"儒学联合论坛""儒家中国"等网站，出版了《原道》《儒生》等辑刊和丛书，而且通过兴办书院、举办论坛等方式扩大自己的影响。这也反映出，我们的一些媒体和出版机构"守土有责"的意识比较薄弱。

第二，"复古更化"的政治诉求。当代中国文化保守主义思潮天然地带有一种强烈的意识形态色彩，除了"崇儒反马"外，还有一个特点，就是积极、明确地提出自己的政治主张和具体制度构想。这些政治主张和制度构想，是一种融文化主张、政治理念和宗教诉求为一体的，具有强烈的"复古更化"色彩和"儒化中国"性质的整体方案和行动纲领。"蒋庆的政治"，"不是由民作主，亦不是以民为本，而是为民众的利益而平治家国天下"。在制度架构上，他构想出了一种中国式三院制的"儒教宪政制度"，由"庶民院""通儒院"和"国体院"组成，分别代表民意、超越（天道）和历史文化三重合法性。蒋庆之所以提出上述中国式的"王道政治"主张和制度构想，主要目的是为了"复古更化"，即"在当今中国恢复古中国圣王之教"，"'儒化'当今中国的政治秩序"。康晓光把原始儒家的仁政学说改造成一种"现代仁政"理论。他说，在现实中，儒家认为人和人是不平等的，人和人之间有贤与不贤之分，只有贤人才配有统治权。因此他"反对'主权在民'原则"，"主张政治精英垄断政治权力"，人民大众只能接受儒家精英的统治。康晓光不讳言"现代仁政"就是一种"专政"，他称之为"儒士共同体专政"，由有贤德的仁者、"儒士"专"儒士共同体之外的人"的政。蒋庆、康晓光都主张"立儒教为国教"，建立"儒家（教）宪政制度"，最终建立一个政教合一的"儒教国家"。最喜欢讲"儒家宪政"的还有秋风，在他看来，儒家的政治义理从来都是宪政主义的。他特别推崇董仲舒"屈君而伸天"的"天道宪政主义"，强调儒家追求的政治理想是儒家士大夫与皇权共治天下，即所谓"虚君共和"。他认为，在过去两千年中，"中国正宗的政制理想就是儒家宪政"，它已"由儒家士大夫付诸实践"，形成了"中国的宪政主义政治传统"，近百年来，儒家宪政仍是"中国人构建现代国家之正道"，在今天，更应以儒家道统为"现代宪政的价值之源"，"以宪法延续、守护道统之理念"。

以上集中体现了当代中国文化保守主义的政治主张与制度构想。尽管他们之间在具体观点上存在某些差异，但根本政治立场是一致的，其政治意图和诉求非常明显，就是试图重新恢复儒教的"国教"地位，将儒家道统确立为宪法的根本原则，并据此来为当今中国创制立法。蒋庆明确地说，他设计的正道政治方案是一条"儒化"当代中国政治秩序的"复古更化"路线。大陆新儒家所谓的"政治国学""王道政治""现代仁政""儒家宪政"，说到底，就是要改变我国现行的中国特色社会主义政治制度和政治路线，改旗易帜，"复古更化"使中国走上"儒教中国""儒士共同体专政"的回家路。

第三，"重建儒教"的文化主张。当代中国文化保守主义有着鲜明的政治保守主义、复古主义特征，他们的政治理念与文化主张、宗教诉求是融为一体的，是一个"复古更化"的整体方案和行动纲领。当代中国文化保守主义的文化主张，突出表现在重建儒教和儒化中国两个方面。

其一，重建儒教。当代中国文化保守主义认为，近代以来，中国一直在走一条西化的路，"文化歧出"的路，"以夷变夏"的路。一百多年过去了，中国"国"保了，"种"保了，但"教"亡了，文化亡了。蒋庆认为，"礼崩乐坏、绝道丧"，就是"亡文化"的中国今天教育和文化的现状。当今中国克服这种"亡教""亡文化"的危机，出路就在儒教复兴。康晓光指出："要复兴中国就要复兴中华文化，复兴中华文化的核心是复兴儒家文化，复兴儒家文化的捷径莫过于把儒教确立为国教。在这个全球化时代，复兴儒教不仅能够为中国政治建立神圣合法性和文化合法性基础，还能够为建立一个超越民族国家的'文化中国'奠定基础,甚至能够为人类世界提供启示。"为此,蒋庆还专门提出了复兴儒教的两条路线:一是"上行路线",走儒教与政治权力结合的道路,争取"立儒教为国教";二是"下行路线",通过民间社会来重建儒教的道路,即"在民间社会中建立儒教社团法人,成立类似于中国佛教协会的'中国儒教协会',以儒教协会的组织形式来从事儒教复兴的事业"。

其二,儒化中国。儒教复兴不是当代中国文化保守主义的终极目标,建成"儒教国"才是他们现实的政治目标。康晓光提出:"把儒学重塑为与现代社会生活相适应的、遍及全球的现代宗教"。蒋庆则更加明确提出:"把儒教重新定为国教建立一个儒教社会",使儒教成为中国的"文化权利中心","成为指导国家政治生活的主导力量",把整个中国变成"儒教国"。当代中国文化保守主义认为,要把中国变成"儒教国",必须坚持"上行路线"即"儒化共产党"和"下行路线"即"儒化社会"的"双管齐下"、同时推进,但"上行路线"是实行"和平演变"的主要路线,在实现"上行路线"之前,则要以"下行路线"作为"变通路线"。康晓光认为,"儒化共产党"的办法就是中国共产党各级"党校还要保留,但教学内容要改变,把四书五经列为必修课,每升一次官就要考一次,合格的才能上任。公务员考试要加试儒学。要有意识地在儒家学说与政统之间建立制度化的联系,而且是垄断性的联系"。这里的关键是"用孔孟之道来替代马克思主义",只要"有一天,儒学取代了马克思主义,共产党变成了儒士共同体,仁政也就实现了"。"在这方面,国民党比共产党做得好"。蒋庆也提出,"儒化共产党"就是要"恢复儒教古代'王官学'的地位,重建新的科举制度与经典选官制度等。"

当代中国文化保守主义以反对西方文化、复兴民族文化的代表姿态出现,既反对全盘西化,也反对马克思主义,宣称要以儒学挽救世道人心,"为万世开太平"。这对普通民众具有很大的迷惑性,好像马克思主义不灵了,只能从儒学、儒教中去找"立国之本"和重建民族精神的支柱。这与我们坚持走中国特色社会主义文化发展道路,在马克思主义指导下激活、萃取中国传统文化精华,让它在建设当代中华民族共有精神家园中发挥积极作用,完全是南辕北辙。

二、当代中国文化保守主义的表现

20世纪80年代,在医治十年内乱创伤,深刻反思极左政治思潮和改革开放新时期的到来的大历史背景下,形成了一场声势浩大的"文化热"。20世纪90年代,传统文化的回归代替了80年代西化浪潮的高涨。进入21世纪,文化保守主义思潮继续保持高涨势头。尤其是在2004年,文化保守主义在中国高调抬头,且在学界、民间以及官方均有所显现和表达,其主要表现为以下三点。

(一)轰轰烈烈的国学热潮

20世纪90年代初北京高校中的一些著名教授发起的"国学热"是当代文化保守主义泛起的一个信号。此后,"国学热"由高校延展到社会,"国学"与"西学"形成鼎立之势,并日益受到国人的关注。

第一,国学研究与出版热。近代以来,译介西方人文社会科学蔚然成风,"西学东渐"一百多年对中国传统学术文化的冲击是巨大的。而进入20世纪90年代,学术界的关注点逐渐转向浩如烟海的中国古籍与国学研究。他们尝试以现代学理清点梳理、阐释古代典籍,或着力于古籍的整理出版。比如,1993年北京大学出版社出版《国学研究》(袁行霈主编)与《国故新知》(汤一介编)。还有,《传世藏书》《续修四库全书》等大型图书相继编纂出版,对一些古籍经典文献的翻译、解读则促进了传统文化的普及。1995年,河南大学出版社出版《元典文化丛书》(第一辑10种,李振宏主编),以现代视角解读中华文明元典时期形成的《论语》《孟子》《周易》《周礼》《尚书》等①,引起反响,《光明日报》等多家主流媒体辟专栏连篇报道。与此同时,近现代的一批国学大师如梁启超、王国维等以及新儒家的代表人物及其著作也受到学界和社会的广泛关注,相关研究成果纷纷出版。学术界一扫80年代空谈思想的风气,一改而为崇实的学术研究。90年代出现了所谓"学问家凸显,思想家淡出"的现象。一些学者对"国学"向社会的普及给予了高度评价,认为"国学热对年轻一代学人具有'补课'和'接气'之效","必能对21世纪中国文化的创新做出贡献"②。进入21世纪,国学热潮不减反增。这一时期,各类国学研究机构的成立引人瞩目。中国人民大学(2005年)、复旦大学(2006年)、厦门大学(2006年)、清华大学(2009年)等一批知名高校纷纷成立国学院或国学研究机构。一些地方高校也纷纷成立了各自的国学研究机构,如河南大学于2007年成立国学研究会;郑州大学于2009年成立嵩阳书院;上海财经大学于2009年成立国学研究院等,还有一些高校开办了国学班。这些国学研究机构以弘扬中华民族传统文化,推动儒学研究为宗旨,宣扬将为大学生精神成才、成年人精神"补钙"提供有益思想资源。

第二,读经热潮。2003年5月,高等教育出版社出版了由中华孔子学会组编、蒋庆选编的《中华文化经典基础教育诵本》丛书十二册。这是一套专供儿童学习中国古典文化的书。同年夏天,蒋庆在湖南长沙举办了"全国儿童经典诵读经验交流会"。至年底,中国60多个城市、500万个家庭的少年儿童加入读经行列。"据统计,北京、上海、天津、南京、武汉、深圳等地至少有120多万儿童先后投身其中,受其影响的成年人超过600万人,武汉、南京等地

---

① 参见《元典文化丛书》共计三辑30种,1995年出版第一辑,2009年《元典文化丛书》第三辑10种出版。

② 王岳川:《当代保守主义的文化心态》,载王岳川:《中国镜像:90年代文化研究》,中央编译出版社,2001年,第135页。

甚至一度出现青少年读经热。"①读经热潮,既有学界的倡导引领,也有民间的自发组织。"众多专家学者走到传经、送经的前台,担当了经学的启蒙教师。"与此同时,传授儒家经典、普及儒家文化为主的书院、私塾和读经班如雨后春笋般纷纷涌现,如苏州的菊斋私塾、宜宾的中华经典读书班、珠海的平和书院、吉林的长白山书院、河北行唐的明德学堂,以及重庆、深圳、徐州等城市和江西、湖南一些民办教学机构。海口甚至开办了"中华少儿读经网"。这些书院、私塾、读经班以及网站的出现及其教学的形式和内容,在社会上产生很大反响。②为推动读经热潮,蒋庆甚至宣扬"教育部决定 2004 年在高中开《中国文化经典课》课程,本人已应约编定教材交教育部"。在社会上造成了教育部也认同"读经"的假象,误导了社会舆论。为此教育部基础教育司课程发展处还专门发布了《关于"中小学设置儒学基础课程"流言的声明》,对蒋庆等人的谎言进行辟谣。这一声明以及教育部的其他规定与宣传有力地纠正了儿童读经中的盲目错误倾向。

第三,"传统文化复兴"论。20 世纪 80 年代以《河殇》为代表的"黄色文明衰落"论曾盛极一时。90 年代以后,探讨现代化与中国传统文化的关系仍然为学界所关注,但对传统文化的看法与 80 年代相比已有根本性的改变。1997 年以来,围绕香港经济学社及中国文化研究基金会主席胡国亨先生提出的"大孔子学说"曾展开讨论。争论的主要阵地是《科学·经济·社会》杂志。香港中国文化研究基金会先后与中国社科院、北京大学、兰州大学、武汉大学、复旦大学、四川大学、浙江大学合作,召开 6 次"中国传统文化与现代化——兼评胡国亨先生'大孔子学说'学术研讨会"。在研讨会上,学者们就传统文化与现代化、"大孔子学说"、文化研究和比较的方法、文化保守主义与新批判主义,以及中国传统文化在 21 世纪的命运和前途等问题展开了热

---

① 《读经运动:重寻古典智慧——王财贵博士访谈录》,《深圳特区报》,2004 年 7 月 14 日。

② 参见刘付春:《二十一世纪文化保守主义思潮述评》,《当代社科视野》,2008 年第 12 期。

烈的探讨，产生了较大的影响。在此前后，"传统文化复兴"论已在学术界和社会中产生了不小的影响。所谓"传统文化复兴"论，指那种认为中国文化与西方文化不仅各有优劣，可以互补，而且中国文化优于西方文化，是当今世界的救世主理论。他们认为，中国传统文化崇尚"天人合一"，追求"人与自然和谐相处"，而西方文化则崇尚"征服自然"。当今西方国家与国际社会出现的各种危机与弊端，暴露了西方文化的局限性。这实际上呼唤着中国文化走向世界，补救西方文化的偏颇，也为中国文化引导世界文化潮流提供了机遇。持这种观点的代表人物是季羡林先生，他在 20 世纪 80 年代开始主编《东方文化集成》，积极推动《四库全书存目丛书》和《传世藏书》编纂与出版。季羡林先生对传统文化的复兴有坚定的信仰。他认为，"21 世纪是东方文化的时代"，"到了 21 世纪，三十年河西的西方文化就将逐步让位于三十年河东的东方文化，人类文化的发展将进入一个新时期"。[①]他反复强调中国文化在当今世界的价值与优越性，并且坚信中国文化将在 21 世纪复兴，取代西方文化而引导世界。

综上，国学研究与出版热、读经热以及传统文化复兴论的背后，显示国人在新的历史条件下对传统文化的认同与眷恋。"国学热"的持续升温与文化保守主义的泛起具有密切的关系。正如有的学者所说，"国学热"的升温提示我们，"现在是到了重新审视传统文化和文化传统的时候了"[②]，可以说国学热的升温与文化保守主义的泛起是互为表里、一脉相承的。

(二)不可小觑的大陆新儒学

"大陆新儒家"是指在中国大陆居住的一批以儒家情怀、儒家理念、儒家立场登台亮相的文化保守主义者。大陆新儒家的崛起是文化保守主义已逐

---

① 季羡林：《21 世纪：东方文化的时代》，《中国体育报》，2001 年 10 月 19 日。
② 彭秀良、高博艺：《追寻新文化保守主义》，《中国社会导刊》，2007 年第 7 期。

渐形成气候的一个重要标志,并成为其中旗帜最为鲜明、最具代表性的一派。

早在 1992 年 6 月,兰州大学哲学系副教授杨子彬先生在四川德阳召开的"儒学及其现代意义国际学术研讨会"上提交论文《我的现代新儒学观》,成为"大陆新儒学"的标志。1994 年,《原道》杂志创刊。该刊以民族文化为本位,毫不讳言自己的文化保守主义立场,"以儒者的姿态和身份坚持和弘扬儒学,不懈努力于中国文化的伟大复兴"①。2004 年被称为"文化保守主义年",在这一年中发生的文化事件有:4 月,陈明挑战南开大学刘泽华学派,引发刘门弟子与"原道"派的一场争论;5 月,高等教育出版社出版中华孔子学会组编、蒋庆选编的《中华文化经典基础教育诵本》一套 12 册,由此引发了持续数月的读经之争;7 月,蒋庆邀请陈明、盛洪、康晓光等大陆新儒家代表人物,以"儒学的当代命运"为题掀起讨论,又称"中国文化保守主义峰会";9 月,许嘉璐、季羡林、杨振宁、任继愈、王蒙等七十余位文化名人签署并发表《甲申文化宣言》,引发了一场如何看待全球化时代的民族文化的思想论争;11 月 24 日,康晓光在中国社会科学院研究生院作题为"我为什么主张'儒化'——关于中国未来政治的保守主义思考"演讲,除继续宣传"立儒教为国教"观点外,还明确提出"用儒学取代马列主义""儒化共产党"的主张;12 月,号称"中国文化保守主义旗舰"的《原道》辑刊,以"共同的传统——'新左派'、'自由派'和'保守派'视域中的儒学"为题举办创刊十周年纪念座谈会,并将其舆论阵地扩展到"原道"文丛、"原道"译丛和"儒学联合论坛"网站。有人还把 2004 年 9 月 28 日曲阜首次官方祭孔和对外汉办计划在海外办 100 所孔子学院(对外汉语教学基地)也说成是"文化保守主义抬头"的表现。这一年"文化保守主义"抬头的最典型事件是大陆新儒家组成团队集体亮相的贵阳"峰

---

① 在《原道》第一辑的首篇《李泽厚答问》中,李泽厚表示愿意被称为新儒家,而且该专辑的许多主干文章都有相同的思想文化倾向——文化保守主义,这揭示了《原道》杂志创刊与文化保守主义以及新儒家的密切关系。参见《原道》编委会编:《原道》(第 1 辑),中国社会科学出版社,1994 年。

会"。2005 年 9 月,中国哲学史学会会长方克立先生在致第七届当代新儒学国际学术会议的信中指出,以甲申(2004)年 7 月贵阳阳明精舍儒学会讲为标志,中国的现代新儒学运动"已进入了以蒋庆、康晓光、盛洪、陈明等人为代表的大陆新生代新儒家唱主角的阶段, 或者说进入了整个现代新儒学运动的第四个阶段"①,这些代表人物也被称为第四代新儒家。

蒋庆是儿童读经运动的倡导者,在学界有"儒家原教旨主义者"之称。近年来,蒋庆连续撰文对"公羊儒学""政治儒学""王道政治"三个问题进行阐释;陈明倡导"文化儒学""儒教新说"等;康晓光倡导"儒教国教化""文化民族主义"等。他们都积极倡导在中国大陆"复兴儒学",用儒学取代马列主义作为中国现代化的指导思想,恢复儒学的"独尊地位",使之成为当今中国的"正统思想"。三人同声相应,同气相求,产生了较大的社会影响。除此之外,还有一些新儒家学者,则是在认同马克思主义主流价值体系的基础上,向传统文化寻求中国精神文化重建的资源与动力。他们"出于对当前价值认同失落、人文精神失落和道德失范的焦虑,提议人们回到中国历史中寻找一以贯之的基本精神和价值观、道德观,作为补救信仰危机的一条路径,为跨世纪的中国寻找精神价值重建的根基, 也主张将以儒家文化为基础的民族主义作为转型时期的新型思想资源"②。

(三)风起云涌的文化新形式

早在 1996 年,方克立在《要注意研究九十年代出现的文化保守主义思潮》一文中指出,当代文化保守主义思潮所关心的"主要不是中国传统文化,而是要反思整个中国近代史"③。这种概括在一定程度上仍然适用于文化保

---

① 方克立:《关于当前大陆新儒学问题的三封信》,《学术探索》,2006 年第 2 期。
② 谢武军:《评中国当代的保守主义思潮》,《当代思潮》,2001 年第 4 期。
③ 方克立:《要注意研究九十年代出现的文化保守主义思潮》,《高校理论战线》,1996 年第 2 期。

守主义思潮在 90 年代中期以后的表现。在中国近代史研究领域一股一以贯
之的反激进倾向和层出不穷的翻案风正是文化保守主义思潮涌动和影响的
结果。反思和批判激进主义是文化保守主义思潮的主要特征。

在文学创作领域，文化保守主义的基本表现就是以文学的言说表达对
传统文化、农业文明的深情眷恋和缅怀，在乡村、自然中寻找精神上的寄托
与心灵的慰藉，同时对科技、城市、工业化等现代理念和生活方式则抱有一
种抵制和批判的态度。这种文化保守主义的思想倾向明显地表现在张承志、
张炜等人的创作实践中。他们都从传统文化资源中寻求中华民族文化的改
造和重建的动力与源泉，在东西方文化的冲突中体现出了对民族文化的护
卫和坚守。同时，又有鲜明的反西方意识和民族色彩。①

第三节　当代中国文化保守主义的影响与应对

文化保守主义思潮对人民大众的影响是客观存在的，当代中国文化保
守主义思潮对国人具有一定的积极影响，比如对传统文化知识的补充，对文
化自信和文化认同等都具有一定的积极作用，但其消极影响则是主要的。因
此，应针对文化保守主义思想影响的特点，进行有针对性的引领和教育。

一、当代中国文化保守主义的影响

文化保守主义是一种具有巨大影响力的社会思潮，其影响不可忽视。从
实际来看，文化保守主义在我国当前的社会主义文化建设中既发挥了积极
作用，也有消极的不利影响。如何科学对待文化保守主义对于我们的影响，

① 参见杜华：《例谈新保守主义与九十年代的中国小说》，《文学教育》（上），2007 年第 2 期。

不仅仅是一个学术问题，更是一个现实问题，值得我们认真思考和研究。唯有如此，才能够发挥其积极影响，消除其不利因素，使其成为我国社会主义文化建设中的一股有益力量。

（一）积极影响：守住优秀传统文化的根基

文化保守主义思潮作为一种世界性的文化现象，是对现代化过程中所出现的人性异化、传统文化衰落等做出的历史性反应。在西方，它并不被视为一种守旧反动的思潮，而是一种富有建设性和积极意义的文化建设纲领。文化保守主义者既看到了传统文化的优长，也认识到它的流弊，既熟知世界文化的发展趋向，也对中国的文化建设有其设想。因此，他们主张对传统文化进行时代性的改造转换，以作为建设中国新文化的根基。这一基本的文化趋向决定了文化保守主义思潮在我国的社会主义建设中将会发挥积极的影响。

第一，当代文化保守主义思潮承继近代文化保守主义，在文化建设上秉持民族立场和中国文化本位。他们对于潜在的文化存续危机具有深沉的忧患意识，高度重视传统文化的保护、开发和利用转换。这对凝练以爱国主义为核心的民族精神、发展中国文化软实力①意义重大。

文化对于一个国家和民族来说极为重要，它是一个国家软实力的重要体现。不论是在古代还是当今世界，文化都是一个民族或种族的显要标识。对于人类和民族来说，文化的差异是最本质的差异。政治、经济回答的是"你是怎样的人"，而文化回答的是"你是谁"。因此，一个抛却自身传统文化的民族就像一个迷失自我的人，不知来自何处，去向何方。在现代化进程中，一个迷失自我的民族不仅在理论上可能，而且正面临着现实的威胁。随着全球化

---

① "软实力"或"软力量"，是美国学者约瑟夫·奈提出的"soft power"的中文译名，指一个国家以其思想和价值观的吸引力影响别国的能力。

进程的加快,西方文化在全球的扩张也日益强势。西方文化软实力销蚀非西方文化的现象正日益彰显。在我国,历史虚无主义的一度泛起就是一个征兆。近年来,圣诞节、情人节等洋节日日趋火爆,而清明、端午、七夕、中秋甚至春节等传统节日则日渐冷落,成为屡见不鲜的现象;夸夸其谈西方音乐影视文艺,而对中国传统文化则一问三不知的人也不少见。这说明在全球化的今天,我们亟待努力弘扬和振兴传统文化,增强国人的民族身份认同。

当代文化保守主义者对民族传统文化的流逝具有高度敏感性。文化保守主义思潮对文化虚无主义和全盘西化是一种警惕和纠正,同时对西方的文化霸权主义也是一种有力的消解。文化保守主义者倡导向全社会弘扬和宣传普及传统文化,强调发掘传统文化的现代价值。这有利于强化中国人的爱国心和民族身份认同,鼓舞中国人的民族自信心和自豪感,有助于以传统文化为纽带凝聚华夏子孙为中国的崛起作出贡献。传统文化是构建民族历史记忆的主体,而民族历史记忆则是民族凝聚和生存的重要精神支柱,是中华民族历经王朝更替、国家兴衰和内忧外患仍然团结一体和绵延不绝的重要原因。因此,珍视并注意保护我国的传统文化遗产,对于传承弘扬以爱国主义为核心的民族精神,践行社会主义核心价值观具有重要价值。

第二,文化保守主义所带动的国学研究与传播热潮,对于社会主义现代化建设有推动作用,有助于形成良好的社会风尚。随着我国社会主义市场经济的发展,市场经济的趋利性使人们往往以个人利益为准绳衡量一切现实问题,较多地关注个人,忽视集体和社会;此外,大众文化的流行和社会利益的多元化挤占了主流意识形态的宣传阵地,削弱了主流价值体系的影响力。一部分民众生活目标物欲化,道德理想空虚,社会上享乐主义、唯利是图、重利轻义等倾向滋长。这是社会转型和文化转型过程中,道德信仰迷失的表现。文化保守主义对传统文化道德的批判继承和提倡有助于以传统文化和道德修养为根基,重塑社会主义的道德价值体系和文化价值理念。因为从本质上讲,中国传统文化是一种道德文化、人伦文化。它高度重视个人素质和道德修养。在国学热潮中,传统文化典籍成为人们研读的热点,广播电视以及网络论坛中也多有相似的节目播出。传统文化所崇尚的"尚和""慎独""知耻""孝亲""宽厚仁爱""重义轻利"等传统文化价值观和个人修养命题重新引起人们的重视。不可否认,这对救治前述社会问题有一定的积极作用。正如有学者指出,文化保守主义"体现着人们在一定历史进步观念基础上的一种成熟欲望和守衡要求;它是应对社会转型时期现代人人文危机的一种必要方式;也为人们正确地认识传统文化、在现实条件下重新建构新的民族文化提供了契机,同时也可以弥补现代化进程所带来的缺失"①。

此外,文化保守主义思潮引起广大民众对传统文化的重新关注,有助于提高整个社会的文化素质,引导我们更加全面地认识现代化的诸问题,警惕在这一过程中出现的负面影响。文化保守主义思潮秉持稳进的改革策略,对社会政治生活中的急躁冒进、不注意变革有序性的观点也是一种批判。文化保守主义思潮反思和批判激进主义,对于我们清理"左"的思想根源、克服急性病和思想方法的片面性也有积极价值。

(二)消极影响:威胁主流意识形态的地位

在肯定当代文化保守主义积极影响的同时,我们也不能否认这种思潮中出现的一些负面东西和需要警惕的方面。

第一,在"国学热"中,传统文化中的优秀成分和精华固然得到了弘扬,但是其中的糟粕也沉渣泛起。如一些人利用《易经》、"气功"等宣扬封建迷信和神秘主义;一批冠以传统文化之名,实为封建糟粕的宣扬封建迷信、厚黑之学、风水算命之类的书籍也纷纷出版流传,贻害社会。在读经活动中,一些

---

① 杜华:《例谈新保守主义与九十年代的中国小说》,《文学教育》(上),2007年第2期。

倡导读经的学者将儒家经典的价值绝对化，误导人们以迷信的态度来对待传统文化典籍。如蒋庆除倡导从小读经、全民读经外，还要求人们"无条件"接受经典的教化。"圣人有天然教化凡人的权利，曰'天赋圣权'，而凡人只有生来接受圣人教化的义务。所以，圣人讲的话、编的书——经典——就具有先在的权威性，凡人必须无条件接受，不存在凡人用理性审查同意不同意的问题，因为凡人的理性没有资格审查圣人的理性，相反只能用圣人的理性来审查凡人的理性，来要求凡人接受。"这就要求人们在阅读经典时，要毫无保留、不加批判地接受其中的教化；在理解经典时，要完全排斥理性判断，不是批判吸收而且全盘接受。蒋庆先验地认为，所谓"经典"具有普适性价值，它的教化不仅在当时、过往，而且在当代，都具有指导人生和社会建设的价值。这实际上是在鼓吹文化蒙昧主义和种族传统愚忠主义。此外，这一先验结论的背后还隐含着两个值得我们思索和质疑的基本前提：第一，人有圣人与凡人之分，那么谁者为圣，谁来判定，标准为何？第二，何为经典，圣人讲的都是经典吗？圣人之外的凡人就没有发现真理、阐释真理的可能吗？我们知道，中国传统文化博大精深，几乎无所不包。正因其无所不包，其中良莠不齐，鱼龙混杂，精糟并存。就其中的主流儒学而言，在两千多年的发展中，很大程度上是为专制皇权服务的。它所倡导的某些伦理道德和尊卑等级观念严重压制了人的个性发展和理性判断。"无条件"接受它，只能使人思想僵化麻木。正如有学者所说："复兴国学不是热炒国学，更不是盲目地拜在古人脚下，吸取陈死人的血。如果我们要复兴国学，那就应该理清中国传统文化的精华和糟粕，从传统文化继承和发展角度出发，切切实实地整理传统文化，恢复国学地位，将国学作为一门文化学科进行发展。"①这才是复兴国学的正确态度。

　　第二，文化保守主义派别中的大陆新儒家学派及其代表人物的一些言

---

① 何贤桂：《我们需要怎样的国学热》，《中国教育报》，2008 年 5 月 22 日。

论具有鲜明的意识形态特征和现实针对性,甚至公开提出以"儒学""儒教"取代马克思主义的主流意识形态地位。这是当代文化保守主义思潮中最需要警惕的现象。20世纪80年代末以及90年代以来,一些大陆新儒家提出了一整套"儒化"中国的理论观点、路线方针和政策策略。所谓"儒化"中国,就是把当代中国变成"儒教国"的儒化过程。①如蒋庆鼓吹"公羊儒学""政治儒学""王道政治"。他认为,中国近一百多年来,一直走着一条"文化歧路""以夷变夏"的路。因此,一部中国近现代史就是一部亡文化史。他指责三民主义、新民主主义理论都是在用西方文化的"体"和"用"来代替中国文化的"体""用",以至1978年以来中国的改革开放也仍然是在"以夷变夏",导致今天的中国教育和文化"礼崩乐坏、学绝道丧"。要克服当今中国"亡教""亡文化"的危机,就必须复兴儒学,"把儒教重新定为国教,建立一个儒教社会",使儒教成为中国的"文化权利中心"②,"成为指导国家政治生活的主导力量",把整个中国变成"儒教国"③。康晓光在《文化民族主义论纲》中提出"国家要支持儒教,将儒教定为国教",在中国建立一种新型的"政教合一"体制。④提倡"将儒教定为国教"的出发点是为"中国的权威主义政府"奠定合法性基础。他预言:"在这个全球化时代,复兴儒教不仅能够为中国政治建立神圣合法性和文化合法性基础,还能够为建立一个超越民族国家的'文化中国'奠定基础,甚至能够为人类世界提供启示。这是全球化时代中华民族的历史使命。"⑤他还主张"用孔孟之道来替代马列主义""儒化共产党","儒教国"这一"新蓝图的灵魂还是我们中国的儒家思想,而不是西方的马克思主义或自

---

① 梅荣政:《用马克思主义引领社会思潮》,武汉大学出版社,2008年,第257页。

② 《蒋庆:当代大儒的乌托邦实践》,《南方人物周刊》,2005年7月21日。

③ 蒋庆:《政治儒学:当代儒学的转向、特质与发展》,生活·读书·新知三联书店,2003年,第337页。

④ 参见康晓光:《文化民族主义论纲》,《战略与管理》,2003年第2期。

⑤ 参见康晓光:《仁政:权威主义国家的合法性理论》,《战略与管理》,2004年第2期。

由民主主义"。蒋庆还提出,实现这一"蓝图"的具体策略和步骤,即立足于儒家的"仁政"学说,用"和平演变"的办法把中国演变成为一个"儒士共同体专政"的国家。陈明认为,应该发挥儒家思想在社会与国家相互制衡方面的优势,使儒家思想成为一种"公民宗教",以解决政治重建及身心安顿方面的问题。

大陆新儒家在倡导以儒教立国的同时,对中国共产党坚持的"四项基本原则"和马克思主义展开了猛烈抨击,对中国的社会主义制度进行了全面的批判和否定。这种脱离文化向政治意识形态领域的挑战倾向需要我们认真对待。显而易见,"儒化中国"言论公开攻击主流意识形态,并企图取而代之,这严重威胁了马克思主义的主流意识形态地位。此外,当代中国的文化保守主义者作为价值主体在对"传统""现代化""革命"这三个价值"客体"进行评价时,明显表现出"回归传统""反现代化"和"否定革命"的特征。[1]也就是说,文化保守主义者对"传统"给予正价值的评价,而对"现代化"和"革命"则总体上给予了负价值的评价。这与马克思主义有着根本的区别。在文化保守主义思潮中一些论者一味反对激进、否定革命、摒弃现代化、迷恋传统,也对我国的社会主义建设产生了负面的影响,在社会中造成一定的思想混乱。其中,一些极端的文化保守主义者从批判文化激进主义走向声讨政治激进主义,锋芒直指五四运动以来的新文化和社会主义思潮。在文化传承方面,文化保守主义在强调文化转型的连续性时,却把现代化的基点全盘移到传统文化中,在看待文化的世界性和现代性方面失之片面,最终可能导致对现代化精神的一种反动。这些都是文化保守主义思潮中值得注意和批判的现象。

---

[1]　参见蒋旭东:《论当代中国文化保守主义的价值特征》,中国人民大学博士学位论文,2003年。

二、积极引领当代中国文化主义思潮

毋庸置疑，文化保守主义是当前中国文化建设和社会发展中一支不容忽视的力量。文化保守主义思潮表现出来的诸多负面影响也应引起我们的重视和警惕。要使文化保守主义思潮在我国的现代化建设和文化发展中发挥积极作用，必须要加强引领。

(一)坚持马克思主义指导地位

马克思主义是科学的理论。是否坚持马克思主义的指导地位，决定着社会主义事业的成败。马克思主义自从诞生之日起就是与复杂的其他思潮相比较而存在、相斗争而发展的。在各种现实思潮中，"多元化"的思潮构成了对马克思主义最突出的挑战。任何社会的统治思想都是占统治地位阶级的思想。资本主义社会中虽然标榜思潮"多元化"，实际上也是严格坚持维护资产阶级利益的底线，决不允许其他思想对它搞"多元化"。西方发达国家常常打着"多元化"思潮的幌子，欺骗发展中国家的民众，借此取消马克思主义和无产阶级意识形态主导地位，为发动"颜色革命"制造舆论。在当今世界多种思想、多元文化倾向互相激荡交融的新形势下，更应旗帜鲜明地坚持马克思主义的指导地位，摒弃指导思想的"多元化"，确保意识形态发展的正确方向。

一方面要学习马克思主义基本原理。改革开放时期社会思潮纷纭激荡，要在本质上识别和分析这些社会思潮，就需要运用当代最先进的思想武器——马克思列宁主义、毛泽东思想、邓小平理论、"三个代表"重要思想、科学发展观、习近平新时代中国特色社会主义思想作为思想武器。这就要求我们首先学习和研究马克思主义基本理论，学习马克思主义中国化时代化的新成果。一些党的干部只顾抓国内生产总值指标，抓经济事务工作，忽视了马克思列宁主义基本理论的学习，这是很危险的。毛泽东曾提出："一般地说，一切有相当研究能力的共产党员，都要研究马克思、恩格斯、列宁、斯大林的理论，都要研究我们民族的历史，都要研究当前运动的情况和趋势；并经过他们去教育那些文化水准较低的党员。"①我们研究马克思主义基本原理，必须认真学习马克思主义经典著作，把基本原理放到当时历史环境来认识，并紧密结合今天的实践来领会，防止生搬硬套，防止断章取义，防止片面理解。要认识到缺失马克思主义基本原理的武装，就容易迷失方向，在方向、道路问题上发生摇摆。只有扎扎实实地学习马克思主义基本理论，才能不断加深对马克思主义的立场、观点、方法的理解和掌握，坚定共产主义理想和中国特色社会主义信念；才能在风云变幻的形势面前，不断增强抵御各种风险和正确识别与分析各种社会思潮本质的能力。

另一方面要促进中国特色社会主义理论的时代化和大众化。习近平总书记在庆祝中国共产党成立 100 周年大会上强调："马克思主义是我们立党立国的根本指导思想，是我们党的灵魂和旗帜。中国共产党坚持马克思主义基本原理，坚持实事求是，从中国实际出发，洞察时代大势，把握历史主动，进行艰辛探索，不断推进马克思主义中国化时代化，指导中国人民不断推进伟大社会革命。"②中国特色社会主义理论时代化、大众化的实质是全民树立共同理想的实践活动。树立建设中国特色社会主义的共同理想，是涉及培养社会主义事业的接班人，保住我们的社会主义事业千秋万代永不变质的大事。社会主义祖国的命运，要着眼于广大人民群众社会主义觉悟的培养。只有在一个广大民众普遍树立中国特色社会主义共同理想的社会环境中，才能保证选拔出来的接班人，特别是掌握党和国家最高权力的领导人，确实是

---

① 《毛泽东选集》(第二卷)，人民出版社，1991 年，第 532~533 页。

② 习近平：《在庆祝中国共产党成立 100 周年大会上的讲话》，《人民日报》，2021 年 7 月 2 日。

马克思主义者。在一个信仰危机、科学社会主义理想缺失的社会环境里，很难保证党和国家的最高权力掌握在马克思主义者手里。只有在坚定的马克思主义者占据了党和国家最高权力的情况下，才能对群众进行普遍、深入的马列主义、毛泽东思想、中国特色社会主义理论的教育，树立中国特色社会主义共同理想。邓小平指出："光靠物质条件，我们的革命和建设都不可能胜利。过去我们党无论怎样弱小，无论遇到什么困难，一直有强大的战斗力，因为我们有马克思主义和共产主义信念。有了共同的理想也就有铁的纪律。无论过去、现在和将来，这都是我们的真正的优势。"[1]

（二）坚定中国特色社会主义共同理想

中国特色社会主义体现着当代中国发展进步的根本方向，集中体现着中国人民群众的根本利益和愿望。要实现长治久安，必须进行中国特色社会主义共同理想教育，确保党和国家永不变质，不走斜路。在改革开放的伟大实践中，我们回答了党和国家举什么旗、走什么路、坚持发展什么制度的问题。道路、理论、制度、文化四者有机地统一于中国特色社会主义伟大实践中，推动社会主义中国不断前行。与此相反，苏联、东欧国家的执政党之所以垮台，就是因为那里的执政党在举什么旗、走什么路、坚持发展什么制度问题上犯了方向错误。所以，树立中国特色社会主义共同理想，必须与各种错误思潮划清界限。

中国特色社会主义道路的核心是"一个中心，两个基本点"。"一个中心"就是以经济建设为中心，这是由我国社会主义初级阶段的基本国情决定的。"两个基本点"，即坚持四项基本原则，坚持改革开放，确立了改革开放的正确方向。改革开放四十多年的历史证明中国特色社会主义道路是在不断排

---

① 《邓小平文选》(第三卷)，人民出版社，1993年，第144页。

除各种"左"和右的思潮中向前推进的。中国特色社会主义理论体系包括邓小平理论、"三个代表"重要思想、科学发展观、习近平新时代中国特色社会主义思想等不断发展的马克思主义中国化理论成果。邓小平理论开辟了中国特色社会主义道路,提出并推进了中国特色社会主义理论的发展,它的核心是回答什么是社会主义、怎样建设社会主义的问题,这就要求人们的思想要从各种束缚中解放出来,包括超越历史条件,对马克思主义个别论断作教式理解的僵化的社会主义;脱离社会生产力和生产关系的基本情况,把社会主义理解为正义、人道等美好的愿望化身的空想社会主义。"三个代表"重要思想在总结苏共亡党和中国社会主义改革建设历史经验的基础上,提出了建设什么样的党、怎样建设党的问题,并且结合现实提出了我国执政党建设面临的"四种考验"和"四种危险"。而考验和危险的核心是理想信仰问题,一个执政党的力量不在于他现在掌握了多少权力,而在于他能否以理想信仰的力量成为团结全国人民的政治核心,如果一个政党成了各种社会思潮五味杂陈的俱乐部,那就不可能经受住"四种考验"、战胜"四种危险"。科学发展观是在新世纪、新阶段,是在改革开放取得巨大成就,但又面临一系列深层次矛盾的改革开放攻坚阶段提出来的。科学发展观第一要义是发展,核心是以人为本,基本要求是全面协调可持续,根本方法是统筹兼顾。它要求为了人民的根本利益,全面推进经济、政治、文化、社会和生态文明建设,进一步回答了什么是社会主义、怎样建设社会主义,建设什么样的党,怎样建设党的问题;创造性回答了实现什么样的发展,怎样发展的问题,使我们党对中国特色社会主义的认识达到了新的高度。习近平新时代中国特色社会主义思想,是立足对21世纪时代特征的深刻洞察和当代中国发展方位的科学判断,以习近平同志为核心的党中央在坚定不移坚持马克思主义基础上,不断发展和创新的马克思主义。习近平新时代中国特色社会主义思想以宏大的战略眼光勾勒出21世纪中国和21世纪马克思主义的光明前景,以科学的理论逻辑回答了新一代马克思主义者面对的时代课题与实践挑战，系统回答了"新时代坚持和发展什么样的中国特色社会主义、怎样坚持和发展中国特色社会主义"，以其对历史经验的深刻总结，对历史规律的深刻揭示，对现实问题的深入分析，对未来发展的深入思考，成为马克思主义中国化最新成果。

科学引领当代文化保守主义思潮，一是对各种错误的社会思潮进行旗帜鲜明的、科学的分析批判；二是沿着正确方向推进改革开放，用中国特色社会主义实践的成就，回答错误思潮的挑战。这两方面相辅相成，敌对势力宣扬的"中国崩溃论""社会主义失败论"就会失掉存在的依据。

（三）弘扬民族精神和时代精神

以爱国主义为核心的民族精神和以改革创新为核心的时代精神是引领当代文化保守主义等社会思潮的重要方式。一方面，弘扬以爱国主义为核心的民族精神，就要排除民族虚无主义和狭隘民族主义思潮的干扰。中华民族有悠久的爱国主义传统，"天下兴亡、匹夫有责""精忠报国""位卑未敢忘国""苟利国家生死以，岂因祸福避趋之"……这些爱国主义的名言警句，已经深深地融入我们的民族意识、民族风格和民族气质之中。近代中国，在反对帝国主义侵略、救亡图存、争取民族独立和解放的斗争中，"起来，不愿做奴隶的人们"把爱国主义的民族精神推向了新的历史高度，刘胡兰、黄继光、董存瑞、邱少云等烈士奏响了一曲又一曲爱国主义的凯歌。当代中国，把爱国主义和社会主义结合在一起，与实现国家统一、反对分裂结合在一起，与推动世界和平发展结合在一起，赋予爱国主义新的时代内涵，"振兴中华，实现中华民族的伟大复兴"，已经成为所有中华儿女团结奋进、撼天动地的伟大精神力量。中国正在以"面向世界、面向未来、面向现代化"的宽广视野和民族精神屹立于世界民族之林。那种否定中华民族历史和文化的"全盘西化"的思潮,那种"中国应当殖民 300 年",甘为西方列强当孙子的殖民地意识,在改革开放过程中反复出现,严重干扰了民族精神的发展,只有深刻揭示这种思潮的本质,才能增强民族自信心和自豪感,提高对爱国主义和民族精神的理解,才能把爱国主义和社会主义结合起来,信心百倍地从事中国特色社会主义事业。中国实行和平发展的战略方针,以自身的发展推动各国、各民族的共同发展,维护世界和平,反对霸权主义的强权政治,赢得了发展中国家人民的普遍赞誉,但是,某些敌对势力却把这些攻击为"新殖民主义",用"国强必霸"的旧思维挑拨中国与其他发展中国家的关系,把中国和平发展的方针,歪曲为狭隘自私的民族主义。必须揭露这种思潮的霸权主义本质,引导中国人民树立和平发展的大国心态,才能在复杂多变的国际环境中立于不败之地。

另一方面,弘扬以改革创新为核心的时代精神,就要排除一叶障目和故步自封的思维定式。改革开放是社会主义制度的自我完善,需要在实践基础上体制创新和理论创新的引导和支撑。邓小平理论,包括社会主义初级阶段理论、社会主义市场经济理论等,开辟了中国特色社会主义理论创新和体制创新的道路,改革开放以来,在开创和推进中国特色社会主义事业的历史进程中,党将马克思主义普遍原理同当代中国实际和时代特征紧密结合,形成了包括邓小平理论、"三个代表"重要思想、科学发展观、习近平新时代中国特色社会主义思想在内的中国特色社会主义理论体系。它创造性地回答了在中国这样一个十几亿人口的发展中大国建设什么样的社会主义、怎样建设社会主义,建设什么样的党、怎样建设党,实现什么样的发展、怎样发展,新时代坚持和发展什么样的中国特色社会主义,怎样坚持和发展中国特色社会主义等基本问题,使党对共产党执政规律、社会主义建设规律、人类社会发展规律的认识达到了新的高度。丰富的中国特色社会主义实践呼唤着理论的创新,中国特色社会主义理论体系必将在实践的基础上,日益获得新的理论升华,形成更多理论创新成果。创新精神是改革开放时代精神的必然要求和重要特征。创新精神的本质是实事求是、讲究科学,弘扬创新精神就是使人们从一切违反科学、违反实事求是的思想束缚中解放出来。因循守旧阻碍创新,违反科学、脱离实践、追求时髦和新奇是曲解创新,只有一切从实际出发,进行艰苦的科学探索才可能有真正的创新。理论创新和体制创新的实质是马克思主义中国化,是马克思主义基本理论与中国国情、民情的具体实际相结合。要正确处理"老祖宗不能丢"与"讲新话"的关系,既要克服对马克思主义个别原理凝固化和绝对化的"僵化"主义,又要克服对某些西方思想理论流派盲目崇拜、食洋不化的"西化"教条主义,还要克服企图用儒家学说来改造当代中国主流意识形态的"儒化"教条主义。这样,才能把理论创新和体制创新引向正确的方向。

(四)加强中华优秀传统文化教育

加强优秀传统文化教育,弘扬中华文化是引领当代文化保守主义思潮的重要方面,但当前我国优秀传统文化教育明显不足。文化保守主义者利用党和国家对传统文化的重视,利用广大人民群众对传统文化的喜好,借弘扬传统文化之名,大肆宣扬儒学,主张全盘复兴儒学,诋毁、攻击、否定马克思主义,在接受其传统文化教育的同时,也受到其对马克思主义诋毁、攻击的消极影响。因此,要积极主动开展正确的优秀传统文化教育,正确的吸取传统文化的精华,放弃其封建糟粕,辩证地理解传统文化。同时,在学术研究上,要坚持用马克思主义理论指导传统文化研究和儒学学术研究。如果不能辩证、历史地看待此问题,往往会因其某些方面的合理性而忽视其局限性,从而走入死胡同,陷入文化保守主义的历史误区。

一方面,坚持"尊重差异"与"百家争鸣"相结合的原则。坚持以社会主义核心价值观引领社会思潮,尊重差异,包容多样,最大限度地形成社会思想共识。这是以马克思主义引领文化保守主义思潮发展的基本原则。"尊重差异，包容多样"并不等于对于某些错误言论就等闲视之，不要争鸣和思想交锋，只是我们要摒弃过去那种将学术问题政治化、搞大批判的方法。我们提倡"百花齐放""百家争鸣"的学术与社会环境，允许不同思想观点争鸣、辩驳。这是学术、思想、文艺等发展进步的前提条件和必需环境。这不仅有助于澄清文化保守主义思潮中的错误言论，还有助于提高马克思主义者认识问题解决问题的能力。"只准一些人成天讲'消解、解构正统意识形态'，而不准马克思主义者对他们主张的意识形态稍作讨论和批评，这是不公平的。'在真理面前人人平等'，相信真理战胜错误是真理发展的规律，错误的思想只能用'百家争鸣'的方法来克服。"①对于在文化保守主义思潮中出现的借学术谈政治，借谈政治攻击主流意识形态的现象或言论则须坚决批驳抵制。

另一方面，坚持显性教育与隐性引导相结合的原则。所谓显性教育是指利用电视、网络、报刊等媒介在学校、社区、社会上广泛开展社会主义核心价值观的宣传教育、传统文化教育（包括儒家经典）、马克思主义教育等，并予以必要的制度支持和保证。依靠国家的力量，从制度设计、制度安排、制度运行上自觉推行、维护马克思主义的主流意识形态地位和社会主义核心价值观。对于文化保守主义思潮中出现的错误言论则及时进行批评，廓清其错误观点，防止谬误流传。显性教育的主体可以是国家行政部门、教育研究机构，也可以是学术界人士或普遍群众。如在针对文化保守主义者、全盘西化论者在我国文化建设中造成的混乱思想，黄楠森、龚书铎、李文海、郭双林等教授及时组织编写了《有中国特色社会主义文化研究》《八十年代以来的文化论争》等。②这些书有针对性地阐述了社会主义市场经济条件下的文化建设与

---

① 张拴平：《当代中国文化保守主义的研究述略》，《社会科学研究》，2001年第2期。
② 参见黄楠森、龚书铎、陈先达主编：《有中国特色社会主义文化研究》，山东人民出版社，1999年；龚书铎、李文海、郭双林主编：《八十年代以来的文化论争》，百花洲文化出版社，2004年。

文化市场问题,批评和警示了文化建设和历史研究中的错误言论,及时引导人们正确认识当前思想文化界的现象与本质,提高其思想认识。而所谓隐性引导就是运用疏解、鼓励、启发等方式开展隐性教育,使受众于潜移默化中提高认识,自觉接受社会主义核心价值观。为弥补显性教育的不足,应根据具体条件选择灵活多样的隐性教育方式。如在学校、旅游景点、工厂、社区等开展传统文化宣传教育、中外文化交流与学习等,吸收中外文化的精华,也使人们对我国传统文化的价值和弊端形成一个全面的认识。在文化产品和私人文化消费领域中渗透社会主义核心价值观;依靠教育者和传播者的专业知识、言谈、举止、风度、仪表等影响受众;利用网络论坛、电视谈话节目、报刊等引导社会舆论等。当然,对当代中国文化保守主义在内的社会思潮的引领还必须不断完善、提升魅力,提高解决问题能力,增强其吸引力和说服力,赢得广大群众的支持与拥护。

第五章 泛娱乐主义思潮

根据人民论坛公布的 2020 年国内社会思潮关注情况发现，泛娱乐主义以第四位成为国内受关注程度较高、现实影响深刻的社会思潮。近年来，随着我国文化软实力提升，文化市场不断繁荣，文化娱乐化现象层出不穷，在"娱乐至上"的价值理念下，英雄人物、红色经典、民族历史等都可成为娱乐的对象，文化的深度与厚度正在娱乐狂欢中被解构。不可否认，文化泛娱乐化一定程度上带动了经济发展，但也给社会主流意识形态和文化建设带来挑战。因此，我们必须要认真研究思考，看到隐藏现象背后的根源是什么，才能有效引导人们正确看待娱乐文化，积极抵制泛娱乐主义的不良影响。

第一节 泛娱乐主义的特征和表现

泛娱乐主义思潮自改革开放后，在中国逐渐形成气候，作为一种新兴的意识形态表现形式，我们有必要对其相关概念进行清晰界定，并就其特征和表现形式进行集中阐释，既要知其表，又要明其理，这对深刻认知泛娱乐主义思潮具有重要现实意义。

一、泛娱乐主义的相关概念界定及其本质

在现代化的社会转型过程中，各种多元的社会价值观念在全球范围内发生激烈碰撞，泛娱乐化思潮也趁势走上时代潮头，使得中国意识形态领域不同程度地出现了新情况、新问题、新趋势，对人们的价值观产生较大的负面影响，为此，我们要全面深入地把握泛娱乐化思潮的本质，对泛娱乐化思潮的内涵进行剖析。

（一）娱乐与泛娱乐主义辨析

谈到泛娱乐主义，就不能不涉及娱乐，以及娱乐与泛娱乐主义之间的关系，只有厘清娱乐是什么，讲清楚娱乐与泛娱乐主义的关系，才能更好把握泛娱乐主义的本质，为有效抵御泛娱乐主义思潮带来的影响做好准备。

第一，娱乐的含义。娱乐，是人类的一种原始的、基本的需求，是具有普遍性的人类的生物本能和活动方式。在任何时代，娱乐都发挥着传递乐趣、愉悦身心、疏解压力等价值。在快节奏的当代社会中，娱乐已经不只是人们工作之余必不可少的调和剂，更是促进自身全面发展的一部分。对于人们而言，娱乐也是促进其世界观、人生观、价值观成型和完善的重要载体之一。特别是处于青年的学生群体，正在经历不断社会化的过程，他们渴望独立探索世界的多样性和可能性，加深对社会和人生的认识。娱乐正是一种便于接触和学习的方式，容易受到青年学生的喜爱和接纳。但与此同时，娱乐也容易牵动人的本能倾向和冲动，价值观尚未成型的青年学生容易反受到娱乐的

影响和操控,沦为娱乐的附属物。①

第二,泛娱乐主义的内涵。作为一种社会思潮,泛娱乐主义有其自证合理性的哲学基础。马泰·卡林内斯库在《现代性的五副面庞》一书中提出了自资本主义诞生以来两种彼此冲突却又相互依存的现代性。"一种从社会上讲是进步的,理性的,竞争的,技术的;另一种从文化上讲是批判的与自我批判的,它致力于对前一种现代性的基本价值观念进行非神秘化。"②后一种现代性被他称为现代性的一副新面孔——后现代性。对前一种现代性所奉为圭臬的一系列价值标准及其造成的社会危机、社会后果进行审视、批判、超越甚至解构是后现代性的显著特征。泛娱乐主义思潮扎根于后现代性的思想土壤,以具有现代性客观倾向的大众为异化娱乐的受众,资本逻辑构成其始作俑者般的驱动要素,借助现代媒介技术以及媒体从业人员等构成重要传播因素,是将娱乐价值作为首要甚至唯一标准的价值判断的社会思潮现象。泛娱乐主义思潮透露出的反理性、反权威倾向、崇尚"去中心化""生活感性化""个体至上"等价值理念,对真善美等社会共同价值观构成挑战。③

第三,娱乐与泛娱乐主义辨析。娱乐和泛娱乐主义就其根本属性来说,并不是处于同一个维度的两个概念,娱乐本质上是人的一种休闲方式,而泛娱乐主义在根本上是一种社会思潮。将这两个概念进行对比的原因在于,其内核都是围绕着"娱乐"二字展开,都能够满足人休闲放松的需要,是人在自由时间凭自我意愿选择的消遣方式,却在本质上存在着诸多差异性。对比二者在根本上的差异,可以从真实性、主动性和影响力三个角度考察。

首先,就其真实性上来看,娱乐是人在自由时间内的一种真实的、适度

---

① 参见陈玉洁:《泛娱乐主义对高校思想政治教育的挑战及对策研究》,浙江大学硕士学位论文,2022 年。

② 马泰·卡林内斯库:《现代性的五副面庞》,译林出版社,2015 年,第 265 页。

③ 参见柯志焕:《泛娱乐主义思潮及治理对策研究》,中共四川省委党校硕士学位论文,2022 年。

的需要,是释放压力、调适生活状态的手段,其目的是实现精神的独立以及发掘和回归人性;而泛娱乐主义就真实性角度来说,是一种虚假的、由外部强加给个人身上的需要,其发展和满足都无法由个人真实想法来控制,而都受到不可控的外力支配。正如马尔库塞所说,"无论这些需要有多少可能变成个人自己的需要,并由他的生存条件所重复和增强"①。

其次,就其主动性上来看,二者从表象上都趋向于自觉主动地选择娱乐方式。但实际上,娱乐是人真正不受外界支配、自觉主动选择的休闲方式,而由于泛娱乐主义是外部强加给个人的需要,它所辐射出的控制、默从和麻痹,体现了人在深层次上受到资本、技术、媒体等的操控,处于被动的、被控的状态,而非表象的主动状态。

最后,就其对人的影响力来看,娱乐的根本价值取向是为了促进人的自由而全面的发展,而泛娱乐主义会造成人的发展异化,即片面局限的、自由匮乏的发展,最终使人成为"单向度的人"。在泛娱乐主义的社会背景之下,人们宁愿寻求短暂的、虚幻的、浅薄的精神愉悦和情感满足,以在最大程度上释放负面情绪、躲避压力和责任,最终泛娱乐主义会将人引向精神缺失和价值偏离。②

(二)泛娱乐主义的本质

社会思潮有先进和落后之分,正确和错误之别。通过明晰娱乐和泛娱乐主义之间的区别,我们可以更加清晰地看到泛娱乐主义的本质和内核,具体表现在以下四个方面。

第一,泛娱乐主义的本质是资本与娱乐的结盟。娱乐的"供给侧"和"需

---

① 马尔库塞:《发达工业社会意识形态研究》,刘继译,上海译文出版社,2018年,第3页。
② 参见陈玉洁:《泛娱乐主义对高校思想政治教育的挑战及对策研究》,浙江大学硕士学位论文,2022年5月23日。

求侧"都出现问题。娱乐本身商业化、利益化成为资本增值的媒介,资本借助娱乐扩张,瓦解人的精神,以碎片化、浅薄化的方式消解个体的思维逻辑。①

第二,泛娱乐主义思潮的本质是娱乐边界意识淡化。"纵向来说,娱乐化的程度超出其自身的合理性,过度娱乐成为娱乐本身的畸形生态;在横向上看,普遍的娱乐化侵蚀严肃的题材,威胁宏大的叙事结构。"②

第三,泛娱乐主义思潮是感性对理性的侵占。与理性深刻、复杂多变的批判思维相比,建立在感性基础上的简单化的逻辑话语往往更能引起受众的兴趣。泛娱乐主义思潮迎合大众表达情感、寻求刺激、围观快乐的感性心理特征,其价值判断往往取决于是否满足自己的快感。

第四,泛娱乐主义思潮本质上存在解构与重构的矛盾运动。泛娱乐主义解构权威与理性,消解崇高和敬畏感,弱化或避免对价值与意义的探讨,造成个体道德意识的模糊、政治参与感淡薄、审美品位下降以及社会精神文明失落。同时,泛娱乐主义将娱乐异化为真实世界的幻象,娱乐话语走出自身"场域",渗透到社会生活的方方面面,创造出新的符号表达和话语方式。泛娱乐主义是集体无意识狂欢,更多的是情绪的表达、非理性的宣泄,缺少必要的理性精神,即人所特有的独立思考思维能力、对当下的反思与批判和对未来的探索、对理想价值的追寻,在无聊琐碎的娱乐消遣中丧失对价值、信仰的终极追求,在无规则、无尺度的颠覆性放纵中丧失其存在的合法性。③

---

① 参见邢国忠:《泛娱乐主义对青年价值观的影响研究》,《中国特色社会主义研究》,2018 年第 6 期。

② 师曾志:《警惕泛娱乐化奴役自我》,《人民论坛》,2018 年第 6 期。

③ 参见李雅歌:《泛娱乐主义思潮对大学生思想政治教育的消极影响及对策研究》,郑州大学硕士学位论文,2020 年。

二、泛娱乐主义的基本特征

作为一种社会思潮,泛娱乐主义在生成和传播的过程中,呈现出了其自身特有的基本特征,主要表现在以下四个方面。

(一)强烈的意识形态性

泛娱乐化与意识形态虽然也有一定关系,但是很多人投身娱乐往往是为娱乐大潮所裹挟,大多是一种不自觉的行为,也许只是为娱乐而娱乐,也许只是为追赶时尚而娱乐,勉强能够沾上消费主义的一点边。但是泛娱乐主义就大为不同,在泛娱乐化大潮中,有一部分人目的非常明确,他们清楚地知道可以把什么价值观隐藏其中,更清楚如何借助娱乐去实现他们的既定目标。比如资本投资娱乐,当然希望娱乐能够给他们带来超额利润,因而总是努力把娱乐与消费主义打通,引导大众形成"我娱故我在"的价值观和生活态度。又如,有人利用娱乐去恶搞我们的政治领袖和革命英雄,客观上增强了历史虚无主义的隐蔽性和传播效果。

(二)多元思潮的融合性

"媒体是传播各种思想文化的重要载体。"[1]各种社会思潮都在顺应时代潮流,借助"互联网+社会思潮"的模式传播,自媒体更是成为泛娱乐主义思潮传播的新兴领域。各种思潮换旧衣、穿新装,利用各种媒介平台,形成思想共享、辐射,思潮的传播跨越时间和空间的限制,相互交流、影响和融合,从而形成新的复杂思潮形态。在海量的网络信息中,泛娱乐主义思潮"因其游

---

[1] 祁小平:《新时代"互联网+社会思潮"传播的新特点及应对逻辑转向》,《山东师范大学学报》(人文社会科学版),2018年第1期。

戏化、娱乐化属性,非常容易与各类思潮耦合而产生新的变体"①,与消费主义、历史虚无主义等不良思潮争相涌动,并完美地耦合衔接、相互交织,形成让人眼花缭乱的思潮形态。比如消费主义是一种提倡物质消费的生活方式和文化取向,把放纵消费看作自我认同,当消费主义与泛娱乐主义思潮耦合,便会鼓励人们讲究物质生活的富裕和感官欲望的满足。泛娱乐主义思潮也借助历史虚无主义的主张和观点,用娱乐因素否定历史的客观性和规律性,丑化领袖人物,抹黑、搞怪历史英雄人物等。总之,泛娱乐主义思潮不断本着"为我所用"的原则,为扩大影响力不断吸纳融合其他思潮的观点,使其自身越来越缺乏明显的理论界限。

(三)思想输出的隐蔽性

从寄生形态来看,泛娱乐主义主要以网络为安身空间,借助于网络信息技术弥散在人们日常生活的碎片时间里,并引导人们自愿主动地选择泛娱乐化的文化内容,因而受众往往被泛娱乐主义奴役而不自知,教育者也难以准确把握泛娱乐主义出现的时间和空间。从理论内核来看,区别于其他社会思潮,泛娱乐主义是一种并无系统的理论框架和完整的理论内核的思潮,它"缺乏显著的主导性理论形态,在更多时候表现为一种大众渴望娱乐体验的社会心理和集体情绪",这使得它在意识形态和社会思潮领域往往不易被辨识出,削弱了人们认识并把握它的重视程度。另外,娱乐手段也成为其隐蔽性的重要体现。娱乐本身就具有一定的游戏性,无论是古代的宴饮、游园、斗鸡、蹴鞠等,还是现在新兴的网络短视频、手游等,都具有游戏的性质,可以说游戏性在一定程度上是娱乐的基本属性。而泛娱乐主义的游戏性是指区别于普通的娱乐的一场狂欢盛宴,游戏性彻底地凌驾于娱乐本应带给人的

---

① 陈昌凤:《斜杆身份与后真相 泛娱乐主义思潮的政治隐患》,《人民论坛》,2018 年第 6 期。

审美体验、情趣感受、道德浸润等作用之上，甚至取代了除了游戏和放松之外的一切积极正面作用，在给人带来虚假快乐体验的同时降低了人们对娱乐品质的追求。

（四）价值引导的欺骗性

在价值引导上，泛娱乐主义所指向的是无边界的和无限度的娱乐，实际上是人的虚假的、浅层的需要，并麻醉自己的思想。在网络平台上，受众纵身于五花八门的娱乐体验之中，其真实的自我被泛娱乐主义思潮吞噬，真实的需要被掩藏在了海市蜃楼般的娱乐世界中，取而代之的，是被蒙蔽了的自我和虚假的需要。泛娱乐主义由于在价值取向上指向虚无和空心化的特性，其蔓延和扩散不易被人所察觉；加之泛娱乐主义背后有资本作为强大推手，让资本逻辑下的一切泛娱乐产品都迅速成为大众的、普遍的需求，泛娱乐主义深入人心，人人都不自觉地成为泛娱乐主义的宣传者。一方面，泛娱乐主义并不像自由主义、民族主义等思潮一样，具有明确的政治主张、完备的话语体系和标志性的代表人物，其话语、观点都被潜隐在各种载体中，把娱乐的倾向融入社会事件、新闻报道的叙事表达中，以能够吸引大众眼球的素材潜移默化地表达其精神实质。"意识形态是通过强制的、无意识的方式为社会成员所接受的"[①]，一些西化、分化分子妄图通过这种欺骗性腐化青年的政治信仰和精神世界，从而达到借用泛娱乐话语占据意识形态阵地的目的。另一方面，随着网络的发展，一些普通网民在盲目跟风和无心模仿中麻木地接受泛娱乐化思潮。"在网络时代，普通网民已经不仅仅是社会思潮的消极接受者，同时也是社会思潮的积极传播者、解释者乃至创造者"[②]，或许多网民为了吸粉和集聚关注度而创造出了具有泛娱乐化的话语和图文而迷惑不知。

---

① 俞吾金：《意识形态论》，上海出版社，1993年。
② 陈伟军：《互联网上的思潮激荡与利益诉求》，《现代传播》，2011年第11期。

多少人不曾料想，随着"来呀，快活啊，反正有大把时光"的歌曲传唱，其中蕴含的"浪费青春韶光、只求贪图享乐"的价值观却扭曲着青年学生的价值追求。可见，泛娱乐化思潮的无意识融入大众生活的破坏性是不可估量的。

三、泛娱乐主义的主要表现

泛娱乐主义思潮的蔓延不仅从横向上向政治、经济、文化、大众传媒教育等领域扩散，也在纵向上深度影响着人的思维方式和价值观念。泛娱乐主义不仅表现为"泛滥的娱乐"，也表现为"过度的娱乐"。根据泛娱乐主义思潮对青年学生的影响领域来看，主要表现在文化、新闻、大众传媒以及教育四个方面。

（一）严肃的新闻信息泛娱乐化

20 世纪 90 年代以来，受众地位上升、娱乐需求释放推动了电视节目娱乐化变革，大量娱乐节目出现，不仅如此，离"娱乐"最远的新闻也没有能够避免。尼尔·波兹曼指出电视媒介"娱乐"倾向逐渐取代印刷时代"释义"的特征，"电视一直保持着一成不变的笑脸。我们的问题不在于电视为我们展示具有娱乐性的内容，而在于所有的内容都以娱乐的方式表现出来"[①]，就连新闻也通过娱乐形式呈现，目的不是为了澄清事实，也不是为了教育和引导价值，而是在新颖、趣味上大做文章。事实上，娱乐本是享受的合理化满足，娱乐传播学鼻祖施拉姆在《传播学概论》中也提到传的四大功能：雷达功能、控制功能、教育功能和娱乐功能。[②]从新闻的传播角度来看，娱乐是新闻的固有属性，但将娱乐作为新闻首要功能，刻意放大新闻中娱乐因素的作用却是

---

① ［美］尼尔·波兹曼：《娱乐至死》，广西师范大学出版社，2004 年，第 106 页。
② 参见［美］威尔伯·施拉姆、威廉·波特：《传播学概论》，陈亮、周立方、李启译，新华出版社，1982 年，第 34 页。

新闻娱乐功能异化——新闻泛娱乐化的症结所在。

关于新闻泛娱乐化的定义,尼尔·波兹曼指出:"我们看见的不仅是零散不全的新闻,而且是没有背景、没有结果、没有价值、没有任何严肃性的新闻,也就是说,新闻变成了纯粹的娱乐。"[①]国内学者对新闻泛娱乐化的定义目前尚无定论,最早对其进行概述的是李良荣的《娱乐化、本土化——美国新闻传媒的两大潮流》一文。文中指出:"新闻的娱乐化主要指犯罪新闻、名人的风流轶事、两性纠葛。"[②]李良荣对新闻娱乐化的研究主要从典型事例静态划分的维度出发,将新闻静态划分转向动态研究的是林辉,他认为新闻娱乐化最突出的表现是软新闻的流行,其次是在内容和形式上都尽力使硬性新闻软化。[③]这一论述堪称国内学界对新闻娱乐化的经典定义之一,被众多学者多次研究引用。概言之,新闻泛娱乐化是新闻娱乐功能失调,将娱乐作为新闻首要功能并对新闻的内容和形式做"软化"处理的动态过程。以下将从新闻标题、新闻内容和新闻播报方式具体分析新闻泛娱乐化的表现。

第一,新闻标题趣味化。新闻题目是新闻的"眼睛",是对新闻主要内容的简要概括。好的新闻标题能够吸引读者眼球、激起读者观看新闻的兴趣。在碎片化阅读成为普遍现象的当代,读者每时每刻都面临大量信息的接收和消化问题,加之生活工作节奏的加快,在浩瀚的信息中仔细阅读每则新闻、消化接收所有的信息已成为耗时费力之事,读者不得不选择一些标题吸引人的新闻进一步了解。为吸引读者点击阅读,媒体在新闻标题上大做文章,选取新闻内容的部分趣味性关键词作为题目,采用悬念式句式表达来迎合受众的猎奇和窥私心理,而新闻主要内容与题目并不吻合甚至无关。以搜狐《今日热点》2019 年 7 月 15 日推荐的新闻为例,诸如《日本外交官夫人在

---

① [美]尼尔·波兹曼:《娱乐至死》,广西师范大学出版社,2004 年,第 106 页。

② 李良荣:《娱乐化、本土化——美国新闻的两大潮流》,《新闻记者》,2000 年第 10 期。

③ 参见李雪莎、刘宁:《传媒娱乐化的伦理反思》,《新闻前哨》,2010 年第 1 期。

韩国被抓 丑闻曝光韩网友怒了》《真实事件! 日本男子杀妻弃尸海边:受不了她看自己的眼神! 》《斗鱼唯一的日本女主播正式解约,泪流满面称:"不潜就扣工资"》等新闻标题,这类以"丑闻""色情""杀人"等为关键信息的新闻标题不在少数,更有媒体以明星婚恋情况作为宣传噱头误导大众,如《袁姗姗的粉丝福利,竟是公开"婚纱照",网友:终于要嫁了? 》,其实是袁姗姗公布的一张个人写真。新闻标题口语化、广泛使用新鲜词汇、语言表达悬念化使得新闻的娱乐属性无限放大,以此激发受众的阅读兴趣,至于新闻本身的真实性和价值性在标题中变得无关紧要。

第二,新闻题材软性化。随着移动互联网技术的不断推进,以移动终端为触点的信息网络不断改变着人们的阅读习惯, 浅阅读成为大众普遍接受的阅读方式。轻松、隐私、刺激性新闻题材较之严肃的社会类题材更受大众青睐。为迎合大众需求、追求快速经济效应,传媒往往不惜以牺牲监测社会环境、协调社会关系的公共职能为代价,而去迎合大众比较低级的娱乐趣味,用及时报偿新闻不断占据延期报偿新闻空间,加剧了新闻题材软性化趋势。新闻题材的软性化集中表现在两个方面:一是宏观上软新闻所占比重越来越大,关注度越来越高。富有人情味、饱含趣味性的娱乐新闻、花边新闻、社会新闻不断挤压政治、经济、军事等严肃领域的新闻报道,成为新闻的主要题材。2019 年 6 月 29 日,"双宋离婚"与范冰冰、李晨分手的新闻频繁上热搜,而我国杂交水稻在非洲创高产记录,袁隆平院士发表英文致辞的新闻却少有人关注。软性题材比重上升与媒体对大众的跟踪性信息推送有密切关系,致使喜欢软性题材的受众接收更多类似的新闻。二是微观上硬新闻软化处理。媒体竭力从严肃的新闻题材中挖掘娱乐价值以直接刺激观众感官。例如,报道官员贪污腐败现象时,媒体并不把探究贪污腐败根源、如何加强政治建设、引导大众价值构建作为新闻的终极目标,而是在官员的风流韵事、桃色隐私上大做文章;在法治新闻报道中,人物和事件的细节、曲折的犯罪情节和惊悚的现场还原成为新闻的重点内容，而对案件的法律警示意义却惜字如金。这样一来，硬新闻的思想性、严肃性、指导性被情感性、刺激性、趣味性的软性因素消解，大众和媒体共同主导的"轰动效应"又反过来诱导媒体按照娱乐的、软性的要求进行新闻构思。

第三，新闻播报娱乐化。在媒体融合发展的生态中，新闻要想获得关注不仅要以内容取胜，还要关注怎样"讲新闻""说新闻"的新闻叙事方式。"新闻从某种意义上，已经从传统那个男性的、政治的、评论性的和国家的世界，摇身一变成女性的、私人的、视觉的、叙事的和个性的天地。"[①]絮叨、私人、形象的新闻往往能在短时间内最大限度地争夺受众的注意力，新闻播报方式也在不断进行"娱乐化"尝试：一是新闻生产来源平民化。自媒体时代，新闻的门槛逐渐向大众倾斜，新闻的生产源不再局限于权威媒体，博客、微信、贴吧、论坛、直播等网络社区都可以成为新闻的生产地，缺乏把关的个人媒体对新闻价值的选择标准走向"泛化"和"恶俗"。二是新闻叙事手法故事化。将新闻按跌宕起伏的故事进行编排，"讲故事"技巧取代新闻信息本身，成为博得观众关注的重要因素；"说新闻"取代"播新闻"，品头论足的"聊"新闻、"侃"新闻掩盖新闻本身的价值，解构新闻的严肃性。三是新闻呈现形式多样化。为加强新闻的吸引力，媒体除采用传统的文字播报外，还对各类新闻进行图片化、视频化、音频化处理，其中不乏一些暴力、偷拍画面，其强烈的直观感、现场感、刺激感成为媒体自制新闻吸引观众眼球、增加点击率的惯用技巧。

(二)传统的电视节目泛娱乐化

看电影、电视剧已经成为人们休闲消遣的一种普遍方式，大众对通俗文化的需求推动电影、电视剧逐渐走向娱乐化、通俗化、趣味化道路。早在2000

---

① 陆扬、王毅：《大众文化与传媒》，上海三联书店，2000年，第106页。

年,有学者尹鸿就注意到"主旋律电视剧的娱乐化,娱乐电视剧的主旋律化"发展趋向。主旋律影视文化产物需要借助娱乐化途径增强其接受度,娱乐性产物也需向主旋律靠拢来扩大认同。显然,电视、电影需要娱乐,但逾越娱乐的底线和火候将走向娱乐失度——泛娱乐化的道路。影视作品的泛娱乐化主要体现在以下三个方面。

第一,去经典、去历史化。有的影视作品在表现历史时一味追求娱乐性和商业性,将历史置于无过去无未来的割裂、虚拟状态下,见事不见史,甚至把历史、经典简化为封闭的游戏文本,近年来出现争议较大的是戏说历史和解构经典的影视作品。在这类影视作品中,历史的严肃性和深度性被"零度历史"取代,历史变装成现时代欲望、趣味、时尚的附庸。封建皇帝经常微服私访、与百姓谈情说爱;宫廷佳丽唯有心狠手辣巧用计谋才能获得皇帝恩宠;抗日"英雄"单枪匹马杀出一条血路,一身武艺以一敌百;现代人神奇穿越到古代,见证历史人物的儿女情长等,此戏说类、宫斗类、穿越类、抗日类影视中违背历史客观、脱离生活常识的内容和情节对大众历史认知、历史态度、历史价值观存在误导影响。此外,对经典和历史的"恶搞"导致原著的原核思想失去应有的深度,最终演变成面目全非的媚俗闹剧。如:对《西游记》的改编,孙悟空与唐僧的关系超出师徒关系,成了暧昧不清、絮絮叨叨的夫妻之情;林黛玉以裸死的方式博人眼球;鲁智深打死镇关西是"自卫过当"等,这种"恶搞"以反崇高、反经典的方式调侃和解构着传统价值观念,历史感、思想性和永恒性被平面感、娱乐性、快餐性取而代之。

第二,超日常性。贴近生活、反映生活、反思生活是影视作品尤其是电视剧的品质属性和审美追求,浓郁的生活气息和生活情调再现将给观众带来亲切的日常生活体验。韩剧在我国的流行恰恰得益于这种聚焦"家长里短、鸡毛蒜皮"琐事的日常化叙事手法。我们很难说这种情节叙事在社会发展、文化创新上有多大的积极意义,但平民化、日常化的彰显表明影视作品需向生活的原生态靠拢,并在生活的基础上挖掘高于生活的情感、伦理、艺术元素。但在娱乐狂欢的浪潮中,影视题材变成脱离现实生活、一味迎合观众"幻想"的附属品,许多影视作品的主人公从夜店酒吧一路走来,不久后发迹成为富豪;帅气多金的霸道总裁爱上不学无术、呆萌普通的灰姑娘;灰姑娘在众多追求者中选择了冷酷多金的总裁,这些影视剧无疑会给观众带来一种错觉——只要有想法就会成功,即使普通也会有霸道总裁喜欢,遇到困境就会有英雄救美,其实这只不过是一种美好幻想。更有为延续剧情编造的错综复杂的情节:"多角恋爱"大量涌现、主角之间各种扑朔迷离甚至带有血缘的关系;"师生恋""忘年恋""黄昏恋""婚外恋"充斥着荧屏;失忆、生病、复仇、滥情的情节比比皆是。在这种荧屏环境下,脱离生活现实,为爱情而爱情、为离奇而离奇的剧情给予观众的不是震撼人心的启迪与教育,而是对奇观效应的厌恶和审美疲劳。

第三,流量为王。影视作品将本身的质量搁置一边,依靠流量明星"热度"带动作品号召力,粗制滥造、匆匆登场,片面追求流量效应,若没有"小鲜肉""高颜值"的加盟,作品似乎只能敬陪末座。但流量并不代表作品真实影响力,无演技、无内涵的影视作品即使凭借流量明星"一呼百应"的带动力,也难以成为高质量的作品,只能在娱乐与狂欢的浪潮中消失匿迹。另外,近年来,我国综艺节目在"全民娱乐""大众娱乐"的情境下呈现的泛娱乐化趋势越来越突出,比如,节目同质化严重;再如,节目低俗、庸俗、媚俗化;还有,节目单维化、煽情化。与观众的情感互动也是综艺节目成功不可或缺的要素,然而在泛娱乐化的电视生态中,综艺节目的策划、制作存在过度煽情甚至造假现象。首先,综艺节目打感情牌,过度挖掘甚至捏造情感背后的故事。有些节目不顾当事人的隐私和痛苦,公开其隐私,刻意渲染悲情氛围与负面情绪;有的综艺节目雇用临时演员表演矛盾冲突或安排嘉宾发表一些过激言论触碰观众价值底线;有的选秀综艺在选手家世背景上大做文章,捏造悲惨、奋进、贫困故事博得观众同情,此类靠煽情和眼泪打动观众的综艺严重影响节目的真实性与艺术性。其次,综艺剪辑上刻意制造矛盾冲突。"是非多了,节目红了"已经成为众多综艺的套路。"冲突式"将毫不相干的片段拼凑一起重构故事、制造情节、突出矛盾,在镜头选择上挑选情绪突出的特写镜头,以此引发大众的讨论,极大限度煽动大众情绪。

(三)新兴的网络直播泛娱乐化

网络赋予人们便捷、强大的娱乐功能,网络与智能手机的联姻使人们可以随时随地实现"在线"娱乐,其中各种网络直播成为生产娱乐、传播娱乐、消费娱乐的重要平台,网络直播泛娱乐化也趁势兴起。网络直播打破传统电视直播的庄严感和单向性,人人都可以成为直播的主体,人人都可以通过直播获得收益,准入门槛偏低直接导致主播群体良莠不齐,各类主播想方设法迎合大众娱乐趣味,挖空心思将直播的内容做得更娱乐化,使得网络直播这一新兴行业越发低俗化、肤浅化。

第一,缺乏底线的网络恶搞。恶搞是用滑稽、搞笑的方式对人或事发表看法的娱乐性活动。恰得其分的搞笑、幽默可以体现个性化的思维,给观众轻松、快乐之感,但无底线的恶搞不仅不会给观众留下值得回味的地方,还会危害人们的精神世界。"荤段子"的戏说逗乐、低俗的网络用语、粗鄙的调侃互怼加上肆无忌惮的弹幕互动,观众的注意焦点已经转移到集体式娱乐的快感中。网络恶搞还将魔爪伸向传统文化、国歌国旗、经典著作、英雄人物、人物肖像等,这种无边界、无敬畏的网络恶搞造就的只有越发浮躁、无底线、无历史感的娱乐观众。

第二,以色情为卖点的"羞辱经济"。网络直播平台和主播的收益很大一部分靠粉丝的打赏和刷礼物,这种主播与粉丝的"暧昧"关系实则是双向互动的,主播以色情内容吸引粉丝围观,主动暴露自己的隐私吸引观众眼球,或是以"忘记关摄像头""不小心"为名更换衣服、色情直播,亦或是通过故意穿暴露衣服、言语挑逗、动作诱惑等方式满足受众窥探隐私、寻求刺激的心理,受众为主播提供的"裸露"内容消费埋单。这种以"低俗"为卖点的直播污染着整个直播乃至网络环境,需要严厉打击,依法肃清。

第三,空洞、暴力的直播内容。泛娱乐化的网络直播内容包含很多方面,游戏、体育、烹饪、美妆、日常活动等都可以用来直播,甚至连吃饭、睡觉、起床都成为主播热衷的直播内容。虽然直播内容"无所不包",但直播依然面临内容空洞、低俗等问题。此外,主播为获得高收益,制造新卖点,不断在法律的边缘试探,直播内容不顾社会伦理、道德、治安影响,如直播跳楼、直播吸毒、直播赌博、直播打架斗殴等,此类以夸张、暴力形式博得关注的直播公然挑战社会秩序,影响恶劣。

(四)关注的教育过程泛娱乐化

随着信息技术的发展,各种图片、录音和视频等通过教学多媒体设备被应用到教学过程中,随之娱乐元素融入课堂,教学形式越来越丰富多样,教育形式主义现象越来越严重,呈现泛娱乐化趋势。表现在:一是教学语言网络化、思维图像化、理解浅层化。二是一味追求趣味与新奇,偏离教学的初衷。三是教育形式与内容并没有真正统一起来。

教育教学过程中,为了缓解晦涩难懂的理性论证、便于学生对课堂内容的理解和吸收并增加教育本身的吸引力和趣味性,一些教师一味迎合学生对于通俗化和形象化内容的需求,尝试采用现在日渐丰富的短视频、表情包、直播等方式应用到课堂的教学过程中,其中常常涵盖着大量的娱乐内容。但由于教师难以在尝试之初把握好娱乐应用于课堂的限度,舍本逐末地走向了照本宣科的另一个极端。泛娱乐的内容进入课堂,不仅偏离了教学的初衷,还使得泛娱乐主义获得了直接的合理化,使青年学生进一步认同泛娱乐主义思潮。另外,一些课堂中采用大量的案例分析和实践活动,这虽然能够更直接地让学生理解授课内容,但削减了抽象分析和理性论证的内容和环节,反而不利于学生对理论内容的把握。我们并不否认,新的教育理念和教育手段,带给教学显而易见的成效,但如何区分好娱乐的"度"是更需要我们花费精力去研究的一个重大课题,防止舍本逐末现象。

第二节　泛娱乐主义的历史考察

泛娱乐主义是当前中国社会影响力比较大的一种思潮,特别是对青年学生的影响更是深刻,它以其更加新颖的形式、巧妙的载体设计、时尚的表达风格吸引大量"粉丝"加入,对青年身心造成不可逆的影响。为了全面了解泛娱乐主义,溯源其发展历程对于研究泛娱乐主义具有重要价值。

一、泛娱乐主义的演进过程

改革开放前,从某种意义上讲,我们是有娱乐而没有娱乐文化。但改革开放后,外来娱乐文化大量涌入,导致我国文化呈现出越来越明显的娱乐化和泛娱乐化趋势,并且催生了泛娱乐主义思潮。泛娱乐主义和泛娱乐化的关系十分紧密,泛娱乐主义一定会表现为泛娱乐化,并且只能寓于娱乐文化之中。因此,要追踪泛娱乐主义在我国的兴起,就必须从整体上考察我国娱乐文化的发展。综观改革开放以来我国娱乐文化的发展过程,大致可以分为三个阶段。

(一)20世纪70年代末至90年代初期:大众化娱乐化趋势显现

改革开放前,我国文化十分强调政治化的方向、"高大全"的标准和"文以载道"的教育功能,因此雅文化、精英文化一直都占据着绝对的主流地位,而俗文化、娱乐文化的发展十分有限,主要表现为民间曲艺和喜剧电影等一些文艺形式。

20世纪世纪70年代末至90年代初,我们的文化仍追求其思想性、艺术性和现实性,当时"伤痕文学""寻根文学"和"改革文学"的出现都是明证。但是随着对外开放的不断扩大,外来文化大量涌入。影视方面,《追捕》《大西洋底来的人》等国外影视先后引进,中国香港地区影视《上海滩》《霍元甲》等在内地热播;音乐方面,先有1977年中国台湾地区歌手邓丽君的"靡靡之音"从温州"登陆",①后有中国台湾地区歌手刘文正带来的《外婆的澎湖湾》等台湾校园歌曲;文学方面,岑凯伦、琼瑶的言情小说,席慕蓉的诗,以及金庸、梁羽生的新武侠小说,以一种压倒性的优势占领内地图书市场。

受外来文化的影响,我国文化开始走向大众化和娱乐化。1980年播放《庐山恋》,片中"银幕初吻"在全国观众中引起巨大轰动;1982年电影《少林寺》上映,在一毛钱票价时代创造了亿元票房奇迹;1983年中央电视台举办第一届春节联欢晚会,把数亿观众带入了一片节日狂欢之中;1984年中央电视台推出第一届青歌赛,成了首个音乐"梦工厂";1986年崔健《一无所有》的演出,标志着中国摇滚乐的正式诞生;1988年卡拉OK的进入,宣告了"人人可以当歌手"时代的到来;1990年大型电视连续剧《渴望》播放,在社会上引发了一股"《渴望》热"……这一切表明,我国原有的精英文化一统天下的文化格局已经被打破。

(二)90年代初中期至21世纪初:泛娱乐化现象凸显

1992年,中国的市场化改革正式启动。在市场经济等因素的作用下,我国文

---

① 后来"四大天王"的形成,又将港台流行音乐的影响推上了一个高峰。

化的精英性、思想性和教育性逐渐弱化，大众化、趋利化和娱乐化不断增强。

第一，"韩流"逐渐形成并走向顶峰。1993年韩剧《嫉妒》在央视播出，这是韩剧第一次登陆内地荧屏。1997年电视剧《爱情是什么》在央视的热播，带动韩国娱乐文化大量涌入，"韩流"逐渐形成。21世纪后，《蓝色生死恋》《大长今》等剧集的播放，将"韩流"推向了最高峰。除了影视外，韩国的音乐组合，如东方神起、少女时代、神话等在中国的风行，对"韩流"的形成也起了十分重要的助推作用。

第二，好莱坞大片促进我国电影商业化转型。1994年底，首部美国大片《亡命天涯》进入中国影院。接着，《真实的谎言》《阿甘正传》《狮子王》《生死时速》《泰坦尼克号》等大片陆续进入中国，并且不时爆出惊人票房纪录。如《真实的谎言》第一次创下了国外电影在中国的亿元票房神话，后来《泰坦尼克号》在中国的票房更是高达3.6亿，占当年全国总票房的三分之一。好莱坞大片的持续引进，不仅把中国观众重新拉回了电影院，而且促使中国电影走上了商业化的道路。

第三，电视娱乐令人眼花缭乱。电视的影响力前所未有，娱乐充斥着电视荧屏。"戏说剧""神话剧"不断涌现，艺术真实越来越少；社会新闻成为地方新闻台的主角，插报形式越来越活泼；广告无孔不入，时长越来越令人难以忍受。当然，这一时期最为抢眼的是综艺节目火爆异常。

第四，网络游戏异军突起。20世纪90年代网络游戏一出现，立即触发了游戏者们的尝试欲。一开始流行的仅是局域网游戏，如《星际争霸》《红色警戒》《反恐精英》《魔兽争霸》等。后来有了真正意义上的网络游戏，如《热血传奇》《魔兽世界》《泡泡堂》等。由于网络游戏具有很强的交互性和沉浸性，能够产生传统游戏不可能有的独特体验，因而让许多青少年深陷其中，不能自拔。

(三)21世纪初至今:泛娱乐主义逐步兴起

在这一时期,大众文化已经呈现出比较明显的"拒绝崇高"以及拜金主义、享乐主义和极端个人主义等价值取向,而最近的十多年中,由于价值多元化的趋势不断增强,加上网络技术的发展和新媒体的兴起,泛娱乐主义逐渐兴起。这突出地表现在以下三个方面。

第一,娱乐文化与价值观的互动更为频繁。一方面,一些人把娱乐文化当作价值观的最佳包装物和最佳传播载体。如有人通过笑话、漫画、视频恶搞领袖和英雄人物来虚无化中国共产党的历史,等等。另一方面,一些人则通过一些可能会引发争议或能够引起共鸣的价值观来增加娱乐文化产品的收视率、收听率、点击量或发行量。甚至有些娱乐节目拼命地打励志牌、苦情牌,表面是为了传播正能量,但实际上是为了赢得更高的收视率。

第二,"泛娱乐战略"成为互联网经济的重要战略。随着网络技术的进一步发展,特别是移动网络传输能力的大幅提高,几乎所有的娱乐文化都可以搬到网上,形成了网络新闻娱乐化、网络文学娱乐化、网络音乐娱乐化、网络游戏娱乐化、网络视频娱乐化等网络奇观。一些网络企业看到网络娱乐的巨大商机。提出了"泛娱乐战略"①,这一战略并不等于泛娱乐化,但它把娱乐视为产业核心,如果缺乏正确的价值引导,极容易异变为"泛娱乐化战略"。如近两年来快速发展的网络直播,以利润最大化为目标,以娱乐为基本手段,竟然直播严重突破道德底线的内容,这不能不引起我们的高度关注和警惕。

第三,"有闲即娱乐"成为年轻人的一种生活方式。在今天,娱乐虽不是生活的全部,但已经变得不可或缺。特别是年轻人,工作时间要娱乐,如利用微信等偷偷聊天、玩游戏、传播娱乐信息等;碎片化时间要娱乐,如在等车、

---

① 旨在将 IP 泛娱乐化,并对其进行全方位开发,以构建一个打通游戏、文学、动漫、影视、戏剧等多种文创业务领域的互动娱乐新生态。

上厕所、短暂休息等时段,可以随时打开手机,欣赏自己喜欢的音乐,电影电视或视频直播等;闲暇时间更要娱乐,喜欢安静的可以躲在房子里玩游戏、听音乐、欣赏网络影视、阅读网络文学等。喜欢热闹的可以约几个朋友打桌游、泡酒吧、逛商场、唱卡拉 OK、参加户外运动等。概言之,很多年轻人的生活方式就是"工作+娱乐"。

二、泛娱乐主义的兴起原因

泛娱乐主义的兴起,原因有很多,但主要源于西方文化的渗透、市场经济的驱动和大众心理的支撑。

(一)西方文化的渗透

改革开放以后,外来文化特别是娱乐文化大量倾销,直接推动了我国文化的泛娱乐化和泛娱乐主义的兴起。

第一,西方国家要推销自己的价值观,必然要推崇泛娱乐主义。价值观的传播可以采取灌输和渗透两种不同的方式。但是前者一般只适用于价值观的国内传播,价值观的国际传播(特别是针对主权国家)几乎不可能采用灌输的方式,往往只能采取隐性渗透的方式,而娱乐文化是隐性渗透的最好渠道和载体。

第二,西方娱乐文化的巨大经济效益,会诱使人们走向泛娱乐主义。20世纪 90 年代初,我们之所以进口美国大片,目的之一就是想挽回中国电影日趋下滑的颓势。而实践表明,进口大片的吸金能力大得惊人,如美国大片《阿凡达》在中国的票房高达 13.4 亿元人民币,全球票房高达 27.8 亿美元。不仅如此,娱乐文化还能带来巨大的间接效益。被人称作"电影界沙皇"的威廉·海斯曾指出,电影就是一位"旅行商人","商品跟在影片后面,凡是美国影片深入的地方,我们一定能够销售更多的美国货物"。事实上,包括电影在内的一切娱乐均可成为该国经济的"形象代言人",带动该国经济的发展。如2012年鸟叔的《江南 Style》火遍世界,就在这一年,韩国上半年文化内容产业的出口额较2011年同期增长了5.4%,前三个季度文化娱乐服务业收支创下了400亿韩元顺差。这些数据不能不令人"怦然心动",因此,国内文化生产者对于娱乐可谓趋之若鹜:进口大片的持续引进,国内电影的商业化娱乐化转型,国内综艺节目对国外综艺节目的借鉴与效仿,大量网络游戏的引进与开发,各种网络直播的推出,等等,将泛娱乐化推向了新的高峰,并进一步扩大了泛娱乐主义的影响。

(二)市场经济的驱动

外因是变化的条件,内因是变化的根据,外因通过内因而起作用。就泛娱乐主义思潮的兴起而言,西方文化渗透仅仅是一个外因,市场经济的驱动才是最为重要的内因。

第一,市场经济解放了生产力,极大地促进了经济发展,为文化消费的快速增长奠定了物质基础。从世界经验来看,当人均国内生产总值超过3000美元时,文化消费会快速增长;接近或超过5000美元时,文化消费则会井喷。其背后的机理则是:物质生活水平的提高是基础,现代社会的各种压力是动力,闲暇时间的增加是条件,这些因素的共同作用极大地刺激了大众的文化消费。我国2008年人均国内生产总值首次超过3000美元,2011年人均国内生产总值首次超过5000美元,文化消费同样出现了惊人的增长,这可以从文化产业的快速发展中得到充分体现。据国家统计局统计,2016年我国文化产业实现增加值30254亿元,比2012年增长67.4%,年均增速13.7%。[1]

---

[1] 参见周科:《千帆竞发浪潮涌 百舸争流正逢时——十八大以来我国文化产业发展成就综述》,新华社,2017年5月12日。

第二，市场经济推动了文化转型，大众文化得到迅猛发展，推动了泛娱乐化的趋势。在市场经济条件下，很多文化产品也成了商品。既然是商品，就要接受市场的检验。如果过不了市场这一关，创作和生产文化产品的一切劳动都无法得到社会承认。而市场关实际上就是大众关，因为从人数上讲，大众是绝对的多数，因此要想赢得市场就必须赢得大众，就必须迎合大众的文化趣味和消费动机，由此必然会推动整个文化由精英主导向大众主导的转型。那么大众的文化旨趣和消费动机何在？大众的文化消费动机是多样的，如认知、审美、社交、娱乐，等等。而在这些动机中，娱乐动机毫无疑问是最重要的。一方面，大众在解决温饱和小康之后，娱乐需求必然上升；另一方面，受教育水平等因素的制约，大众更愿意通过娱乐去解决认知、审美和社交等需求。面对大众的文化旨趣和消费动机，不管是生产商还是销售商，都必须把娱乐放到至关重要的位置，把娱乐元素注入几乎所有文化产品和服务中，甚至把娱乐元素渗透到经济、社会、教育、体育等一切领域和活动之中，由此推动了文化的泛娱乐化。

第三，市场经济影响了人的需求，符号消费急剧膨胀，使泛娱乐主义成为商品拜物教的一个新变种。人的消费既可以源于需求，也可以源于欲求。需求不同于欲求，需求与使用价值相联系，源于需求的消费虽是一种必需的消费，但却是一种有限的消费；欲求与交换价值相联系，源于欲求的消费虽然不是必需的，却是无限的。在市场经济条件下，生产的决定作用并没有改变，但交换的作用越来越突出，无论是用于交换的商品，或是充当交换媒介的一般等价物，似乎具有决定商品生产者和所有者命运的神秘力量。这就是马克思所说的商品拜物教，以及后来人们所说的拜金主义。过去，土地、能源等有形资源可以带来财富和金钱，所以人们崇拜的基本上都是有形的商品（或货币）。但现在，娱乐也可以给人带来财富和名声，有时甚至能够比普通商品带来更多财富和更大名声。因此，从经济角度来讲，泛娱乐主义的实质仍然是一种商品拜物教或拜金主义。很多人之所以要追求娱乐，或是希望它在某个时候能够变现为实实在在的名和利，或是想在娱乐中做一个满足某种愿望的白日梦。

（三）大众心理的集体驱动

一种典型的社会思潮通常是由三个层面构成的：一是社会心理，二是理论表达，三是集体行为。泛娱乐化和泛娱乐主义的社会心理基础十分复杂，但主要有三种。

一是偷窥心理。"偷窥"本指用眼睛偷看他人身体、隐私活动的行为，而现在凡通过各种媒体来追踪他人隐私信息的行为，都是"偷窥"。传统意义上的偷窥常常被视为一种不道德行为，所以偷窥者必然会心存顾虑。而在娱乐化时代，偷窥者可以在家里利用电视、手机等网络终端进行"偷窥"，且每个偷窥者都知道还有很多人像自己一样在"偷窥"，因而在道德上不会产生任何负疚感，从而进一步刺激了人们的偷窥欲。这实际上是明星八卦盛行、真人秀节目火爆、警匪片票房高的一个重要原因。

二是孤独心理。孤独心理是人类常见的一种心理，只不过现代社会大大加剧了这种心理。现代城市大量的流动人口之间，以及流动人口与本地居民之间，往往存在着难以消弭的文化隔膜和心理距离。即便是城市原住民，由于城市的不断更新和扩张，彼此之间的关系也会日渐疏远。为了排解内心的孤独，人们往往会求助于娱乐，因为娱乐可以让人暂时忘记自己的处境，误以为一同娱乐的人都是自己亲密的伙伴，会产生一种虚幻的归属感。

三是梦幻心理。娱乐中的梦幻心理主要有两种："逃避"和"满足"。"逃避"是要借助于娱乐忘掉现实，以缓解一下生活的压力和痛苦。比如一些"沙发土豆"和"游戏瘾君子"，心甘情愿地充当电视、游戏等娱乐文化的"奴仆"和"囚徒"，目的就是享受垂手可得的"虚拟安乐"。"满足"是要借助娱乐超越现实,以暂时体验一下成功的地位和喜悦。这种心理具有一定积极意义,比如有人之所以特别喜欢观看体育比赛,是因为"可以通过它学习竞争和成功的行为和社会价值观"①。但不管如何,两者都具有幻想性质,所以理查·戴尔毫不隐讳地指出:"这两种描述皆指向了娱乐的核心要旨,即乌托邦主义。"②

第三节　泛娱乐主义在中国

尽管泛娱乐主义形成及发展的时间不长,但对中国依然产生较大影响,深刻剖析其对中国影响,挖掘产生影响本源,有利于我们找到问题症结,进而采取积极有效的应对策略。

一、泛娱乐主义对中国的影响

对待娱乐,我们必须坚持马克思主义唯物辩证法。适度的娱乐、审美的娱乐对个人和社会都是有益的,如可以悦耳悦目,悦心悦意、悦情悦志,可以放松心情、缓解压力、丰富生活,可以促进价值传播、推动文化繁荣、促进社会和谐,等等。但是任何事情都过犹不及,过去对娱乐的严禁不妥,今天对娱乐的放纵也有问题,特别是发展为泛娱乐化和泛娱乐主义的问题更为突出和严重。由于泛娱乐化与泛娱乐主义实际上是一个问题的两个方面,前者是"表",后者是"里"。因此,泛娱乐主义的影响既可能表现为显性的社会危害,也可能表现为隐性的意识形态影响,这也需要我们下一些功夫来认真研究

---

① ［美］道格拉斯·凯尔纳:《媒体奇现——当代美国社会文化透视》,史安试译,清华大学出版社,2003 年,第 77 页。

② ［澳］理查·戴尔:《娱乐与乌托邦》,宋伟杰译,《当代电影》,1998 年第 1 期。

和分析。

（一）显性的社会危害

泛娱乐主义必然表现为泛娱乐化，而泛娱乐化就是娱乐的泛化和极化，就是不该娱乐的而娱乐了，可以娱乐的地方娱乐过头了，其结果必然是有害无益。

第一，泛娱乐主义驱动媒体的娱乐化，削弱新闻的公信力。新闻的公信力必须建立在真实性的基础之上，但是泛娱乐化常常以牺牲真实性为代价来博取受众的注意力，结果损害的却是新闻的公信力。有些媒体娱乐节目占比过大，调查表明，一些城市电视台综艺和电视剧的收视份额占到43.2%。[①]娱乐占比过高，会给人造成媒体即娱乐、一切（包括严肃新闻）皆可娱乐的印象，导致新闻媒体失去原有的严肃性、公信力。有些媒体娱乐节目弄虚作假，一些选秀类节目放任甚至帮助选手伪造身份、虚构故事，等等，这让受众对其他所有节目的真实性都会产生怀疑。有些媒体的新闻节目也染上了泛娱乐化的"病毒"，如有的媒体盛行"标题党"，将新闻事件的某一点进行放大甚至歪曲；有的媒体故意先发一个不真实的新闻，过一两天再做一个更正性的报道；有些媒体甚至把道听途说的、主观想象的，甚至是完全炮制的东西作为新闻来报道。久而久之，这些新闻及媒体就会像寓言故事"狼来了"一样，最终丧失人们对它们的信任。

第二，泛娱乐主义驱动文化产品的低俗化，消解道德的约束力。改革开放后，我们在引进国外优秀文化成果的同时，一些腐败文化也乘虚而入，最典型的就是一些含有暴力、犯罪、色情等不健康内容的文化产品大量传播。虽然从1989年起国家就成立了"扫黄打非"的专门机构，但因传播渠道和技

---

① 参见《综艺、电视、新闻收视比重差异化——2017电视内容市场分析》，沙发网，2017年9月12日。

术的不断翻新,"黄"和"非"的问题不仅无法在短时间内完全消灭,有时还会变得特别猖獗。如 2017 年全国"扫黄打非"部门共取缔关闭淫秽色情等各类有害网站 12.8 万个,处置网上淫秽色情等有害信息 455 万余条。这一方面说明政府"扫黄打非"的力度很大,但另一方面也说明暴力、犯罪、色情文化传播问题仍然比较严重。而受害最大的群体就是青少年,因为他们的价值观尚未形成,辨别是非能力还比较差。青少年如果经常接触这些不良信息,会刺激他们的非理性欲望,形成不良心理动机。有一些青少年甚至会以反面人物为偶像,走上违法犯罪道路。苏联美学家鲍列夫曾强烈批评电视:"电视机很可能成为新的特洛伊木马,它能钻进一般人的大脑和心灵,从内部瓦解他,将他变为市侩和卑劣小人。"在今天看来,这句话仍不为过。

　　第三,泛娱乐主义驱动教育的娱乐化,影响学校教书育人的效果。尼尔·波兹曼在《教学:一种保护性的活动》一书中,详细分析了电视图像和学校这"两种课程"的独立性,并且提出,学校(包括课堂)是帮助年轻人从图像和娱乐中解脱的最好方式。但现在的情况正好相反,随着泛娱乐主义的不断蔓延,学校教育已经变得日益娱乐化。这突出表现在以下三个方面:一是课堂设计"舞台化"。一些教师轻教学内容重教学方式,在短短的一堂课内设计了太多的游戏、表演和互动等活动,整个课堂就好似由若干微型综艺节目组成的"大串烧",形式虽然十分花哨,但效果却不尽如人意。二是教学手段"图像化"。有些教师在教学中过度依赖图像、视频等多媒体技术手段,试图以娱乐化、技术化的形式来取代教材理论体系的阐述和知识点的讲解,掩饰其理论讲解和阐释的不彻底性与滞后性。①三是思政教育"媚俗化"。如有些老师以调笑、戏说有关国家领导人、军事、外交等严肃性问题为趣,以曝光社会丑恶

----

① 参见刘艳:《高校思想政治理论课教学"泛娱乐化"现象批判与省察》,《广西社会科学》,2015年第 9 期。

面、挖掘八卦人生为荣,话语表达表现出感想性、随意性、情绪化等特征。[①]教育的娱乐化一方面会影响学生认识能力的提高,因为当一个学生长期浸淫于泛娱乐化之中,满目只有具体的图像而没有抽象的概念时,就会沦为感性的奴隶,理性思维能力将难以提高;另一方面会影响学生思想政治水平的提高,因为当一个学生从学校、课堂得到的都是负面信息时,就难以树立"四个自信",就无法成为能够担当民族复兴大任的时代新人。

(二)隐形的意识形态影响

泛娱乐主义除了可以产生显性的、直接的社会危害之外,还会从深层次影响主流意识和人的价值观。

第一,泛娱乐主义会消解主流意识形态。泛娱乐主义会促进文化和价值的多元化,使大众的文化认同和意识形态认同更难形成。更为关键的是,泛娱乐主义不管以什么方式处理主流意识形态,都会导致主流意识形态凝聚力和引领力的削弱。通常情况下,泛娱乐主义会"拒绝崇高",对主流意识形态避而远之。20世纪90年代初,"拒绝崇高"、投身娱乐成为一种流行的政治态度和文化态度。在一些人看来,政治既是一件严肃的事,又是一件有风险的事,因而不如远离政治,更多去关注所谓人性、爱情、金钱等。因为这些东西不同于政治,它们都是可以用来娱乐的,而且你想怎么娱乐就怎么娱乐。如果娱乐得好,既能让大众高兴,又能给自己换来真金白银,这就进一步强化了人们的政治冷漠,削弱了主流意识形态的影响力。

但是在有些情况下,泛娱乐主义也会"伪崇高",即表面上歌颂崇高,实则消解崇高的现象。比如,近几年来播放的一些"抗日神剧",表面上都非常符合主旋律,但实际上只是迎合主流意识形态,以争取更多的播出机会,赢

---

① 参见刘艳:《高校思想政治理论课教学"泛娱乐化"现象批判与省察》,《广西社会科学》,2015年第9期。

得更大的市场。这种电视剧，类型虽是抗战剧，但其本质却是娱乐片，因为"抗日"只是故事背景，其内容则是武打、枪战、爱情、时尚、性感等各种娱乐元素的大杂烩。在有些情况下，泛娱乐主义又会直接"亵渎崇高"。古人云："灭人之国，必先去其史。"一些人为了达到反对党的领导和中国特色社会主义制度的目的，就以"反思历史""重新评价历史"为名，肆意歪曲近现代中国革命历史、党史、新中国史、军史。这就是我们所批判的历史虚无主义。这一思潮通常会以"学术研究"的面目出现，但这种"学术研究"很容易被识别，且受众比较有限，因而有人还会通过泛娱乐化的方式把它体现出来，如编造笑话恶搞董存瑞、黄继光等英雄人物，等等。这些"娱乐版"的历史虚无主义，对主流意识形态的伤害，绝不亚于"学术版"的历史虚无主义。

第二，泛娱乐主义很容易演变为民粹主义。民粹主义是一个政治概念。"从历史经验上看，民粹主义首先是一种仇恨情结，他们厌恶贵族、权势者、有产者和知识分子等精英，而同情平民、无产者，即无产业、无知识的大众"①。因此，泛娱乐主义与政治民粹主义并不是一回事，千万不能将它们划等号。然而泛娱乐主义与文化民粹主义关系十分紧密，因而不可能完全与政治无涉。所谓文化民粹主义，就是"由一些通俗文化专业学人所作的知识分子式的界定，认为普通百姓的符号式经验与活动比大写的'文化'，更富有政治内涵，更费思量"②。文化民粹主义对"普通百姓的符号式经验与活动"更为尊崇，说白了，就是对大众文化特别尊崇。大众文化不同于主流文化和精英文化。从主体上讲，大众文化是一种市民文化，必须以市民的文化趣味为中心；从机制上讲，大众文化是一种商业性文化，它必须抓住大众心理，努力刺激大众的欲望；从内容上讲，大众文化是一种通俗文化，它必须把文化拉平到大众水平，提供一些平面无深度、轻松没难度、娱乐无限度的产品或服务；从

---

① 陈伟球：《传媒民粹化背景下的反智亚文化研究》，《新闻与传播研究》，2014 年第 4 期。

② ［英］吉姆·麦克盖根：《文化民粹主义》，桂万先译，南京大学出版社，2001 年，第 4 页。

功能上讲,它是一种迎合受众的文化,其主要功能是娱乐、游戏和经济,而不是认知、教育和政治。概言之,大众文化本质上就是娱乐文化,因此文化民粹主义与泛娱乐主义必然是相通的。

泛娱乐主义与文化民粹主义对大众的尊崇,从表面上来看非常民主,其实不然。比如说选秀,有的选手得票很多,但可能是花钱买的;一些电影的票房很高,但可能是刷出来的;网络对某人某事的评价一边倒,但可能是出现了"沉默的螺旋"。因此,泛娱乐主义或文化民粹主义的所谓"民主",在有些情况下只是一种"资本的民主"或"多数人的文化暴政"。尤其需要注意的是,泛娱乐主义虽然不是政治民粹主义,但是泛娱乐主义可以成为传播民粹主义思潮,煽动民众仇富、仇官、仇视精英的工具。还有,文化民粹主义者可能不仅仅满足于文化参与,在一定条件下,其利益诉求还会扩展到经济、政治等领域。这也就是说,文化民粹主义有可能会发展为政治民粹主义。

第三,泛娱乐主义很容易发展为享乐主义。泛娱乐主义不等于享乐主义,但两者又是相互联系、彼此贯通的。娱乐有审美娱乐和非审美娱乐之分。审美娱乐一般都具有抽象性,因而需要深度思考、消耗脑力,有时甚至还需要"以苦作舟"。而非审美娱乐基本上都是形象性的,只需跟着感觉走就行了。有些娱乐产品,如商品广告、简单游戏,几岁的幼儿就能看懂、就能操作,根本不需要任何知识储备,也不需要消耗任何脑力,因而也就无苦可言。就物质享乐而言,现实生活中主要有两种典型:一种是好逸恶劳,这种人不愿努力而只图享乐,比如一些惯偷、诈骗犯以及啃老族等;还有一种是及时行乐,这种人并不是不劳而获,而是为乐而劳,劳动仅仅是手段,享乐才是目的,所以喜欢"今朝有酒今朝醉"。由此可见,泛娱乐主义与享乐主义有一个共同特征,就是趋乐避苦,不愿意付出太多努力。

正因为如此,泛娱乐主义已经成为享乐主义的一种新形式,可以充当现代人辛苦工作的"报偿物"和自我完善的"填充物"。美国学者丹尼尔·贝尔曾深刻指出资本主义的文化矛盾:"一方面,商业公司希望人们努力工作,树立职业忠诚,接受延期报偿理论——说穿了就是让人成为'组织人'。另一方面,公司的产品和广告却助长快乐、狂喜、放松和纵欲的风气。人们白天'正派规矩',晚上却'放浪形骸'。这就是自我完善和自我实现的实质。"①这一批评虽然是针对资本主义的,但对我们同样有一定启发意义。特别是当代中国正处于深刻转型期,人们的社会压力普遍增大,因此不少人付出辛勤劳动之后,需要的不是"延期报偿",而是"即时报偿"。这种即时报偿,过去主要通过物质享受来体现,但当人们的物质需求基本满足之后,就希望能够得到一种文化补偿。而今天的文化补偿又不同于过去的精神需求,它已经"不再与如何工作,如何取得成就有关,它关心的是如何花钱,如何享乐"②。因此,现代社会的泛娱乐主义实质上就是一种"文化享乐主义",而享乐主义已越来越多地表现为泛娱乐主义。

此外,现代娱乐文化中含有大量诱导人们享乐的东西,最典型的是广告和电影。广告的目的是尽可能多地出售产品,因此要极力推崇享乐主义的生活方式,甚至公开宣扬:"今天,人的幸福就是'寻求快活',而寻求快活就是通过消费得到满足。"③电影关于享乐主义的主张一般不会像广告那么直截了当,但是导演、制片人或投资人十分清楚地知道它的观众是谁,以及他们最需要什么,因此专门有一类电影——励志片,电影的背景和道具一般都是豪华办公室、五星级宾馆、高尔夫球场、宠物、名车、别墅等,其目的只有一个,就是刺激观众追求享乐的欲望,以增加电影的票房。

① [美]丹尼尔·贝尔:《资本主义文化矛盾》,赵一凡、蒲隆、任晓晋译,生活·读书·新知三联书店,1989年,第119页。

② [美]丹尼尔·贝尔:《资本主义文化矛盾》,赵一凡、蒲隆、任晓晋译,生活·读书·新知三联书店,1989年,第118页。

③ 陈学明:《痛苦中的安乐——马尔库塞、弗洛姆论消费主义》,云南人民出版社,1998年,第136页。

第四，泛娱乐主义实质上是一种文化消费主义。消费主义所指的消费已不是传统意义上的消费。法国哲学家、社会学家鲍德里亚曾深刻揭示了当代资本主义社会的一个重大转型，即从物质消费向符号消费、象征消费，也就是向文化消费的转型。因此，消费主义的一个重要表现形式就是泛娱乐主义，或者说，泛娱乐主义实质上就是一种文化消费主义。

首先，在消费社会中，消费的地位超出了生产的地位，生活中的一切都成了消费品，"无物不可以消费"，而且越来越多的消费与娱乐都是分不开的。"当代消费文化正在从大众消费向充满审美和文化意义要求的消费过渡。……如今，休闲、娱乐与文化已交织在一起，文化活动与娱乐活动已不再被完全分离开，同时，商品消费与文化消费也融合在一起。业余时间被视为文化、消费与娱乐合而为一的时间。"①现代社会几乎已经到了"无娱乐不消费"的地步了。

其次，在消费社会中，消费主义是指这样一种生活方式：消费的目的不是为了实际需求的满足，而是不断追求被制造出来、被刺激起来的欲望的满足。如果将物质消费与娱乐消费相比，后者比前者更能刺激人的欲望。因为在物质消费上，即使是一个十足的消费主义者，也必须考虑商品的实际功效。而娱乐文化本身不是必需品，它直接就是一种"欲求"。消费主义要鼓动人们进行更多的物质消费，特别是奢侈品的消费，需要借助于娱乐文化，比如各种广告、影视等，来刺激人们的"欲望"。而作为一种非必需品的文化，想要把自己顺利地推销出去，更需要制造"欲望"来满足大众的愉悦、认同、尊重等需求。

最后，在消费社会中，人们消费的主要不是商品和服务的使用价值，而是它们的符号价值和象征意义。"人们之所以选择这些商品，是因为它们有

---

① ［德］彼得·科斯洛夫斯基：《后现代文化》，毛怡红译，中央编译出版社，2009年，第117~118页。

相应的等级。"物质消费固然可以"炫耀"自己,娱乐消费同样可以体现身份。总之,越是稀缺的、昂贵的娱乐,越能体现一个人的身份等级。泛娱乐主义,或者说是文化消费主义,它的危害在某种程度上比一般消费主义还要大。因为文化的作用本来是要"以文化人",即使是娱乐文化,也应当"寓教于乐"。而当下,文化在泛娱乐主义与消费主义的操控下,或者只剩下了空洞的形式,或者装满了一肚子的"男盗女娼"。受这种文化消费主义的影响,不少人都成了"欲望的囚徒"和马尔库塞所说的"单向度的人"。

二、抵御泛娱乐主义的中国策略

鉴于泛娱乐主义的社会危害,及其对意识形态和价值观的深刻影响,我们必须保持清醒的头脑,自觉抵制它的渗透和侵袭。

(一)思想引领

坚持马克思主义指导地位,厚植思想政治理论根基。要坚持马克思主义在主流意识形态的指导地位,用马克思主义的立场、观点和方法为指引,提升社会认知和社会判断能力,引导青年学生树立高尚的情操和良好的思想道德品质以应对泛娱乐主义思潮的影响。[①]

第一,科学认识泛娱乐主义思潮。用辩证唯物主义武装头脑,科学认识泛娱乐主义思潮,认清其本质和危害是应对泛娱乐主义思潮传播及其对青年学生思想政治教育产生影响的基础和前提。一是把握好度的原则。要警惕质量互变。娱乐和泛娱乐性质明显不同,从正常的娱乐到泛化的娱乐过程中伴随着娱乐元素量的增加以及娱乐本身性质的改变,泛化的娱乐使娱乐失

---

① 参见李雅歌:《泛娱乐主义思潮对大学生思想政治教育的消极影响及对策研究》,郑州大学硕士学位论文,2020年。

去本身的积极性,沦为一种单纯感官愉悦刺激。要注重质的提升。泛娱乐主义思潮影响下,青年学生接触的娱乐文化往往有"量"缺"质",同质化的娱乐充斥学生的日常生活,呈现出一种"文化工业",无法激发学生的创造性。二是防止形式与内容相脱节。在泛娱乐主义思潮对青年学生思想政治教育影响的过程中,亦不乏娱乐元素充斥教育活动,使教育的内容与形式出现背离。在认识和实践中,要根据内容决定形式的原理,注重事物的内容,正如列宁所言,形式"是活生生的实在的内容的形式,是和内容不可分离地联系着的形式"①。要警惕泛娱乐主义思潮影响下,课堂教学忽视内容、夸大形式作用的形式主义。三是透过现象认识本质。泛娱乐主义思潮往往将某种语境强行植入或代入泛娱乐的语境之中,强化虚构的事实,用直观表象将思维定式限于感官层面,无法实现对事物本质的认识。应透过现象把握本质,不断深化对泛娱乐主义思潮的认识,不能被表面上的泛娱乐假象所蒙蔽。

第二,践行社会主义核心价值观。在社会主义核心价值观的指引下,发挥价值观的导向、规范、凝聚与激励功能,坚持正确的价值导向,使青年学生树立正确的价值观念,增强抵御错误思潮的能力。一是发挥社会主义核心价值观的价值引导力。通过理想信念教育、爱国主义教育、民族精神教育和革命传统教育等教育内容帮助学生明确国家、社会、公民三个层面的价值追求、价值取向、价值准则,把社会主义核心价值观融入教书育人全过程。致力于对社会主义核心价值观道德内涵的挖掘,回应青年学生的价值困惑,使青年学生在价值观的引导下讲道德、尊道德、守道德。传播主流价值观、增强价值认同,需要做好有关政策、法规的制定和修订工作,使之为社会主义核心价值观发挥价值引导力提供制度保障。二是发挥社会主义核心价值观的文化凝聚力。立足优秀传统文化思想道德资源,用优秀传统文化所蕴含的思想

---

① 《列宁全集》(第三十八卷),人民出版社,1990年,第77页。

资源和传统美德涵养社会主义核心价值观,增强其影响力和感召力。坚持社会主义先进文化的前进方向,用社会主义核心价值观凝聚共识、汇聚力量,增强文化自觉和文化自信。注重利用社会主义核心价值观的科学性向青年学生宣传和诠释主流社会文化意识形态的科学性、合理性和优越性,揭露西方社会思潮的虚伪性和欺骗性。不断提升大众文化的质量和水平,改进大众文化表达形式,生动具体地表现社会主义核心价值观的内涵要素,发挥社会文化的教化和养成作用,营造积极健康的文化生态。三是发挥社会主义核心价值观的精神推动力。通过深入系统的学习,使青年学生认识到社会主义核心价值观的精神内涵,发挥核心价值观丰富个体的精神境界的作用。用新媒体传播核心价值观,把握宣传教育同个体思想道德情感的契合点,使社会主义核心价值观成为青年学生的精神支柱和行动准则。帮助青年学生自觉抵制不良社会意识形态,在校园学习生活和日常实践中感知、领悟价值观的核心价值要素,使其成为青年学生日常生活的基本遵循,推动社会主义核心价值观"内化于心、外化于行"。

第三,构建马克思主义文艺育德理念。借鉴马克思主义文艺育德的相关理论,构建先进的娱乐理念,规范娱乐品性,提升青年学生的娱乐鉴赏力和反思批判能力以应对泛娱乐主义对青年学生思想政治教育的影响。一是承载思想政治教育的内容。要帮助青年学生坚定理想信念,引发青年学生对人生价值观、生命价值观的思考与反思。文艺应体现政治观教育的内容,发扬民族精神和时代精神,高扬爱国主义主旋律,"引导人民树立和坚持正确的历史观、民族观、国家观、文化观,增强做中国人的骨气和底气"[1],激发青年学生的自豪感和国家荣誉感,培养社会成员的政治情感和政治信念。要帮助青年学生认识包括集体主义、社会公德、职业道德、家庭美德在内的社会道

德规范，将伦理道德规范内化为内心的道德信念，外化为日常道德行为习惯。二是体现中华文化的精髓。要发挥先进文化的凝聚、润滑、整合作用，弘扬优秀传统文化的滋养功能，发展有内涵、有营养、有思想的娱乐文化，杜绝娱乐模式的同质化，打造富有特色的娱乐文化，创造符合大众深层次需要的、高品位、高格调的娱乐模式。要从中华文化中提炼题材、萃取精华、汲取能量。要挖掘革命文化的育人内涵，以革命先驱为原型、以革命精神为主题、以革命文化为内涵创造文艺作品，坚决抵制文艺创作中任何调侃革命英雄人物和重大历史事件的泛娱乐化现象。要大力繁荣社会主义先进文化，把握好意识形态属性和产业属性、社会效益和经济效益的关系，始终坚持社会主义先进文化的前进方向，促进文化产业健康、有序、协调发展，建设科学规范的现代娱乐文化。三是追求真善美。要在文艺创作的题材、内容、形式、手法上增强文艺原创能力；要孜孜以求、精益求精，坚守文艺的审美理想，提高文艺作品的精神高度、文化内涵和艺术价值，发挥文艺价值引导、精神引领、审美启迪的功能；要深化改革、完善政策、健全体制，规范娱乐创作，抵制低俗之风，警惕"非意识形态化"，注重对影视作品思想倾向和格调的把握与审查；要牢固树立马克思主义文艺观，真正做到以人民为中心，发挥文艺提升思想认识、文化修养、审美水平和道德水平的功能，使文艺能够真正"教导人、引导人、鼓舞人"。

（二）政府引导

坚持价值、规范和技术治理相结合，努力营造清朗的文化空间。娱乐文化的生产、传播和消费涉及价值、法律、技术等多方面问题。因此，在娱乐文化发展过程中，要坚持价值治理、法律治理和技术治理相结合。

第一，价值治理。要坚持中国特色社会主义文化自信，决不能"以洋为美，以洋为尊，唯洋是从"；要建设具有强大凝聚力和引领力的社会主义意识形态,大力培育和践行社会主义核心价值观,为人民提供精神指引;要始终以为人民服务、为社会主义服务为根本方向,更好地满足广大人民的美好文化生活需求;要制定一套关于娱乐文化的价值评价体系,组成一支由宣传文化管理者、文化专家和受众代表组成的测评队伍,对各类文化产品进行测评和分类。根据测评结果,凡是优秀文化产品,政府应通过各种途径加大宣传,同时将其列入政府公共文化购买名单,让优秀文化产品的创作者和生产者"名利双收",以激励引导更多文化企业、文化人才切实履行社会责任,致力于精品文化的创作生产。

第二,法律治理。要加强文化立法,明确哪些娱乐是允许的,甚至是应当鼓励的,比如审美性的娱乐;哪些娱乐是要控制的,比如"限娱令"对综艺娱乐、歌唱选拔、真人秀节目的限制;特别是要明确哪些娱乐是必须禁止的,比如说涉黄涉暴、追星炒星等问题。凡是法律法规明令禁止的,一定要加大执法力度,遇到违法犯罪案件,有一起严厉查处一起,决不能"小洞不补,大洞吃苦",让一些不良娱乐产品蔓延开来。要开展诸如"打黄扫非""净网行动"等集中治理行动,对违法犯罪者造成震慑,让广大群众受到教育。

第三,技术治理。如今,越来越多的娱乐产品都采用"互联网+娱乐"形式。互联网不仅有文化问题,还有技术问题。技术问题就必须通过技术来治理。比如,对于互联网上的海量信息,技术监测的效率要远高于人工监测;再如,对于一些网民的"翻墙"行为,技术屏蔽是有效的办法。当然,技术治理并不仅仅是一个信息监测或信息屏蔽问题,它还涉及很多问题,如谁是技术治理的主体,技术治理的标准是什么,以及如何进行技术治理,等等。对于这些问题,也要认真研究并予以明确,以发挥技术治理的最大效用。

(三)文化生产

坚持社会效益和经济效益相统一,努力创作生产更多精品力作。习近平总书记曾经指出："一部好的作品，应该是把社会效益放在首位，同时也应该是社会效益和经济效益相统一的作品。"这句话不仅适用于文艺作品，同时也适用于其他文化产品。文化的使命是以文化人，这就决定了文化的生产必须把社会效益放在首位。把社会效益放在首位，其底线是不能生产假冒伪劣，更不能生产文化毒品，要追求文化精品。

第一，要有社会责任感。"精品之所以'精'，就在于其思想精深、艺术精湛、制作精良。"创作这样的精品，文化企业或文化投资者必须要牢记自己的使命和社会责任，在投资文化产业之前就应当想清楚为什么而来。如果仅仅是为钱而来，最好远离文化产业。

第二，要立足中国大地。"加强现实题材创作，不断推出讴歌党、讴歌祖国、讴歌人民、讴歌英雄的精品力作"，而不能总是围绕着玄幻、穿越、宫斗等题材。这类影视动漫游戏产品，因为没有历史和现实依据，只能靠戏说、靠噱头等来吸引大众眼球，因而不可能成为精品。

第三，要尊重文艺创作规律。鼓励"文艺工作者要志存高远，随着时代生活进行创新，以自己的艺术个性进行创新"，而不能以金钱来刺激和诱导文艺工作者以短平快的方式大量生产快餐文化甚至恶俗文化。

当然，强调社会效益并不否认经济效益，因为政府不可能满足民众所有文化需求，一些个性化的文化需求必须依靠市场供给，而市场供给就必须考虑成本与收益。一个具有教育意义的文化产品，如果能够通过市场检验，为大众所广泛接受，其社会效益将会得到高度放大。相反，如果只是"导向正确"，而不能为市场所接受，最终只能锁在深宫无人知，或是直接从印刷厂拉到废品站，根本不可能产生社会效益。因此，文化产品的创作与生产最理想的结果，就是社会效益与经济效益的相统一和双丰收。

（四）学校教育

坚持文化熏陶与压力管理相结合,教育引导青年学生志当存高远。学校教育几乎是每个现代人必经的阶段,学校的职责不仅是要教书,而且要育人,而增强青年学生抵御泛娱乐主义的免疫力是育人的一个重要内容。

第一,纠偏不正确的价值导向。古人云:"取法乎上,仅得其中;取法乎中,仅得其下。"因此,在任何阶段,都必须教育学生"志当存高远"。一个人如果目标太低,没有远大抱负,没有社会责任感,稍有成绩,就会止步不前,追求享乐,把物质享受和文化娱乐作为对过去刻苦学习、勤奋工作的一种回报与补偿,躺在享乐主义的温柔乡里虚度年华。

第二,改变忽视人文素质教育的做法。中国人口数量多,就业压力大,加上中国家长望子成龙的文化传统,形成了难以扭转的应试教育模式,一定程度上导致很多学生人文素养"先天不足"、审美能力低下,所以更喜欢接触通俗、庸俗和媚俗的文化产品。要创新方式,对青年学生进行音乐、美术、戏剧、电影、文学等方面的人文素质教育,不断提高青年学生的审美能力,让他们的人格、道德等修养得到有效提升。

第三,改革严进宽出的高等教育模式。有教育工作者指出,中国教育"玩命的中学、快乐的大学"的现象应该扭转。对中小学生要有效"减负",对大学生要合理"增负",提升大学生的学业挑战度,合理增加大学本科课程难度、拓展课程深度、扩大课程的可选择性,激发学生的学习动力和专业志趣,真正把"水课"变成有深度、有难度、有挑战度的"金课";应探索改革教学评估办法,积极引导教师始终坚持以"内容为王"来征服学生,而不能靠泛娱乐化的手法来赢得学生的抬头率;应创新教学方式方法,遵循教育教学规律和学生成才成长规律,改变教学内容满堂灌的教学模式,推广课前大量阅读、课堂深入研讨等教学方法,以充分调动每个学生的积极性;应强化对大学生课余生活的管理,对大学生的时间管理要进行适当指导,对大学生游戏成瘾、追剧成瘾等现象应进行积极干预。

(五)个人修养

坚持感性认识与理性认识相统一,不断提升审美需求和审美能力。感性认识是泛娱乐化、泛娱乐主义的认识基础。如果一个人的认识水平总是停留在感性认识水平,势必很难接受"阳春白雪",而只能接受低层次的文化,甚至只愿意接受"三俗"文化,最终沦为"单向度的人"。因此,要克服和消解泛娱乐主义,努力实现人的全面发展,就必须不断提高自己的理性思维能力。具体路径主要有三条。

第一,坚持阅读。读书可以让人保持思想活力,得到智慧启发,滋养浩然之气。要坚持好读书、读好书,把读书作为一种生活方式。当然,不同的书有不同的作用,如"读史使人明智,读诗使人聪慧,学习数学使人精密,物理学使人深刻,伦理学使人高尚,逻辑修辞使人善辩"。因此,我们应当根据自己的需要,持之以恒地选读适合自己的经典著作和专业书籍,而不能总是读娱乐化的书,或是娱乐化地去读书。

第二,认真思考。古语云:"学而不思则罔,思而不学则殆。"在阅读中,我们需要与作者对话,需要与其他理论进行比较,需要思考它的时代价值,需要用它来分析当今的社会问题。如果我们把经典著作娱乐化,把一切专业知识娱乐化,没有深度思考,没有"去粗取精、去伪存真、由此及彼、由表及里"的过程,那么读书就会变成一种"精神快餐"或娱乐消费,既无助于认识能力的提高,也无助于道德品行的修养。

第三,勤于实践。我们不仅要"读万卷书",还要"行万里路"。如今不少人已经陷入一种恶性循环,即媒体越发达,深入实践越少;而深入实践越少,就越依赖媒体。借助媒体并没有错,错就错在对媒体的依赖上,因为在泛娱乐化的冲击下，真正的社会现实可能会被娱乐化的媒体所遮蔽和曲解，如果仅依靠媒体建构的"拟态环境"，是很难认识真实世界的。这就需要我们深入基层、深入实践、深入群众，在调查中发现矛盾问题，在解决矛盾问题中提高理性认识能力。当我们不断地读书、思考和实践，形成读书、思考和实践相互促进的良性循环，我们每个人的理性思维能力和精神文化需求层次就会大大提高。与之相适应，整个社会文化供给的层次和水平必然会水涨船高，泛娱乐化和泛娱乐主义就会逐渐失去滋生的土壤和倾销的市场。

第六章　生态主义思潮

　　20世纪80年代,生态主义作为一种西方社会思潮传入中国。随着中国环保事业的兴起和绿色发展步伐的加快,生态主义逐渐进入国内学者的研究视野。当前我国理论界对生态主义的研究已经取得一系列成果,但是在认识和理解上还存在着一定的误区和偏差。有些人简单地"拿来"那些具有"乌托邦色彩"的生态主义价值理念,提出一些脱离实践的政策主张,把生态问题看作一个脱离开社会政治关系而独立存在的难题,把科学技术和经济增长看作生态危机的根源,把生态文明与社会现代化对立起来;还有人把生态主义仅仅看成是关注和保护生态环境的思想主张,对那些借生态主义来推销西方价值理念、干涉别国内政的"意识形态化"倾向认识不足。因此,我们不但要正确地分析和认识生态主义思潮,还要以社会主义生态文明观引领其健康发展,使其更好地为中国特色社会主义生态文明建设服务。

第一节　生态主义的兴起

生态主义的兴起和发展不是偶然的，是有其深刻的历史原因和理论背景的。当代西方资本主义使人与自然的矛盾日益尖锐,造成了全球性的生态危机。随着 20 世纪 70 年代西方绿色运动的兴起,越来越多的人对资本主义制度不满,特别是要寻求从根本上解决生态问题的途径,这些都成为生态主义兴起的实践基础。而马克思关于人与自然关系的理论,生态学、系统论及未来学理论,法兰克福学派的理论,则成为生态主义兴起的理论来源。

一、生态主义形成的历史背景

生态主义思潮的出现,既有对消除资本主义危机的警醒,也有对探索一种崭新社会模式的追求。因此,我们要从历史思维出发,来考察生态主义社会思潮产生的社会历史背景。

(一)资本主义生产方式与生态环境的矛盾

当资本主义还处于自由竞争阶段时,由于经济发展还不够充分,生产方式与自然资源、自然环境之间的矛盾还未充分凸显;垄断资本主义阶段早期,虽然出现了工业污染、环境破坏、生态失衡等环境问题,但人与自然之间的矛盾仍不是十分突出。二战后,在新科技革命兴起的条件下,主要资本主义国家获得巨大发展的同时,其生产方式与自然环境的矛盾日益突出,生态危机日趋严重,特别是 20 世纪 70 年代以后,全球性生态危机更加尖锐,日益恶化的生存环境,驱使人们不断去探寻问题的根源和解决的办法。生态主义正是在这种社会背景下诞生的，它是对现实问题的反思以及对资本主义生产方式进行批判的产物。20世纪70年代以来，西方资本主义国家政治、经济、社会、生态和文化危机此起彼伏，"新社会运动"风起云涌，它包括反战反核运动、绿色运动、和平运动、女权运动等群众性运动，其中的绿色运动主张通过保护环境、维护生态平衡，确保人类与自然和谐发展。绿色运动在其迅速发展过程中，又分为"红绿派"和"绿绿派"。"红绿派"以联邦德国绿党左派发起的"生态社会主义"和以北美西方马克思主义者中"生态社会主义"为代表，"绿绿派"则以生态中心主义为原则，以无政府主义为特征，他们都试图找到既能消除资本主义生态危机，又能走向社会主义道路的方法与途径，并在理论上加以阐述。综上所述，生态主义是资本主义生产方式与生态环境之间矛盾与当代西方发达国家群众运动发展的产物。

(二)西方发达资本主义国家传统价值观的危机

20世纪70年代初，发达资本主义国家经济危机、能源危机、生态危机相继爆发并不断加深。这些危机使得人们对西方资本主义的传统价值观产生了怀疑，那种为"生存而竞争、消费等于幸福"的人生观、价值观越来越受到质疑，一种后物质主义取向的价值观逐渐形成，后物质主义要求人们摆脱对产量、成就、效率、财产的过分追求，转而追求融洽人与自然、人与人的关系，转向追求精神充实、意志自由和优美清新的自然环境。大批学者开始从不同的角度去研究人类面临的危机以及解决危机的途径，一大批系统论、生态学、社会学和政治学理论著作问世，其中卡逊的《寂静的春天》、舒马赫的"小即为美"的经济学新观点、罗马俱乐部的《增长的极限》、格鲁尔的《被掠夺的地球》、曼农·马伦等的《绿党哲学》均以生态问题为中心展开论述，强调世界的整体性与生态平衡的重要意义，强调保护生态环境与社会批判联系起来，对传统的幸福观、消费观、增长观、经济观展开了批评，并提出了解决方案，这些思想为生态社会主义理论的形成与发展奠定了基础。

(三)对传统社会主义模式与西方马克思主义的反思

资本主义发展初期,空想社会主义思想和运动就在欧洲各国产生了,但是由于资本主义发展还不充分,无产阶级还不成熟,空想社会主义者的理想和现实实践始终没有摆脱空想的羁绊。他们揭露了资本主义制度的种种矛盾,却不能科学地阐明矛盾产生的根源;他们预见到资本主义必然灭亡,却不能发现这一历史必然的现实基础和物质力量。19 世纪 40 年代以来,马克思、恩格斯提出了唯物史观和剩余价值学说,科学揭示了由资本主义转变为社会主义、共产主义的客观规律与必然趋势,阐明了无产阶级获得解放的历史条件与历史使命,社会主义由空想成为科学。1917 年俄国十月革命爆发,人类历史上第一个社会主义国家建立。经过几十年的建设和改造,苏联模式逐渐形成, 其基本特征是权力过于集中。苏联模式后来被东欧一些国家采用,在实践中其弊端逐渐显现。1989 到 1991 年间,原苏东社会主义国家政权相继垮台,社会主义运动处于低潮。在这样的历史背景下,一些西方马克思主义学者以苏联解体、东欧剧变为契机,对社会主义的历史、现实和未来进行了重新审视,对马克思主义的理论与实践各个方面,尤其对社会主义的一般理论、政治经济制度、社会主义与生态环境、社会主义的未来与出路等进行了反思。一部分西方马克思主义学者认为,传统的苏联模式的社会主义并不是真正的社会主义,它既没有达到马克思所设想的摆脱异化的水平,也不能克服人与自然之间的矛盾。在这场反思中,生态社会主义因其对人类面临的日益恶化的生态环境的特别关注而引起人们重视, 日益成为西方马克思主义的主要派别。生态社会主义认为,只有废除资本主义制度,才能从根本上解决生态危机,拯救人类的生存环境。它把马克思主义与生态问题的解决联系起来, 认为取代资本主义的理想社会是人与自然和谐相处的生态社会主义。由此看来,生态社会主义思潮是在对资本主义批判、对传统社会主义进行反思的基础上形成和发展起来的。

二、生态主义产生的理论依据

何社会思潮都不是凭空产生的,都有其思想渊源,生态主义也不例外。其产生的理论来源主要有马克思主义、生态学、系统论等思想和理论。

(一)马克思关于人与自然关系的理论

许多生态主义者都将马克思关于人与自然关系的理论作为研究和解决生态问题的出发点,都或多或少地受到马克思主义思想的影响,特别是受到马克思早期著作《1844年经济学哲学手稿》的影响。

生态主义对马克思关于人与自然关系理论的继承与借鉴主要涉及以下三方面内容。

第一,马克思以"人类尺度"认识人与自然关系的方法。生态主义者宣布坚持马克思的人类中心主义思想,即人类在解决生态危机、重新认识人类对世界的态度时,不应放弃"人类尺度"。德国著名生态马克思主义学者瑞尼尔·格仑德曼认为,与以往的哲学不同,马克思早在《1844年经济学哲学手稿》中,就明确提出了"社会是人与自然的完整统一体"的思想,强调要关注人类世界,关注现存世界。在现存世界中,自然界具有"优先地位",但这个自然界已不是原生态的自然界,而是"人类学的自然界"。在现存世界中,自然与社会相互制约、相互渗透。通过实践,人类不仅改造自然存在,而且自身也进入自然存在之中,赋予自然存在以新的尺度——社会性。对人与自然关系的辩证理解,是构建生态主义的理论前提。

第二,马克思将社会问题与自然问题联系起来考察的思想。马克思在

《资本论》中就将环境问题与当时的社会矛盾联系在一起,认为人对自然的"支配"不是生态问题的"原因",生态问题只是由对待自然的"特殊的社会方式"所引起的。因此,有必要把自然问题与资本主义基本矛盾联系起来考察。马克思在《哥达纲领批判》中进一步提出资本主义制度是生态危机的根源,生态恶化是资本主义固有的逻辑,解决生态问题的出路就是要打碎这一逻辑。

第三,马克思关于技术进步有助于人的自然解放,并促进人的社会解放的思想。在马克思的论述中,人对自然的支配并不是统治,即所谓的征服与破坏,而是人类对自身与自然关系的集体的、有意识的控制。科学技术的发展和社会生产力水平的提高可以使人们更好地实现对自然必然性的把握,有更多的时间从事创造性的活动,实现真正的自由。而未来社会在社会关系方面对资本主义私有制的克服,使人们可以自主地控制人与自然的关系。人类自由的真正实现和人与自然的历史性统一是未来社会主义社会的两个基本方面。

当然,在生态主义者看来,虽然马克思早在一百多年前就充分论证了资本主义社会中人与自然的矛盾,但是由于当时资本主义生产还不发达,人类对自然资源的开发也有限,人与自然的矛盾还未激化,因而马克思的生态思想还不够完整、系统。

(二)生态学、系统论及未来学理论

当代西方生态学、系统论及未来学理论的产生与流行,为生态主义的产生提供了重要的理论启迪,并扩大了其理论空间。

第一,生态学。生态学是研究生物与自然环境相互关系的科学。人类很早就开始关注生物(包括人自身)与自然环境之间的关系。比如,中国古代的"天人合一""道法自然"的思想就已涉及如何正确处理人与自然关系的问题。

随着近代大工业的出现，环境保护和生态平衡开始为科学家所关注。1866年，德国动物学家海克尔首次提出了"生态学"这个概念，它含有研究有机体生存环境之意。20世纪初，生态学成为一门独立学科。当代生态学家奥德姆认为，生态学是研究生物个体或群体与其环境之间关系的学科，是研究生态系统的结构与功能的学说。20世纪60年代末，"生态学"开始成为西方社会的流行话语。由于生态学十分强调把人类与自然环境的关系作为一个整体考察，因此为生态主义的兴起提供了重要的思想方法。

第二，系统论。生态主义理论兴起，还与系统论的发展有关，特别是与生态科学同系统科学相互渗透、紧密结合的发展趋势有关。系统论的创始人贝塔朗菲认为，系统是由若干相互作用、相互依赖的要素组成的具有一定结构和特定功能的有机整体，一般具有整体性、联系性、目的性、环境适应性、层次性等特征。1935年，英国生态学家坦斯利提出"生态系统"的概念。他认为，生物机体与自然环境相互依赖、相互作用，形成有机的自然系统。第二次世界大战后，科学技术的高速发展，使世界各国成为一个不可分割的整体，生态危机的加剧使得生态学和系统论成为人们认识世界环境危机的重要方法。在这一背景下，系统原则成为20世纪70年代绿色运动的一项"新政治学原则"，它将整个自然界看作一个由无数相互联系、不断发展的子系统构成的大系统，即生态系统。该系统是一个不可分割的整体，而人类只是其中的一部分。这种观点导致了西方生态主义的出现，后者要求在生态系统中要以自然为中心，要服从自然对人的要求，要给自然以伦理道德。这种关于人与自然关系的理解，一方面促进了生态主义从生态系统的角度思考生态危机的根本原因，另一方面也促进了生态主义重新思考以什么尺度来考察人与自然的关系。

第三，未来学。20世纪70年代以来的未来学也是生态社会主义的重要理论来源之一。首先，未来学首创对当代威胁人类生存的全球问题的研究，强调生态危机的全球性和普遍性。其中以"罗马俱乐部"的《增长的极限》（1972）等系列研究报告最为著名。"罗马俱乐部"的研究报告运用定量分析手段，对人类的困境，特别是生态危机的性质和内容，进行了分析，提醒人们关注对人类生存造成威胁的全球问题，呼吁各国合作共同解决生态问题。这些分析都对生态社会主义者深有启发。其次，未来学主张通过技术手段的调整，来完善资本主义现代化面临的新问题。乐观主义的未来学者舒马赫在《小即最美：对经济学的估价》一书中，从改良资本主义的角度提倡一种小规模技术，来消除现代工业社会生产高度集中的特征，并认为人的生活目标不应是无止境地获得商品，而应是寻求需求与消费的协调，建立"稳态经济"。这一思想启发了生态主义者，加拿大学者本·阿格尔指出，"通过使舒马赫的观点激进化，我们就可以发现小规模技术的社会政治意义了"[①]。

（三）法兰克福学派的理论

生态主义的产生还与法兰克福学派的有关理论密切相关，后者对前者的兴起有着很大的理论推动作用。生态主义对法兰克福学派理论的借鉴与继承可以从四个方面来看。

第一，法兰克福学派对人与自然关系的探讨，对生态主义产生了重要影响。在西方马克思主义中，法兰克福学派较早注意到了生态环境问题。一方面，他们把分析生态危机与对资本主义的批判联系起来。其主要代表人物马尔库塞在20世纪60年代末即敏锐地意识到生态问题与资本主义制度之间的内在联系，在《论解放》（1969）一书中，他认为当代资本主义在压抑人的同时也压抑着自然，在造成人的异化的同时也造成自然的异化；生态危机已不是一个纯粹自然的、科学的问题，它实质上是资本主义的政治危机、经济危

---

① ［加］本·阿格尔：《西方马克思主义概论》，中国人民大学出版社，1991年，第500页。

机和人的本能结构危机的集中体现。在《反革命与造反》(1977)一文中,马尔库塞提出了"自然的解放"的理论,认为"自然的解放是人的解放的手段","自然的解放力量及其在建设一个自由社会时的重要作用的发现将成为推动社会变化的一支新力量"。①另一方面,法兰克福学派强调对马克思生态思想的研究。法兰克福学派的其他代表人物,如霍克海默和阿多诺的《启蒙的辩证法》(1947),A.施密特的《马克思的自然概念》(1960),都从人与自然关系的角度,研究了马克思的生态思想,力图借助马克思《1844年经济学哲学手稿》中的异化分析方法,去批判当代资本主义的"自然异化"现象。他们认为,人对人的统治是以人对自然的统治为基础的,而人的自由解放以自然的解放作为前提条件。在现存社会中,人与自然的关系处于异化的状态中,人类凭借科技进步、使用技术手段,将自然作为征服、掠夺的对象,从而导致严重的生态危机;而在未来的自由社会中,将发展一种新型的人与自然关系,从而避免生态危机。这些观点对生态主义产生了重要的影响。

第二,生态主义基本继承了法兰克福学派的自然观。在人与自然关系以及二者谁具有"先在性"问题上,法兰克福学派认为,自然是一个社会范畴,任何社会发展阶段的自然总是跟人相关的,由社会决定的;同时,人与自然不是对立的,而是统一的,不能脱离人的社会劳动、人的一切实践对自然进行解释,因而自然具有社会历史属性。

第三,生态主义还借鉴了法兰克福学派的"异化理论"。法兰克福学派在批判资本主义对人性的压抑和异化的同时,也批判了资本主义对人与自然的关系的扭曲。马尔库塞强调被异化的自然成为统治者的工具,而屈从于资本主义现实合理性。因此,生态问题从根本上说是资本主义的制度问题,是制度造成的自然污染。生态主义继承了这一思想,始终致力于将生态问题与

---

① [美]马尔库塞:《工业社会和新左派》,商务印书馆,1982年,第127页。

资本主义制度联系在一起。如马尔库塞的学生莱易斯运用"异化理论",在《自然的控制》(1972)、《满足的极限》(1976)等书中,着重分析、批判资本主义的消费异化现象,认为消费异化是导致生态危机的一个主要原因。

第四,法兰克福学派强调自然的解放和人的解放,以及人与自然的协调发展是社会主义的基本特征。马尔库塞将自然的解放作为人的解放的手段和前提,自然的解放包括属人的自然(即人的理性和本能)和外部自然(人的存在环境)两个方面的解放。自然的解放是人的解放的现实基础,只有当人的理性和本能以及自然环境都获得解放,人类才有可能获得人的解放。因此,立足现实,首先要寻求人的自然的解放途径。生态主义不但继承了这一思想,而且更加关注现实,致力于寻求现实的生态问题的社会主义解决方案。

三、生态主义发展的不同阶段

生态主义产生于 20 世纪 70 年代,到 20 世纪 90 年代成为引人注目的一股社会思潮,它的发展大致经历了三个阶段。

(一)20世纪70年代:生态主义的兴起阶段

在绿色运动兴起时,生态主义还只是其中力量较为弱小的一个派别,它的影响不太大,在绿色运动中的地位也不太重要,被形容为"万绿丛中一点红"。此时的生态社会主义几乎与绿色运动没有多大区别。但是绿色运动一出现,一些具有生态意识的西方马克思主义者就敏锐地注意到绿色运动的政治方向,主张将保护生态环境与争取实现社会主义结合起来,并从理论与现实两个不同的角度开始介入绿色运动。

这种介入表现出两种趋势:一种是侧重从理论方面介入绿色运动,其代表人物是法国的安德烈·高兹(Andre Gorz)。他较早开始研究生态运动与政治斗争的关系。在《生态学与自由》(1977)等著作中,他从生态学的角度批判了当代资本主义,提出生态运动必须成为一个更广泛的斗争的一部分,而不应把它看作目的本身;当代资本主义的生态危机,既可以按照民主的、社会主义的方式加以解决,又可以按照独裁的、资本主义的方式加以解决。他相信,人类完全可以建立起一个在民主的和非集权的技术基础上的、促进个人自主的、同自然合作的生态主义社会。另一种是侧重从实践方面介入绿色运动,其代表人物是鲁道夫·巴罗、亚当·沙夫等原东欧新马克思主义者,他们从绿色运动兴起之时就成为生态运动的组织者。他们不但先后加入绿党,参与"罗马俱乐部"关于人类生存的探讨,而且谋求"绿色"(生态运动)与"红色"(社会主义运动)两股政治力量的联合,推动反对资本主义的社会力量的联盟。

这一时期,生态主义还没有完全从法兰克福学派的影响中脱颖而出,也未从绿色运动中分化出来,与绿色运动内部其他派别的区别不明显。由于20世纪60年代末新左派运动的失败,人们对绿色运动的兴趣远高于对社会主义的兴趣,所以这一时期生态主义在绿色运动中显得势单力孤,不但没有形成系统的理论,而且偏重于对生态危机及其恶果的批判,对理想社会的构想则描述不足,即"破"有余而立不足。

(二)20世纪80年代:生态主义的转折阶段

20世纪80年代是绿色运动发展的鼎盛时期,许多国家的绿党在大选中接连得手,绿党在英、德、法等国议会及欧洲议会中均占有席位。绿色运动开始向北美洲、亚洲、大洋洲扩展,并建立了绿党组织。1980年,德国绿党最先将生态社会主义纳入其政治纲领,生态政治原则和生态社会主义运动原则交相融合。1987年,国际绿党大会的召开标志着生态主义运动已经成为国际政治舞台上一支重要的力量,生态主义运动以一种崭新的面孔进入了世界性政治视野。伴随着绿色运动的发展与扩张，生态主义的理论特征凸显出来，开始将越来越多的"绿色"理论注入了"红色"理论的内涵。

生态主义发生转折的重要标志是本·阿格尔在 1979 年出版的《西方马克思主义概论》。他在书中讲到了生态马克思主义的产生，并介绍了当时还鲜为人知的生态马克思主义者莱易斯的著作《自然的控制》《满足的极限》，引起了西方左翼力量的广泛关注。以阿格尔、莱易斯为代表的生态马克思主义者，旗帜鲜明地主张用马克思主义透视绿色理论，致力于马克思主义与生态问题的结合，在 20 世纪 80 年代获得了迅速发展，成为西方左翼生态运动中具有较大影响、最激进的流派。在他们的带动下，欧洲一批学者也加入了生态主义的行列，形成了一支壮观的理论队伍。这一时期出版的著作有：阿什顿的《绿色之梦：红色的现实》(1985)、博克金的《走向一个生态的社会》(1980)、《当代危机》(1986)、哈维的《资本的极限》(1982)、佩珀的《当代环境主义的根源》(1984)。

这一阶段生态主义者在理论方面的发展主要表现在：首先，他们注重对马克思主义的继承，公开地、明确地自称"马克思主义者"。莱易斯强调对马克思异化理论的继承，着重批判资本主义的消费异化现象，认为消费异化是导致生态危机的一个主要原因，并预言社会革命的导火线将出现在消费领域而不是生产领域。阿格尔、博克金强调危机理论，认为当代资本主义的危机是"生态危机"，并试图以此去"补充"马克思主义的经济危机理论。其次，他们开始注重有关生态主义社会模式的构想，在构建未来社会的理论中，明确提出了生态主义的经济、政治、社会生活、意识形态等方面的要求。在经济方面，要求实现"稳态经济"，即经济的零增长，使经济生活从现在的单纯追求量的增加变成追求质的提高。在政治方面，生态主义要求实现分散化与非官僚化。分散化不仅指生产的小规模化，还指政治权力为众多的小群体所分享；非官僚化即民主化，不仅包括工人对生产过程的直接管理，而且包括小群体的自治。在社会生活方面,生态主义要求全面消除人的异化,使人得到全面的发展,获得前所未有的自由。在意识形态方面,生态主义主张马克思主义与现实结合,形成一种全新的社会主义意识形态。

以上情况表明,20世纪80年代的生态主义已形成了区别于绿色运动其他各派的政治理想、奋斗目标,以及经济、政治和社会纲领,生态主义在理论上趋于成熟。与此同时,生态主义对绿色运动其他派别的影响也逐渐增大,许多派别都不同程度地接受了生态主义对资本主义危机所作的马克思主义分析。有人形象地将这一时期的绿色运动比作西瓜——外"绿"内"红":"绿"色的外表掩盖着"红"色的内容。

(三)20世纪90年代:生态主义的独立阶段

20世纪90年代以来,生态主义进入了新的独立的发展时期。无论是在理论建树方面,还是在实际影响方面,都与前两个阶段不同。

20世纪90年代以来,生态主义的独立发展是与苏联解体、东欧剧变以及此后的社会主义运动状况直接相关的。从现实角度看,一方面,苏联东欧社会主义国家的剧变,引起了资产阶级意识形态大肆喧嚷"社会主义终结论",一些人对社会主义丧失了信心。社会主义究竟还能否担当起取代资本主义的历史重任,引发了西方左翼理论家对社会主义问题的大讨论。在这场大讨论中,生态主义因其对人类面临的日益恶化的生态环境的关注,对社会主义的独特见解而备受人们的重视,它的发展前景也被普遍看好。另一方面,它也是20世纪80年代以来西方社会主义"绿化"趋势的一个结果。20世纪70年代初,当绿色运动兴起时,并未受到各派社会主义力量(共产党、社会党)的重视,一般将它看作一种赶时髦的东西。进入20世纪80年代以后,一方面由于绿色运动发展迅猛,另一方面由于欧洲政治风向的右转,左翼力量受挫,在这种情况下,欧洲的一些共产党、社会党采取了与绿色运动(绿党)结盟的政策。如意大利共产党提出共产党、社会党、社会民主党、绿党和生态运动应该联合起来。有的国家的共产党还直接与绿党结盟,如荷兰共产党与激进党、和平主义社会党组成"绿色联盟"。在社会党方面,在 1985 年的比利时地方选举中,社民党与生态党联盟组成市政府,开"红""绿"联合掌权之先例。20 世纪 80 年代中后期,在德国等国的地方政府中,也出现不少"红""绿"联合掌权的例子。西方各种社会主义的"绿化"("红色"的绿化),在客观上起到了抬高生态主义的作用。

对此,意大利社会主义理论家卢西那·卡斯特林那在为"处在 21 世纪前夜的社会主义"讨论会撰写的论文《为什么"红的"必须是"绿的"》中就认为,关于"红""绿"关系问题的争论,"无疑代表了我们这个世纪的最后年月里马克思主义发展的一个新阶段"。他甚至提出,必须把"红"的看作"绿",它可以赋予我们的社会主义以崭新的内容和特质。

从理论影响的角度看,20 世纪 90 年代生态主义的重要发展,还表现在马克思主义对绿色运动的影响的扩展上。这一时期,生态主义注重对生态运动进行马克思主义的改造。其主要代表作有格仑德曼的《马克思主义和生态学》(1991)、佩珀的《生态社会主义:从纵深生态学到社会主义》(1993)、萨特金的《当代政治意识形态》(1990)、奥康纳的《生产的外在自然条件》(1991)、高兹的《资本主义、社会主义和生态学》(1994)、威尔德的《现代欧洲社会主义》(1994)、怀尔德的《资本主义、社会主义与生态》(1995)、奥康纳的《自然的理由》(1997)、福斯特的《马克思的生态》(2000)、克沃尔的《自然的敌人——资本主义的终结还是世界的终结》(2002)等。这些著作不但推动了对当代生态学、生态主义的理论改造,而且比 20 世纪七八十年代更加强调马克思主义与生态主义的渊源关系,更加强调生态主义是以马克思主义为其理论基础的。这一时期的绿色运动发生了分化,主张以马克思主义为核心探讨生态主义未来的思想趋势、政治要求乃至价值观念,不同程度地为其他绿色运动派别所接受,因而出现了"绿色红化"景观。在此前两个阶段,生态主义基本上接受了主流绿党所提出的"新政治学原则"(即生态学、社会责任感、基层民主和分散化、非暴力等所谓"四大支柱")。这些原则基本上属于一种生态中心主义。20 世纪 90 年代的生态主义在理论上重返人类中心主义,更多地关心现实社会、政治问题,考虑诸如社会平等、社会正义、民主、全球化等问题。生态主义理论家达成的基本共识是:只有马克思主义能够使生态主义脱离生态中心主义,完成理论创新。

第二节　生态主义的基本主张

生态主义自称是以马克思主义和社会主义为理论基础,以生态学和系统论为指导思想,主张以马克思主义的方法重新审视人类与自然界的关系,以及生态问题与资本主义制度的关系,寻求崭新的社会发展路径,构建人类社会与自然和谐发展的新型社会。

一、生态主义与马克思主义的关系

在批判精神方面与其方法论上,生态主义不仅继承了马克思主义的批判精神,而且继承了马克思主义对资本主义生态危机的社会历史分析方法。由此,阐释清楚生态主义与马克思主义的关系,就显得十分必要了。

(一)生态主义与马克思主义的联系

在人与自然的关系问题上,马克思主义认为,自然界是人的无机身体,人是自然界的一部分,人依赖自然界而生活,自然界是人类生存与发展的物质前提。人类与自然的关系是主体与客体、能动性与受动性的统一,人首先依赖于自然,人本身是自然界的产物,是在他们的环境中并且和这个环境一起发展起来的。但人在自然面前不是一个被动的存在物,而是一个有着意识与实践能力的、自为的、实践着的存在物。因此,在马克思看来,人类有能力预见到自身行为对自然环境和社会环境可能产生的近期或远期的影响,并根据这种预见去能动地支配和调节这些影响,以减少环境污染问题。生态主义继承了这些观点,认为人与自然是一个辩证统一的历史过程,人与自然是紧密联系在一起的,他们通过对方来表现自己,同时,他们又相互渗透、相互作用,人作为自然界的一部分,一方面要尊重自然规律,承认自然的先在性,一方面人类也可以通过实践作用于自然。他们也认可马克思主义关于人是自然界的尺度的观点,认为在反对生态危机、检视自身行为的时候不应放弃"人类尺度"。在人与自然的关系上,把人放在中心位置;在生态危机与资本主义制度的关系上,马克思主义认为,资本主义条件下的生产方式是以不断扩大生产和消费来维持的,既要向自然索取大量资源和能源,又要向自然排放大量的废弃物。生态主义继承了这一观点,指出生态问题是由于对待自然的"特殊"方式引起的,应该从资本主义的生产方式本身去寻找问题的原因,认为资本主义的生产为了追求利润,决定了它必然要不断地掠夺自然、破坏环境。在未来社会的设计上,马克思主义认为,只有消灭资本主义制度,实行共产主义,才能克服人与自然、人与人之间的对立;认为生产资料的社会占有,不仅会消除生产的现存的人为障碍,而且还会消除生产力和产品的明显的浪费和破坏,这种浪费和破坏将在危机时期达到顶点。马克思主义认为共产主义社会将合理地调节人们之间的物质变换,实现人与自然的和谐发展。在这一点上生态主义也认为,只有废除资本主义制度,建立新型的社会主义制度,才能消除生态危机,在共产主义社会里,人们遵循的是生态理性,而不是经济理性,会用较少的劳动、资本和资源生产出具有高使用价值的产品。

（二）生态主义与马克思主义的差别

在对资本主义基本矛盾的认识上，马克思主义认为资本主义的基本矛盾是社会化的大生产与资本主义生产资料的私人占有之间的矛盾，在阶级关系上表现为资产阶级和无产阶级之间的矛盾，资本主义基本矛盾的激化必然导致经济危机，而经济危机将导致资本主义的灭亡与社会主义的胜利。生态主义虽然承认资本主义存在生产力与生产关系之间的矛盾，但是认为更为主要和根本的矛盾是资本主义的生产力和生产关系与其物质生产条件之间的矛盾，也就是认为资本主义存在双重矛盾。在资本主义社会，人类的劳动力、外在自然界和基础设施等生产条件变成了可被买卖和利用的商品或商品化的资本，结果就是资本主义生产条件的政治化，资本失去了阻止损害生产条件的能力，资本主义的生产关系和生产力损害或破坏了其自身的条件。在社会主义社会基本特征的认识上，马克思主义认为，生产力的高度发展是社会主义的特征，只有生产力的高度发展，社会成员才能有富足的生活，才能保证他们的体力和智力获得充分自由的发展和运用。而生态主义认为，为了缓解和解决生态危机，社会主义应该实行稳态经济；生态主义虽然提出了社会主义经济要适度增长的观点，但批判了马克思主义的生产力理论。在生产资料的占有和无产阶级专政问题上，马克思主义认为，生产资料的公有制是社会主义的经济基础，是社会主义区别于资本主义的最根本的特征。而生态主义认为社会主义的所有制必须有利于分散化和非官僚化原则的贯彻实施，它既反对自由经营的资本主义市场经济，也反对任何集中的社会主义计划经济，主张建立一种市场与计划相结合的混合型的社会主义经济。马克思主义认为，社会主义过渡时期内应实行无产阶级专政，而生态主义反对马克思主义的暴力革命论，信奉非暴力革命原则。

二、生态主义对生态文明的启示

从辩证的角度看，生态主义对生态文明建设，仍具有一定的价值和启示，具体表现在以下两个方面。

（一）有利于提高社会公众的生态意识

从探索人类未来发展道路的角度看，生态主义以关注人类共同生存安全利益为出发点，主张按照生态优先的原则保护全球生态资源，倡导反战反核的非暴力和平主义，以求实现人与自然和人类社会内部的和谐，这在很大程度上反映了人类所面临的基本问题和共同诉求，具有积极进步的意义。特别是生态主义强调的生态优先原则和以控制经济增长来解决人与自然的矛盾的主张，虽然在物质主义当道的当代社会不可能付诸实践，但它对当代世界的发展的确产生了深刻影响，对于增强人们的生态环境意识，推动经济发展模式由牺牲生态环境为代价的"黑色发展"向经济、生态、人口相互协调的"绿色发展"转变具有重要意义。

就我国的情况而言，改革开放以后，在我国经济高速发展的过程中，决策层也认识到以牺牲生态环境来发展经济的严重后果，并提出经济可持续发展战略，采取保护生态环境的相应措施，但由于人们没有真正转变思想观念，加上旧发展模式的惯性，并没有从根本上改变以生态环境为代价的高消耗的经济增长方式，使生态环境在整体上呈现恶化趋势。在严峻的生态环境问题面前，我们逐渐认识到，要想在新一轮人类文明转型中不被抛在后面，就必须坚决摒弃以牺牲生态环境为代价的经济增长模式，大力推进生态建设，治理环境污染，把实现人与自然的和谐纳入经济发展战略规划。为此，我们有必要吸取和借鉴包括生态主义在内的有助于推动生态转型的一切生态研究成果，特别是生态主义对工业文明的深刻反思和在人与自然关系问题上的许多观点，尤其是对西方社会长期形成的人类中心主义的自然观、文明观、经济合理主义、功利伦理学的批判精神。生态主义所提出的许多合理的环境价值理念，是对人类生态智慧的概括和发展，是非常深刻和富有启发意义的。例如，人类是生态系统的一部分而不是一个旁观者，关心生态就是关心人类；技术发展要防止对生态环境的负效应，经济发展要考虑生态可持续性；人类应改变以物质享受为主要内容的生活方式，树立新的幸福观等，这些观点对于增强社会公众的生态环境意识，促进经济发展模式转变乃至重新认识社会问题等，都具有重要警示作用和参考价值。

（二）为利用政治优势治理环境问题提供借鉴

在生态问题日益严重的背景下，部分西方政党将生态主义融入自己的党纲，进行意识形态上的"绿化"，以争取更多选民的支持，在议会选举中获得更多席位，或成为联合执政党，推行相关环保政策，使生态问题得到一定程度的缓解。在我国，则可以充分利用现行制度固有的政治优势治理生态问题。中国共产党的领导是中国特色社会主义制度最显著的政治优势，这种优势具体体现为：无论是推动经济社会发展，还是解决发展中存在的突出问题，都可以在党的领导下，全国一致行动，集中一切资源，解决重大问题。

利用政治优势治理生态问题，要求党和政府选择正确的发展战略和科学的发展方式。改革开放之初，由于受到各种主客观因素的限制，片面追求数量型的经济增长，直接导致各地粗放型的经济增长模式和以资源消耗为推动力的增长方式大行其道，在推动经济增长的同时，伴生着生态环境恶化的"副产品"。为此，党中央明确提出加快生态文明建设，提出以创新为动力，建设资源节约型和环境友好型社会的目标，生态文明被纳入国家建设和发展的总体布局，这一系列调整使得我国的生态问题快速得到抑制。

利用政治优势治理生态问题,要求强化党和政府对生态治理的统筹。为此,我国出台了一系列生态治理政策措施。环境评价成为重大项目选择的前置条件,环境绩效成为政府绩效评价的核心指标,环境责任审计成为干部离任审计的必需内容,环境污染成为决定干部升迁的"一票否决"条件。这一系列制度设计将环境状况与党员干部的政治生命连接起来,将环境治理绩效作为企业、政府政治责任考核的重要指标,因而具有极强的约束力。

三、生态主义的主要观点

生态主义是在西方社会心理和历史文化土壤中孕育的,是对资本主义文明发展经验和教训的反思,不可避免地带有"西方中心主义"色彩,探究其主要观点和主张,对于中国生态文明建设具有一定参考价值。其主要观点有以下四点。

(一)人与自然应和谐统一

在当代绿色运动中流行两种自然观:一种是生态中心主义,另一种是技术中心主义。针对两种观点,生态主义者提出,人类在解决生态危机、重新检讨人与自然的关系时,不应放弃"人类尺度",而要立足人与自然的和谐统一。

第一,人与自然具有共同的自然本质和社会本质。早期的一些生态主义者曾一度追随生态中心主义的观点,强调"自然优先性"。20世纪90年代以来的生态主义者认为,自然界先于人类存在,人类自身的确依赖于自然界生存,人类是自然的一部分。但是自然只有在与人类的共同存在以及相互转化中才具有意义,自然没有独立于人的存在价值。自然界只有通过人的开发才能获得现实性,通过人的实践活动,自然就具有了社会性。因此,自然又是社会的一部分,自然在本质上是一个社会历史范畴。

第二，人与自然在相互交往中走向统一。生态主义者认为，生态问题不是自然的问题，而是社会的问题，其根本原因就在于人与自然是通过人的实践而形成的整体性存在。格仑德曼认为，人类的生存状态是以不得不存在于、依赖于自然为特征的。但是，人类是通过技术手段改造自然来达到自己的目的。技术是中介环节，人类因此实现他们与自然的交往。一方面，社会和自然不是对立的，社会是自然的一部分，自然又是社会化（人化）的自然。另一方面，社会和自然又是互相作用的，自然制约并改变着社会，反过来社会也在改变着自然，被改变了的自然又反过来影响社会的进步，如此往复，构成了人与自然日益走向统一的历史过程。

第三，人类在自然界有特殊地位，这种特殊地位是以人对自然的支配为标志的。格仑德曼认为，这是考察自然与生态问题的出发点。自然为什么是美的？自然为什么应当是"平衡"的？那是由于人类赋予它定义。生态主义则把"人的尺度"纳入自然体系中，从而导致人与自然的分裂、主体与客体的分离。生态主义不仅指出生态中心主义在方法论上的错误，还明确了在人与自然的关系中人的特殊地位。各种关于自然问题的解决方案，都必然与人的利益相关。因此，人类能够懂得自己创造的世界比自然给予的更好。通过人类的创造，人类在与自然的对立统一中必然能够建设一个"第二自然"。人类越是把第一自然转化为第二自然，就越是能够成为自己命运的主人。

第四，人与自然应和谐统一。生态主义认为，按照人与自然互相统一的历史关系，当代生态危机的出现，不是由于自然具有优先性，而是由于人类社会缺乏对自然的支配或控制，或者说现行人类对自然的统治方式导致了人与自然关系的对立。人对自然的支配，不同于人对自然的统治，对自然的支配是要求对自然进行"人道地占有"，即"把自然界改造成为符合人的本质的环境世界"；要求"按照美的法则来塑造对象性的自然界"；要求人通过劳动建立起人与自然的和谐关系。人与自然的和谐关系是人通过劳动建立的。

由于社会历史原因,资本主义的生产方式使劳动异化,加剧了人与自然的矛盾。解决这一矛盾的唯一出路,是要把人对自然的支配、人与自然的关系同共产主义目标结合起来。共产主义社会是第一个人类有能力充分实现自我的社会,不仅能够使人类获得对社会生活的共同控制,而且能够使人类获得对自然的控制。他们认为,正如马克思指出的,人类自由的真正实现和人与自然的历史性的统一是未来社会主义社会的两个基本方面。人们对人与自然辩证关系的自觉意识与深刻把握,必然导致创建一个新的社会主义社会,即一个新的、绿色的社会主义社会,从而实现人与自然的高度和谐统一。尽管生态主义者对社会主义的理解不尽一致,但他们都赞同社会主义是一种比资本主义更高级的社会形态,是对现存资本主义的一种超越,是一种人类与自然处于和谐关系的生态社会。在新的生态主义社会中,人与自然的关系将实现统一。

(二)资本主义制度是生态危机的根源

坚持对资本主义制度的批判,深刻认识生态危机的社会根源,揭示资本主义生产方式造成生态危机的必然性,是生态主义重要的理论内容和基本观点。

第一,全球性生态危机是资本主义生产方式的必然产物。生态主义一般是从两个方面揭示资本主义与生态危机关系的:一是生态危机是资本主义无限追求利润最大化的必然结果。一方面,生态危机是资本主义过度生产和过度消费造成的。莱易斯在《自然的控制》一书中指出,资本不断扩张的内驱力驱动着资本家不断扩大生产规模,以满足不断扩大的商品市场的需求。即使在平均利润下降的趋势下,也要借助科学技术对自然资源进行过度的掠夺与开发,以保证其利润的实现。资本主义生产的唯利是图造成了社会生产的无政府状态,造成了过度生产和过度消费,造成了自然资源的浪费,从而导致人的异化和自然生态系统平衡的破坏,引起了生态危机。另一方面,生态危机是资本主义生产方式牺牲环境、保证利润的结果。生态主义者认为,激烈的市场竞争要求企业努力降低生产成本,因而企业会尽可能地把一部分生产成本推向它的外部,转嫁给社会、转移给后代。二是生态危机是资本主义生产方式全球化的必然结果。生态主义认为,为了保护本国的利益,几百年来资本主义国家一直在对落后国家进行生态掠夺。这种掠夺是通过直接的掠夺和间接的掠夺两种方式进行的:直接的掠夺,即发达国家将一些高耗费、高污染、劳动密集型的企业迁到发展中国家,甚至把发展中国家当成垃圾场,直接掠夺那里的土地、劳动力和自然资源。这深刻地揭露了资本主义对发展中国家的剥削与掠夺。间接的掠夺则是指借助"结构性暴力"实现的掠夺。资本主义生产方式对发展中国家进行的间接的掠夺,造成了发展中国家环境的急剧恶化,迫使发展中国家为了生存,不得不牺牲本国的环境与资源。因而发展中国家的生态问题同样是资本主义生产方式造成的。

第二,生态危机是当代资本主义社会的主要危机。生态主义在一定程度上抓住了当代资本主义社会的新现象、新变化、新矛盾,提出生态矛盾已成为当代资本主义社会的主要矛盾,生态危机已成为当代资本主义的主要危机,生态危机是当代资本主义危机的新的表现形式。一是马克思主义关于资本主义生产方式存在内在矛盾的理论依然有效,因为资本主义的内在矛盾依然存在。但是随着当代西方工业社会的发展,马克思关于资本主义由于经济危机而必然崩溃的预言并没有应验,而生态危机却正在日益威胁着人类的生存与发展。二是生态问题已成为当代资本主义社会的主要矛盾。考察当代资本主义,不仅要看到资本主义固有的矛盾,更要看到发达资本主义在加深入的异化、加剧人与自然的矛盾方面的新变化、新趋势。三是生态危机已经取代经济危机而成为当代资本主义的主要危机。当代资本主义与早期资本主义有两个显著区别:一方面资本家操纵了消费,使人们产生一种被强加的需要或虚假的需要，从而推动"过度生产"。另一方面为延缓经济危机而力图歪曲满足需要的本质，诱使人们在市场机制作用下把追求消费当做真正的满足，从而导致"过度消费"。阿格尔认为，"生态学的马克思主义包含了两种分析观点：一方面，它认为资本主义商品生产的扩张主义的动力导致资源不断减少和大气污染的环境问题；另一方面，它力图评价现代的统治形式——人类在这种统治形式下从感性上依附于商品的异化消费，力图摆脱独裁主义的协调与异化劳动的负担"①。也就是说，要从根本上解决生态危机，必须从转变社会制度入手。

(三)绿色社会是社会主义的本质特征

生态主义不但立足对当代资本主义的批判，指出只有废除资本主义制度，才能从根本上解决生态危机，拯救人类的生存，而且致力于生态原则与社会主义的结合，要求超越当代资本主义与现存的社会主义模式，构建一种新型的人与自然和谐相处的社会主义模式。它与传统社会主义理论最大的不同之处就是，它强调社会主义应该而且必然是绿色社会，而绿色社会的实现又必然有赖于社会主义。由此，生态主义赋予了社会主义以新的理论内涵，也赋予了生态学以革命的意义。

第一，生态主义是绿色社会。生态主义者强调要对社会主义的内涵进行"重新定义"，并从理论和现实两个方面论证了未来社会为什么是绿色社会。从理论上看，他们认为，设计未来社会的理论前提是对马克思主义关于人与自然关系理论的正确把握。未来社会将形成一种全新的人与自然的和谐关系，将是符合生态原则的绿色社会。从现实来看，未来社会是绿色社会的构想，它既不同于当代生态主义的告别物质主义的绿色社会，又不同于当代资

---

① ［加］本·阿格尔：《西方马克思主义概论》，中国人民大学出版社，1991年，第420页。

本主义致力于的生态现代化。当代生态主义也要求构建绿色社会,但在这个社会中,自然是人类的导师,生态先于一切,在人与自然关系中,自然居于中心地位,人类的一切行动都应适应自然和自然法则。

第二,生态主义是生态现代化的社会。生态主义认为,当代欧洲解决生态问题不外乎有两种思路:其一是生态资本主义的思路,主张以资本主义的方法解决生态问题,在现有制度的框架内,进行某些社会制度的改良、技术的改进,以满足生态环境的暂时需求。其二是生态主义的思路,主张废除资本主义,代之以一种新的、建立在人与自然和谐关系基础上的生态社会主义。生态主义强调,只有实现生态主义,而不是对资本主义社会进行生态改造,才是人类获得解放的唯一出路。生态主义认为,新的生态社会主义模式将是对传统工业主义的超越。实现生态现代化,即"生态重建",是生态社会主义的一个重要内容。生态现代化,是要使人们对社会主义有更新的认识。

第三,生态社会是全面发展的社会。它使经济发展与社会发展、生态发展一致起来,那未来的社会主义社会就不可能再是以往我们所熟悉的模式,而是一个真正实现人与社会、人与自我和人与自然的历史性统一的社会。一是在经济方面,生态主义主张用"社会生态经济"模式取代现行的"市场经济"模式,建立一种以保护自然和理智地使用自然资源并为后代人着想为特征的经济制度。二是就经济制度角度而言,生态主义主张克服资本主义私有制,实行社会主义的社会占有制。三是就经济体制角度而言,实行计划与市场相结合、集中与分散相折中、中央政府与地方政府相互作用的生态计划经济。四是在政治方面,生态主义者主张在经济、政治、生态相互统一的基础上实行自下而上和自上而下相结合、分散化与整体化相结合、区域化与国际化相结合的新型民主政治体制。五是在社会生活方面,生态主义主张建立以人的全面自由发展为目标的新的生活方式。

（四）知识分子是实现生态社会主义的领导力量

生态主义的实现要通过阶级斗争和集体行动，工人阶级是其中的主体力量，而领导者则是具有革命激情、生态意识、善于实践、成熟的知识分子。

第一，知识分子将成为革命的领导力量。生态主义者基本继承了"法兰克福学派"对工人阶级历史地位和政治态度的观点，认为当代工人阶级已被资本主义的消费社会"一体化"，失去了革命性、批判性、否定性。究竟谁能担当资本主义掘墓人的历史使命？20 世纪七八十年代的生态主义者的看法是，只有那些还没被资本主义的异化消费所毒害、又关心社会主义前途的人，才能充当未来社会革命的领导人。这些人是以中小资产阶级、知识分子和青年学生为主体的"中间阶级"。20 世纪 90 年代，随着苏联解体、东欧剧变和中间阶级右转，一些生态主义者又提出不能事先设定哪个阶级为革命的领导力量，革命的领导力量应在现实斗争的实践中形成，由实践中的主客观因素决定。有些社会阶层平时可能默默无闻，但当某种革命激情爆发，便会产生极大的革命力量，从而充当革命的领导力量。因而，革命的领导力量在很大程度上取决于主观条件的成熟程度。总体而言，生态主义者倾向于具有"生态意识"、热衷于生态运动、关心社会主义前途、掌握马克思主义方法的知识分子是实现生态社会主义的领导力量。

第二，工人阶级是参与社会变革的主体力量。20 世纪 90 年代以来，生态主义者开始强调工人运动和工会组织在社会变革中的作用。他们意识到，尽管工人阶级缺乏"生态意识"，但他们直接从事生产劳动，直接与自然打交道，在生产和生活中受环境污染最为深重，因此存在着巨大的革命潜力，是未来社会变革的主体力量。如英国的佩珀、法国的高兹都提出，不应将工人阶级排斥在革命之外，同时要把工人阶级、中产阶级、小资产阶级和知识分子联合起来，把生态运动、女权运动、民权运动、和平运动等各种形式的新社会运动与工人运动联合起来，把发达国家的反资本主义运动与发展中国家反生态帝国主义的运动联合起来，形成一支全球性的反资本主义体系的力量,掀起全球性的反"生态帝国主义–国际资本主义"的革命。

第三,"非暴力"是社会变革的主要途径和策略。早期生态主义者曾深受绿色运动的"非暴力"理论的影响。20 世纪 90 年代以来,生态主义者则强调"非暴力"只能是一种斗争的策略,如果把它变成一种绝对的、神圣不可侵犯的意识形态, 那只能使人们在反对资本主义制度的斗争中遭到大量的不必要的牺牲, 因为反动阶级绝不会因为人们放弃暴力而不使用暴力。佩珀认为:"在资本家仍然控制国家的情况下, 试图用暴力推翻资本主义几乎是不可能的。所以首先应接管国家,并将其改造成以某种方式为全体服务的机构。必须将此目标的手段限定在这种范围内,即用教育和示范生活的方法去提高群众的革命觉悟。必须认识到用管理资本主义生产的方式无法根本解决环境危机。"①简言之,通过"教育""示范生活",如建立自治性的生态区域示范区,就可为人们展现一种崭新的绿色生活,实现逐步变革资本主义社会的目的。

第三节　生态主义在中国

生态主义思潮是西方社会思潮,根植于西方大地,然而在各种文化和思想互相交织的今天,不可避免地会对我国产生一些影响。因此,认真分析生态主义思潮对我国可能带来的影响, 并采取积极有效对策进行引领具有十分必须的现实意义。

---

① ［英］戴维·佩珀:《生态社会主义:从深生态学到社会主义》,山东大学出版社,2012 年,第232 页。

一、生态主义思潮的影响

客观审视生态主义思潮,是坚持辩证唯物主义最直接的反映。我们既要看到生态主义思潮的客观传播,又要审慎看待带给我们的各种影响,这也是实事求是的一种态度。

(一)生态主义思潮在中国的传播

在我国,20 世纪 70 年代中期以前,生态破坏和环境污染通常被看成是资本主义制度特有的产物,人们想当然地认为社会主义国家不存在生态破坏和环境污染问题。因此,当时国内对西方生态主义思潮的了解很少。

20 世纪 70 年代中期以后,随着我国经济建设规模的扩大,生态环境问题日益凸显,我国学界开始选择性地引进和介绍与生态主义相关的主要著作。这一阶段生态主义研究虽然已开始起步,但是步伐缓慢,研究的深度和广度也有待拓展。

20 世纪 80 年代,环境保护已经成为国际潮流。受此影响,改革开放之后的中国学术界在对国际学术前沿跟踪了解的过程中,开始了对生态主义的研究。

1994 年,有学者发表《走出人类中心主义》一文,提出“非人类中心主义”的伦理观点,随后引发了一场关于环境伦理学的根基和价值定向的大讨论。争论大体上分为三类不同的理论观点:“人类中心论”“自然整体论”与“超越和整合论”。除此之外,也有人主张“生态人文主义”“相对人类中心主义”等。尽管各种观点最终并未取得一致,但它提出和探索了许多实质性的问题,如生态价值观、权利观、伦理观、人在自然中的定位、人与其他自然存在的关系等问题。这场争论大大推进了生态主义思潮在我国的传播。

1996 年以后,我国学界开始对生态主义进行系统解读和评价。《哲学译丛》开辟专栏刊登国外著名学者有影响力的论文,翻译了一批国外经典著作,如弗·卡普拉和查·斯普雷纳克的《绿色政治》(东方出版社,1988)、H.萨克塞的《生态哲学》(东方出版社,1991)、威廉·莱斯的《自然的控制》(重庆出版社,1992)、A.施韦兹的《敬畏生命》(上海社会科学院出版社,1992)、L.纳什的《大自然的权利》(青岛出版社,1999)、P.辛格的《动物解放》(光明日报出版社,1999)等。吉林人民出版社还出版了"绿色经典文库"丛书,其中包括利奥波德的《沙乡年鉴》(1997)、H.梭罗的《瓦尔登湖》(1997)、H.罗尔斯顿的《哲学走向荒野》(2000)等。上海译文出版社也于 2002 年出版了"绿色前沿译丛"。这些论著的引进和出版,对于推进生态主义思潮的研究和传播提供了必要的历史资料和理论资源。

进入 21 世纪以来,生态主义受到学术界的高度重视和社会大众的广泛关注。一方面,生态主义的理论研究范围在迅速拓展,研究的领域既有西方浅层生态学思想,又有深层生态学思想,既有我国古代生态思想,又有在此基础上对东西方生态思想的整合。生态主义的研究也受到其他学科的关注,许多其他领域的研究者也在积极讨论生态主义问题,生态主义与其他领域的交叉渗透在不断增强。另一方面,生态主义理论研究与社会实践的结合更加紧密。生态主义的一个重要课题就是培养公众的生态意识,尤其是深层生态意识。一些学者一直在各类媒体中向公众传播环境价值和伦理思想。而社会各界对环境保护的高度重视,又为我国的生态文明研究提供了良好的外部环境。

生态主义思潮在我国的传播,深刻反映了当前国内外严峻的生态环境形势和公众对良好生态环境的诉求。

(二)生态主义思潮的积极影响

通过研究和分析生态思潮在我国的传播，以科学的态度看待其影响，其中积极方面主要呈现在以下三个方面。

第一，生态主义提出了一系列具有时代气息的新观点、新主张，有利于培养我国当代青年的生态意识、整体意识、协调发展意识，从而对科学发展观、生存意义观、社会正义观、健康交往观、幸福消费观等有一个更独特的认识视角。生态主义秉持和平、正义、平等、和谐、环保等意识，倡导公众增强生态意识和社会责任感；呼吁适度消费、绿色消费、力推节约、反对浪费；他们从非暴力原则出发，反对核军备竞赛，要求裁军，提倡人类和平，反对一切战争，主张销毁核武器等；他们主张实行直接民主，让公民直接参与公共事务的管理；他们提倡政治权力分散化，反对权力集中，认为这样才能体现社会公正、平等。生态主义者要求改变人与人之间的不平等关系，主张在人与人之间、人与自然环境之间实行自主的、创造性的交往。他们认为，人们应该把人类和自然的关系、资本主义制度下出现的各种矛盾的关系、发达国家与发展中国家的关系看成是一个整体，一切要从整体的利益和需要出发，去观察、考察和处理问题，反对利己主义，强调集体利益……所有这些观点与思想，在当今国际国内复杂多变的时代背景下，可以采取"洋为中用""拿来主义"的原则，结合我国青年成长与成才的特点和实际情况，在具体的思想政治教育过程中发挥其应有的作用和功能。

第二，有利于深化当代我国青年对资本主义社会危机的认识，增强社会主义必胜的信心。生态主义作为一种反思和批判资本主义制度、对人类前途和命运表达出高度关切的理论和思潮，一方面，对人类面临的生态危机的表现、后果、根源及其解决途径进行了深刻思考；另一方面，他们联系马克思关于资本主义的危机理论，分析了资本主义的现状，揭露了资本主义制度的种种矛盾和弊端。生态主义者认为,资本主义在发展生产力的过程中,不仅发展了对自然的统治,而且把科学技术变成了统治人的工具,变成新的破坏因素;当代资本家不仅操纵了消费,而且为延缓经济危机而力图歪曲满足需要的本质,从而导致了异化消费。他们大多认为,造成生态危机的根本原因是资本主义生产的无政府状态。因此,他们认为资本家对大自然的过度掠夺导致了生态危机,生态危机的出现表明资本主义的具有无限倾向的生产能力与生态环境有限的承受能力之间存在着尖锐不可克服的矛盾。这一矛盾导致人们对资本主义"期望的破灭",因而需要建立一种新的在人类与自然和谐关系基础上的生态主义社会。综上所述,生态主义思潮尽管在批判资本主义过程中没有看到资本主义制度与生俱来的生产社会化与生产资料资本家私人占有之间的矛盾,以及无产阶级与资产阶级的矛盾,把生态危机作为导致资本主义社会危机的根源,但为我们批判资本主义提供了一个新视角,从而为坚定中国特色社会主义信心提供了一个支点。

第三,有利于拓宽当代我国青年视野,更好地坚持和发展马克思的科学社会主义。生态主义者比较自觉地运用马克思主义的理论和方法,去分析当代资本主义的生态危机,积极地为人类摆脱困境寻找出路,但又指出马克思主义在解决生态危机中的不足,认为马克思主义只对人的剥削关系进行批判是不够的,还应增加对资本家盘剥自然的批判;认为不仅应保留马克思关于人与自然的社会理论的两个基本范畴——生产力和生产关系,而且应补充第三个同样重要的范畴——生产条件。生态主义者用生态论、系统论的观点来分析当代社会问题,对确立人与人、人与自然之间交互性关系,对在全球化的今天培育一种全局意识、全球视野有重要意义。生态主义者还主张用生态经济模式取代市场经济模式,建立一种保护自然和理智地使用自然使之成为庇荫后代的经济制度。这种思想启示人们在经济建设中应注重发展质量,讲究绿色工作道德。另外,在国际关系问题上,生态社会主义者提倡和平共处、平等互利,从全球生态平衡的高度去认识和解决南北关系问题,这对培养当代青年如何理性处理国际争端、建立国际新秩序有重要借鉴意义。

(三)生态主义思潮的消极影响

生态主义思潮尽管有发展的趋势,但它在本质上还是一种有别于科学社会主义的不成熟的思潮,其中存在缺陷,甚至错误。主要表现在以下三个方面。

第一,不利于培养我国当代青年的社会变革精神。生态主义片面地强调生态问题,把生态问题看得高于一切。由于它主要从人与自然之间的紧密联系来揭露资本主义的弊端,也就是说它用"生态危机论"来取代"经济危机论",这就容易模糊人们的视线,从而出现用人与自然的矛盾取代资本主义社会基本矛盾的严重错误,容易导致否认资本主义社会的基本矛盾仍然是生产的社会化与资本家私人占有之间的矛盾,进而否认资产阶级与无产阶级的根本对立,进而取消社会革命。生态主义虽然对资本主义持批判和否定的态度,但对什么是社会主义的问题并没有科学的认识,只是站在抽象的人道主义的立场上,反对阶级斗争,反对用暴力革命的方式打碎旧的国家机器,反对无产阶级专政。它试图用生态的、社会公正的、基层民主的和非暴力的原则,在不触动资本主义制度的前提下,在资本主义宪法允许的范围内,用对话、谈判、游行、示威、舆论和选举等手段,通过议会活动,谋求执政,走改良主义的道路,这是一种不现实的幻想。

第二,干扰当代我国青年科学社会主义观的树立。生态主义企图用生态共同体来取代经济共同体;生态主义在理论上彻底否定大型跨国公司的作用,力图建立一种小国寡民式的经济单位,企图用手工劳动去取代现代化大生产,将符合现代社会经济发展的大工业分化为前工业化时期的那种自给自足的小手工业。这无疑是一种历史的倒退,违背马克思的历史唯物主义社会发展观。并且生态主义者企图以产品质量和经济的"零"增长为前提,来满足人们日益增长的物质文化需要,在当今世界人口的增长速度对经济总量的增加形成严重压力的情况下,是不切合实际的,并且会带来供应不足的严重后果。而科学社会主义向来就非常重视社会生产力的发展和经济的增长。

第三,误导当代我国青年脱离广大工农群众。生态主义站在抽象的人道主义的立场上,反对工农群众斗争,反对无产阶级专政。它试图通过改良的办法来建立一种人类与自然和谐关系的生态社会主义。在实现目标的依靠力量上,强调"生态意识",而具有这种意识的无疑只有那些热衷于生态运动、环保运动的人以及一些中小资产阶级、知识分子和青年学生。这说明他们把极具革命性的工人阶级和广大农民群众撇在了一边,陷入了脱离社会基层群众的宗派主义泥潭。生态主义者把解决生态危机的希望寄托在能认识到其理想社会的美好性并能自觉为之奋斗的中下层人身上,并企图得到其他政党的同情与支持以及政府的资助。这种企图依靠理想的启迪来实现其理想社会的想法,只能是一厢情愿的幻想,而且容易误导我国青年重理想、轻实践,继而脱离具体的社会现实与斗争。

二、生态主义思潮的引领

社会主义生态文明观,是中国共产党在中国特色社会主义建设过程中,顺应世界绿色发展潮流,探索生态文明建设的理论成果。党的十九大报告提出一系列关于生态文明建设的新理念新思想新战略,明确了建设社会主义生态文明的发展方向。我们要用社会主义生态文明观凝聚社会共识,以社会主义生态文明观来引领新时代中国社会的生态思潮,科学认识和解决好生态文明建设中的一系列重要问题,构建好生态文明理论的"中国形态"。

（一）克服"人类中心主义"和"生态中心主义"的理论片面性

社会主义生态文明观认为，生态文明反映着一个社会对待生态环境的文明程度。生态系统看似外在于人类文明系统而独立存在，但实际上，随着人类社会对自然的不断改造和利用，我们所面对的自然在很大程度上已经成为人化自然，成为文明的一部分。文明改变和依托绿色发展着生态环境，生态环境也在影响和制约着文明。没有文明的关照，自然就同文明无关，体现不出其巨大的外在价值；没有生态的支撑，文明就失去了根基，我们也建立不起现代文明的大厦。

"人与自然是生命共同体"命题的提出，科学指明人与自然之间是通过物质变换构成的复杂的生态系统，因此人类必须尊重自然、顺应自然、保护自然。这一命题丰富和发展了马克思关于自然是人的无机身体的思想、恩格斯关于人自身和自然界具有一体性的思想，超越了"生态中心主义"挑起的与"人类中心主义"的抽象争论，为社会主义生态文明奠定了哲学基础。

按照以人民为中心的发展思想，以及"要提供更多优质生态产品以满足人民日益增长的优美生态环境需要"的要求，科学揭示了人民群众的生态环境需要在需要体系中的基础性、独立性和专门性，科学揭示了生态环境需要同时具有的满足生存需要、发展需要和享受需要的价值，丰富和发展了马克思主义关于人依赖自然而生活的思想。这样，进一步明确了社会主义生态文明的价值取向和社会主义生产的目的。

习近平总书记反复强调，"绿水青山就是金山银山。"这一命题科学阐明了自然价值和经济价值、自然资本和经济资本、环境和发展、生态化和现代化的辩证关系，丰富和发展了马克思主义关于劳动加上自然界是一切财富源泉的思想，有助于全社会进一步树立社会主义生态文明观，有助于推动形成人与自然和谐发展的现代化建设新格局。2016 年 5 月，联合国环境规划署专门发布了《绿水青山就是金山银山：中国生态文明战略与行动》的报告。

(二)正确认识经济发展与环境保护的关系

走向人与自然和谐共生之路，关键是要妥善处理好经济发展和生态保护的关系。走进新时代，我国社会主要矛盾已经转化为人民日益增长的美好生活需要和不平衡不充分的发展之间的矛盾。其中的"不平衡"就包括经济发展与生态保护的不平衡。因此，我们"必须树立和践行绿水青山就是金山银山的理念"，绝不能以牺牲生态环境为代价换取经济的一时发展。这是发展理念和发展方式的深刻变革，也是执政理念和执政方式的深刻变革。节约优先、保护优先、自然恢复为主，为我们正确处理经济发展和生态保护的关系提供了根本的价值取向和行为遵循。

经济发展与生态保护既有相互制约、不易兼得的矛盾和冲突的一面，也有相互协调、共同促进的良性互动的一面。经济本身的外部性特点，决定了经济活动和生态环境之间存在着一种互相影响、互相作用的负反馈机制，也就是说，无论哪一种经济活动，它的成本代价不但包括对各种生产要素的消耗，同时也包括给资源环境带来的影响。在发展经济的过程中，如果忽视了对生态的保护，就会导致双方关系不断失衡，矛盾和冲突凸显；当意识到了生态保护问题，但是对生态保护问题的重视程度不足，矛盾和冲突会继续加剧；只有当对资源、生态和环境在经济发展中的地位和作用的认识进一步加深，对经济发展与生态保护之间的良性互动关系有了深刻的认识，两者关系才有可能进入相互协调、相互促进的阶段。这样一个认识不断发展演变的过程，反映出两者关系发展的一般性规律。

在我国的现代化实践中，我们对经济发展和环境保护之间的现实关系的认识也经历了一个不断提升的过程。第一个阶段是用绿水青山去换金山银山，不考虑或者很少考虑环境的承载能力，一味索取资源；第二个阶段是既要金山银山,但是也要保住绿水青山。这时候经济发展和资源匮乏、环境恶化之间的矛盾开始凸显,人们意识到环境是我们生存发展的根本,要"留得青山在,才能有柴烧";第三个阶段是认识到绿水青山可以源源不断地带来金山银山,绿水青山本身就是金山银山。良好的生态环境本身就是生态资产,可通过直接和间接利用,转化为生态资本而产生经济效益,让生态优势变成经济优势,形成发展与保护浑然一体、和谐统一的关系,这一阶段是一种更高的境界。

对经济发展和生态保护关系的认识规律和生态文明建设实践告诉我们,加强生态保护与发展经济是正相关的,生态保护不是对经济增长的约束,而是抵御增长风险、实现可持续发展的有力保障。因为绿水青山不仅是最公平的公共产品、最普惠的民生福祉,而且也是"自然资本"。通过发展基于生态保护的环境保护业、新能源产业、生态旅游业、生态农业、中医中药业等绿色经济,充分利用自然资本来生产财富,一方面可以保护环境,另一方面又可以使环境成为一种资本,成为未来生态经济增长的资源,这样经济和环境之间的关系就是良性的、互动的、统一的。

（三）正确认识建设美丽中国与全球生态安全的关系

党的十八大将生态文明建设纳入中国特色社会主义事业的"五位一体"总体布局。党的十九大报告将"美丽"纳入党在社会主义初级阶段的基本路线,要求把我国建设成为富强民主文明和谐美丽的社会主义现代化强国。党的二十大报告提出,"我们要推进美丽中国建设,坚持山水林田湖草沙一体化保护和系统治理,统筹产业结构调整、污染治理、生态保护、应对气候变化,协同推进降碳、减污、扩绿、增长,推进生态优先、节约集约、绿色低碳发展"。这些内容进一步丰富和发展了马克思主义关于自然物质条件在社会发展中的前提地位的思想,明确了社会主义生态文明建设的战略地位。

习近平总书记在强调建设"美丽中国"的同时,突出强调建设"清洁美丽的世界"的意义。按照人类命运共同体的理念,我们呼吁构筑尊崇自然、绿色发展的生态体系。这一思想进一步丰富和发展了马克思的"世界历史"思想,协同推进"美丽中国"和"清洁美丽世界"的建设,构成了社会主义生态文明观的广阔视野和开放胸怀。

建设"美丽中国",就是要为人民创造良好生产生活环境,同时为全球生态安全作出贡献。把美丽中国建设同国家的发展目标相结合,与全球生态安全相联系,认真处理好国内和国际两个维度的关系,做到既把本国生态环境恢复好、保护好,同时又担负起维护全球生态安全的责任,赋予了我国生态文明建设前所未有的广度和深度,强调了生态文明建设的中国使命和国际担当,丰富和完善了中国特色社会主义现代化建设的绿色性质和内涵。

建设"美丽中国",是维护全球生态安全的中国使命。中国是世界第二大经济体和第一人口大国,像中国这样一个世界最大的发展中国家,如果发展方式不当,其对全球生态的消极影响将是十分严重的。中国以自身的绿色发展、循环发展、低碳发展,解决好自身的生态和环境问题,不仅符合我国自己的发展目标,而且本身就是维护全球生态安全的重要组成部分。

建设"美丽中国",是生态文明建设追求的美好社会理想。"美丽中国"是中华民族伟大复兴中国梦的重要组成部分,拥有山清水秀、蓝天白云、鸟语花香、天人合一的美好家园,是"美丽中国"的具体呈现,人与自然之间形成的共生之美、和谐之美、活力之美是"美丽中国"的本质特征。将"美丽"作为建设社会主义现代化强国的目标,反映着新时代中国特色社会主义对人民生态需求的回应,对人与自然关系理想境界的追求。本着对人类社会负责的态度,中国共产党人摒弃传统发展方式,凭借独有的生态文明道路及其坚强的制度保障,在努力遏制生态恶化、谋求可持续发展的实践中彰显其生态维护者的角色。

　　中国特色社会主义生态文明观主张，建设"美丽中国"离不开与世界各国的共同合作。在世界各国经济、政治、文化以及生态等各方面联系越来越紧密的时代，美丽中国建设需要学习借鉴世界各国自然保护的先进理念、治理技术、管理模式和有益经验，需要同世界各国在生态环境问题上合作共治。习近平总书记指出，"国际社会应该携手同行，共谋全球生态文明建设之路"。西方发达国家经历过生态破坏之痛和绿色发展之兴的历程，积累了不少经验和教训。如依靠科学技术手段和培养公民的环保意识两手解决生态环境问题的有效手段等，都值得我们学习借鉴，进而探索符合本国国情的生态文明建设道路和模式。

　　中国特色社会主义生态文明观强调，建设"美丽中国"应有中国的国际责任担当。当前，生态安全的跨国性、相关性、突发性日益增强，气候变化、臭氧层空洞、生物多样性锐减等全球生态环境问题，对人类的持续生存已经构成了严重影响和威胁，在应对全球性生态环境问题上，世界各国已成为"人类命运共同体"。全球共有的资源，特别是空气、海洋、物种和公共生态系统，只有在共同目标和决心的基础上才能得到更好的管理。当然，面对这场生态环境危机还会有不同的认识，有利害冲突、意见分歧，但只有采取参与、合作和互助的方式，才是保护人类共同生存基础的唯一道德的抉择。

　　中国特色社会主义生态文明观指出，走进新时代的中国与世界更加紧密联系在一起，需要以人类命运共同体中负责任大国的身份，积极参与全球生态治理，承担与我国发展水平及阶段相适应的责任和义务，把继续发挥在全球可持续发展领域的建设性作用与解决好国内生态环保问题有效衔接起来，坚持共同但有区别的责任原则、公平原则、各自能力原则，积极参与国际生态环境事务，努力推进环境保护领域的国际合作，同国际社会一道积极应对气候变化，尽自己所能承担应尽的责任和义务，大力推进生态文明建设，有效控制温室气体排放等，更好地彰显负责任的大国形象，成为"全球生态文明的重要参与者、贡献者和引领者",为全球生态安全作出贡献。

总之,中国特色社会主义生态文明观是推进我国生态文明建设的指导思想,是解决人与自然和谐共生问题的中国行动和中国方案。我们必须牢固树立社会主义生态文明理念,以中国特色社会主义生态文明建设引领新时代绿色健康发展,建设美丽中国,为国际社会的绿色发展提供新经验、作出新贡献。①

---

① 参见本书编写组:《社会思潮怎么看 2》,江苏人民出版社,2018 年,第 239~247 页。

第七章 消费主义思潮

消费主义是一种价值观念和生活方式。作为一种价值观念，它以过度消费、超前消费、奢侈消费、攀比消费为人生的价值体现方式，把消费活动当成是实现自我个性的主要形式和寻求身份认同的主要方式，将消费等同于事业的成功、人生的幸福；消费成了人存在的目的，消费成为人生的支点，人为了消费而消费、为了消费而存在。消费主义给社会带来的资源耗竭、环境污染、攀比成风、精神空虚等问题不在其考虑之列。作为一种生活方式，它鼓励人们高消费、超前消费，将及时行乐、现实享受道德合理化，甚至将消费看成是促进经济发展、社会进步的义举。于是，人们的物质欲望被大大刺激和释放出来，人们的日常生活沉溺于消费活动。而且人们在消费中更关注的是商品的符号价值、象征意义，并试图通过消费，将商品所承载的符号意义转化到自己身上，以至于商品成为符号的载体，人自身成为商品的载体，人生的价值、事业的成功、个人的品位等形而上的东西要通过对形而下的商品的消费和占有来体现，等等。对消费主义思潮及其倾向，我们必须认清其影响，剖析其危害，划清正常的消费行为和消费主义的界限，树立起绿色的消费理念和科学的消费观。

第一节　消费主义的内涵与特征

正常的消费行为是生活的一部分，但过度的消费行为必将会影响人们的正常生活，甚至引起极坏的社会现象。因此，还原消费主义的真实面目，是当前一项极端重要的工作。

一、消费主义的基本内涵

当前，消费主义已经形成一种社会思潮，因此我们有必要对其基本内涵做出清晰的界定，这对我们进一步认识消费主义具有重要的指导价值。

（一）消费主义的界定

1.消费

从经济学角度来看，生产、分配、交换、消费，它们共同构成了社会再生产的全过程。《消费经济学大辞典》中对于消费的定义是："生产的对称，社会再生产的基本环节之一，它指人们通过对各种劳动产品（包括劳务和精神产品）的使用与消耗，满足其各方面的需要，以实现人本身的生产和再生产的过程和行为。"[1]也就是说，消费是人们生存的需要，人们通过消费获得自己生存和发展所需要的物质资料。而消费也同时促进了生产的再进行。

从社会学的角度来分析，消费就不仅仅是社会再生产的过程之一，还能指代一定的社会文化或者价值理念。消费除了是满足人们生存的第一需要，

---

① 林白鹏：《消费经济学大辞典》，经济科学出版社，2000年，第3页。

还成了划分某种社会身份的标准,比如时尚消费,它会传达出一种理念,那就是你消费了某种产品,就代表你是一个有时尚品味的人,赋予你一种时尚标签,一种身份的标志。

从生态学角度出发,消费涉及人类生存所需的物质资源的合理使用等问题,是关于人类社会健康发展与有限自然资源的关系的研究。消费物质资料是人类生存和发展的基础,而自然资源的有限性引发了消费与自然的矛盾。因此,生态学更侧重于研究人类物质消费与资源、环境的关系。

从伦理学角度出发,消费不仅仅是单纯的物质消费,还包含着伦理的意蕴。探讨人们在消费过程中存在的道德行为,以及用相应的消费道德去评判或规范人们的消费行为。

总而言之,消费不是一个简单的经济活动,而是一种更为复杂的,涉及经济、政治、文化、社会、心理等诸多方面的活动。

2.消费主义

在《现代汉语词典》中对"主义"一词有着这样的解释,"主义是指对客观世界、社会生活以及学术问题等持有的系统的理论和主张"[1]。由此可知,消费主义必然是关于消费问题的一种系统的理论或主张,是对消费问题比较全面的剖析和解读。

国内学者毛世英认为,"所谓消费主义,是指一种鼓吹在大众层面上进行高消费的价值观念、文化态度和生活方式"[2]。尹琼认为,消费主义是"对商品消费永无止尽的追求,完全超出基本生存与生活所需,它同时包含了对奢侈品炫耀式的占有和不顾及自然资源的恶意透支"[3]。杨魁、董雅丽认为,"消

---

① 中国社会科学院语言研究所词典编辑室:《现代汉语词典》,商务印书馆出版,1997 年,第 1643 页。

② 毛世英:《走出消费主义陷阱、建设和谐性消费文化》,《济南大学学报》,2003 年第 4 期。

③ 尹琼:《现代消费主义对大学生消费观的影响与对策研究》,安徽农业大学硕士学位论文,2012 年。

费主义是一种以推行商品为动力，进而无形中使现代社会的普通大众被挟裹进去的消费至上的价值系统和生活方式"[1]。王宁认为，"消费主义代表了一种意义的空虚状态以及不断膨胀的欲望和消费激情。消费主义不在于仅仅满足'需要'，而在于不断追求难于彻底满足的'欲望'"[2]。

不难看出，消费主义涉及消费观念、消费行为以及消费与个人、社会等方方面面的关系，是一个完整的理论体系。我们对于消费主义的理解，主要从其价值观念和生活实践两个角度入手，在价值观念方面，消费主义强调的是追求无休止的消费欲望，强调对商品符号价值的占有；在实践方面，消费主义主张超前消费、时尚消费、攀比消费等消费行为。换言之，消费主义的实质，就是人们通过对物的消费和占有来体现他们生活方式、身份地位和优越感，为了消费而消费。消费原本为了满足生存的需要，注重的是其固有的使用价值，而在消费主义中，商品消费成了消费者身份认同的手段。消费更注重的是商品的符号价值和象征意义，社会地位、成功、品味统统都是用物质的占有来体现。

3.消费主义思潮

消费主义思潮有两个非常重要的特质：第一，它具备一定的理论形态即消费主义理论，并以一定思想理论为指引。但是单纯有思想理论的指引，还是不足以形成社会思潮，只有当这种社会思潮的理论被一定社会群体所掌握与认同，成为一定群体的共同意愿时，这种思想理论才能构成具有一定社会影响力的思潮。消费主义思潮不仅具有社会思潮的一般性特质，同时，自身从产生之日起就具备鲜明的时尚、流行等价值信息，其自身所具有的消费主义理论特质决定了其在传播过程中其接受群体更多面向了青年人，其接受群体有一定的"资格要求"，具有选择、认同的特点。第二，社会思潮表现为

---

[1] 杨魁、董雅丽：《消费主义文化的符号化解读》，《现代传播》，2003 年第 1 期。

[2] 王宁：《消费社会学：一个分析的视角》，社会科学文献出版社，2001 年，第 145 页。

一种思想观念和思想倾向，是特定环境中的社会心理和社会意识的综合形式。消费主义思潮表现为一种崇尚高消费的社会意识，与从众、攀比等社会心理相契合。这种热衷于消费的思想倾向一旦被人们所掌握和认同，就会给社会或个人的发展带来一定的影响，先进的社会思潮会促进个人和社会的发展；反之，则会阻碍个人和社会的发展，甚至带来破坏性的影响。对于消费主义思潮而言，它一方面能够拉动社会经济的发展，在经济低迷时从某种程度上刺激经济发展；另一方面它会使接受群体的价值取向日趋功利化，出现人生目标的错位，各种不良消费行为突出等等。总体来说，对于青年群体而言，消费主义思潮的消极影响大于其积极影响。

（二）消费主义的实质

作为一种生活态度，消费主义思潮与我国的一些社会思潮如新自由主义思潮、历史虚无主义思潮等有明显的不同。它没有系统的理论话语，没有明确的理论代表和流派，常常与追求幸福、快乐、平等、成功等言词捆绑出现，以碎片化的方式存在于人们的观念中。它只观照大众现实的、日常的生活，不涉及经济利益、政治权力和社会制度，似乎不具有意识形态属性。因而消费主义往往被视为一种社会潮流、流行风尚，在我国关于意识形态风险、意识形态工作的讨论中，很少作为重要议题出现。

对于消费主义，应该坚持用马克思主义的观点和方法来分析。马克思对消费问题的讨论都是与资本主义生产、资本主义所有制联系在一起的。马克思在分析资本主义生产方式及其矛盾中，开展了对商品拜物教的批判。马克思认为，"'物'"本身并不具有神秘属性，无论是商品拜物教、货币拜物教还是资本拜物教，其实质是人与人的关系被颠倒为物与物的关系。商品形式在人们面前把人们本身劳动的社会性质反映成劳动产品本身的物的性质，反映成这些物的天然的社会属性，从而把生产者同总劳动的社会关系反映成存在于生产者之外的物与物之间的社会关系。由于这种转换,劳动产品成了商品,成了可感觉而又超感觉的物或社会的物"①。也就是说,拜物教产生的根源在于资本主义生产关系的物化,是资本逻辑主导下的资本主义生产过程中物与产生这些物的社会劳动和社会关系的颠倒。这种颠倒必然会导致颠倒的社会意识形式——拜物教。商品拜物教是一种将商品背后人与人的关系错认为商品物的天然属性,从而把商品生产关系看成自然的、永恒的认识,也就是一种意识形态。而商品拜物教的消亡是有条件的,"只有当实际日常生活的关系,在人们面前表现为人与人之间和人与自然之间极明白而合理的关系的时候,现实世界的宗教反映才会消失。只有当社会生活过程即物质生产过程的形态,作为自由联合的人的产物,处于人的有意识有计划的控制之下的时候,它才会把自己的神秘的纱幕揭掉"②。也就是说,只有在未来共产主义社会,生产力高度发展并且为人民真正地掌控的条件下,拜物教才能消亡。消费主义是商品拜物教及其高级形式货币拜物教、资本拜物教的现代表征,是在商品拜物教这种带有强烈物化特征的认知逻辑和价值取向蒙蔽下的观念产物。在消费主义日益发展的过程中,资本出于追逐更多剩余价值的目的,积极利用电视、电影、广告等大众传媒,对这种意识形态推波助澜。所以,辨识消费主义,必须把握其背后的资本逻辑,认识其资本主义意识形态属性,而不能简单地将其视为日常生活观念或者某种时尚、风气,在现实中对其蔓延发展放任自流。③

第一,从经济根源看,消费主义的产生和发展适应于当代资本主义生产方式下资本逐利和资本增殖的需求,体现了深刻的资本逻辑。马克思曾指出,资本不是物,"是一种社会生产关系。这是资产阶级的生产关系,是资产

---

① 《马克思恩格斯全集》(第44卷),人民出版社,2001年,第89页。
② 《马克思恩格斯文集》(第五卷),人民出版社,2009年,第97页。
③ 参见杨军、黄兆琼:《我国消费主义思潮的表现、实质与克服》,《思想教育研究》,2022年第2期。

阶级社会的生产关系"①。其本质是要实现价值增殖。在资本主义生产方式下,完成商品到货币"惊险的一跃"是实现资本增殖的根本途径。在资本主义发展早期, 有限的生产力水平和相对匮乏的生产资料决定了资本主义生产不足,生产资料的消费和资本积累成为资本主义扩大再生产、获得更多利润的主要方式。19 世纪末 20 世纪初,科学技术被广泛应用于资本主义生产过程中,资本主义生产方式发生重要变革。随着社会生产力的显著提升,资本主义生产相对过剩,但工人阶级和普通大众的消费能力因分配不公而不足,从而导致堆积的商品无法转换成货币,资本增殖无法实现。为了实现资本增殖,就必须无限扩大消费,最大限度地刺激人们的消费欲望、透支人们的消费能力。因此,各种消费信贷大量出现,以鼓励无限消费为根本特征的消费主义思潮在这一背景下应运而生。消费主义将资本增殖的欲求包装成个体的人生追求,不断制造与人的"真实需求"无关的"虚假需求",刺激超出生存需要的消费欲望,宣扬"欲望无限""欲望应当得到满足"等观念,在根本上满足资本增殖实现的要求。从全球范围看,消费主义思潮契合了资本主义生产方式不断扩张、发达国家主导世界市场的企图。通过制造风靡全球的"消费狂欢",把越来越多的国家、地区纳入资本主义经济体系之中,从而强化发达国家和跨国垄断集团对世界市场的影响力、控制力。

第二,从实际功能看,消费主义在根本上维护了当代资本主义统治的合法性,具有强大的意识形态功能。在资本主义社会发展的前期阶段,资产阶级主要采取强制性、压迫性、直接性的剥削方式和统治策略。但是世界历史表明,这种简单粗暴的统治方式极易激化资产阶级和工人阶级的矛盾,引发工人阶级的反抗。第二次世界大战结束以来,出于维护资本利益、实现资本利润最大化的现实考量,资产阶级也调整了策略,采取了一种隐藏政治价值

---

① 《马克思恩格斯选集》(第一卷),人民出版社,2012 年,第 341 页。

取向、凸显社会共同取向的"去意识形态化"作用方式。其中最为突出的就是以消费主义倡导"消费自由""消费平等""自主消费"等观念,干扰人们对经济、政治上的真实的自由、平等、民主的普遍向往,消弭现实社会关系中实际存在的地位不平等、身份差异和阶级矛盾等问题,使人们在消费所制造的"景观社会"之中逐渐成为失去批判能力的"单向度的人"。因为内含于消费主义中的个人主义、享乐主义、功利主义等思想观念,契合了资本逻辑统摄下资本逐利的需求。由此,消费主义以抹杀阶级差别、分享消费满足的形式淡化资本主义国家中的阶级对立、美化资本主义制度的"合理性",为资本主义统治的合法性确立起价值共识和观念支撑,实现其意识形态功能。在经济全球化和文化多元化背景下,消费主义思潮将遍布全球的资本主义商品和引领全球的资本主义消费方式冠以自由、民主、平等等"普世价值"的面纱,引导世界范围内的人们在消费过程中生成对资本主义制度的认同和期许,最终正如美国著名学者比尔·麦克基本所描述的那样,"消费主义是到目前为止最强有力的意识形态——现在,地球上已经没有任何一个地方能够逃脱我们的良好生活愿望的魔法"①。

二、消费主义的本质特征

要揭开消费主义思潮的神秘外衣,就必须彻底弄清消费主义思潮的本质,准确把握消费主义思潮的特征。事实上,消费主义思潮是西方资本主义意识形态的本质体现,代表着资产阶级的经济利益和政治利益,是为了维护资本主义统治的一种政治价值取向和思想价值观念。消费主义思潮的本质特征主要体现为物欲性、虚假性和控制性。

---

① [美]比尔·麦克基本:《自然的终结》,孙晓春等译,吉林人民出版社,2000年,第15页。

（一）物欲性

消费主义思潮会导致人们不断追求物质享受、物质快乐，不断追求消费欲望的满足与快乐至上，追求过度消费、奢侈消费、盲目消费，表现出生态破坏性、直觉体验性和物质功利性。资本主义经济制度是以私有制为基础，以赚取更多利润为目的，资本主义生产以不断消耗有限的自然资源，满足资产阶级无限的物质欲望，导致对生态和资源造成极大的破坏和浪费。为了满足不断增长的物质欲望，资本家的过度生产，导致经济危机的发生；资源的过度开采，导致环境破坏与污染加剧，这是今天世界生态环境危机产生的重要根源。马克思曾指出："资本主义生产使它会集在各大中心的城市人口越来越占优势，这样一来，它一方面聚集着社会的历史动力，另一方面又破坏着人和土地的物质变换……它同时就破坏城市工人的身体健康和农村工人的精神生活。"[1]在人与自我的关系中，消费主义思潮会导致人们重外在物欲与感官享乐，轻内在精神与心灵诉求，既表现出自我冲突，以"自我"为中心，自我欲望的扩张，"自大"与"自私"的同时还会感到"孤独"与"无助"；又表现出不能正确认识人生目标、人生价值，常常以占有更多物质财富、消费更高档商品为目的，认为人的存在就是我在消费、我要消费，消费就是一切，一切就是消费，颠倒了人生存的目的和条件，蜕变为"为了消费"而生活的人。在人与人的关系中，消费主义思潮会导致人们以物质、功利来衡量与人相处的价值。"身份与地位的显现只有通过物的依赖性来完成。"[2]由于人们追求过度的消费欲望，使人与人之间的关系变得更加物质化、更有功利性。

---

① 《马克思恩格斯全集》（第 23 卷），人民出版社，1972 年，第 552 页。

② 孟庆顺等：《全球化时代世界意识形态流派述评》，人民出版社，2010 年，第 227 页。

(二)虚假性

消费主义思潮会导致资产阶级颠倒社会存在决定社会意识的关系,以人们的欲望决定社会生产方式,以资产阶级意识决定社会经济发展,违背社会发展规律,给人们带去虚假的幸福、虚假的自由和虚假的平等。一是消费主义思潮会使人们天真地以为,购买的商品越多越高档,就越能满足人们的物质欲望和感官享受,就越能体现人们高贵的社会地位和高贵身份,以为这就是幸福。事实上,人们消费得越多、越高档,对社会资源、生态环境等的破坏就可能越大、被资产阶级赚取的剩余价值就可能越多。人们为了获得所谓的幸福,满足无限的物质欲望和感观享受,进行无休止的生产—消费—生产,就连闲暇时间也不放过,有的在闲暇时间里加班加点工作,为了赚更多的金钱去消费;有的利用闲暇进行过度消费、超前消费、借贷消费,无论拼命劳作还是过度消费,都是对健康和生命的过度透支,属于虚假的幸福。二是消费主义思潮会使人们天真地以为,资产阶级真把自己当成了"上帝",自己能够随心所欲地在各种网店、商场里选择商品,以为这就是自由。事实上,这只是增加了人们选择的机会和范围,没有从根本上摆脱使人们受奴役的状态,"生产生产着消费,……因而,它生产出消费的对象,消费的方式,消费的动力"[①]。脱离了"使用价值"而主要体现"交换价值"的商品,只是使人们满足了自由购买的欲望,获得了暂时的消费自由,但人们却不得不陷入拼命挣钱、拼命还贷,甚至走上偷盗、抢劫的犯罪道路,这种自由属于虚假的自由。三是消费主义思潮会使人们天真地以为,资产阶级给了人们平等,每个人都可以平等地购物、平等地选择商品、平等地享受今天的物质生活,以为这就是真正的平等。事实上,资产阶级以"消费面前人人平等"的方式来调和阶级

---

① 《马克思恩格斯选集》(第二卷),人民出版社,2012 年,第 692 页。

矛盾，试图以消费的平等制造各阶层平等的假相，"如果工人和他的老板享受同样的电视节目并漫游同样的游乐胜地，如果打字员打扮得同她雇主的女儿一样漂亮，如果黑人也拥有盖地勒牌轿车，如果他们阅读同样的报纸，这种相似并不表明阶级的消失，而是表明现存制度下的各种人在多大程度上分享着用以维持这种制度的需要和满足"①。因此，消费平等只是表面上的平等，并不能解决人与人之间的真正平等，这只是资产阶级为了维护其统治地位、维持资本主义制度而故意制造的假相而已，仍然属于虚假的平等。

（三）控制性

消费主义思潮会通过资本、文化、技术的联姻，控制人们的消费欲望、价值观念、行为方式，以达到促使人们认同并维护资产阶级统治的目的。一是消费主义思潮会控制人们的消费欲望。欲望不等同于需求，人们的正常需求相对容易满足，人们的欲望却不容易满足，而易被人操控。资产阶级为了获得更多的剩余价值，就会不断制造和控制人们的欲望，于是"人被改变成了'消费者'，改变成了其愿望是消费更多'更好的'的产品的永远无知的孩子"②，令人们在无休无止的消费之中不能自拔。二是消费主义思潮会控制人们的价值观念。在消费过程中，人们不只消费商品的"物质"成份，同时也消费附着在商品之上的"溢出"成分，包括生产者的意图、思想、精神、价值、观念等，消费者会被某种匿名的力量所控，不知不觉中接受和认同了资产阶级所主张的个人主义、功利主义、享乐主义等思想观念，并在不知不觉中成为资本主义私有制的附庸。三是消费主义思潮会控制人们的日常行为。消费主义思潮将消费经济、消费文化融入消费行为之中，以达到控制人们日常行为的目

---

① 马尔库塞：《单向度的人：发达工业社会意识形态研究》，刘继译，上海译文出版社，1989 年，第 9 页。

② 弗洛姆：《人的呼唤：弗洛姆人道主义文集》，王泽应译，上海三联书店，1991 年，第 84 页。

的。当消费成为社会的主导,消费就会逐渐成为一种控制手段,不仅控制人们的消费行为,还会通过对人们思想、观念的控制达成对人们政治行为、文化行为、社会行为等进行控制的目的。

三、消费主义的主要观点

奢侈消费、符号消费、消费控制等被认为是消费主义的特征。尽管在传统社会也存在奢侈消费的特权化、符号消费的共有化、消费控制的显性化等情况,但与今天的消费主义思潮及表现相比大相径庭,其主要观点及主张有以下三点。

(一)奢侈消费的大众化

谈到消费主义,首先就必须谈到奢侈消费。奢侈消费是一个相对概念,"奢侈是任何超出必要开支的花费"①。而必要的开支花费主要指的是为了满足实际生存需要而进行的消费,这种消费的标准会因时因地而变化。在封建时代的中国,用来充饥的五谷杂粮、蔽体御寒的麻布衣服、遮风挡雨的起居之室、质朴无华的日常用品,此类目的在于满足吃穿温饱、功能仅限日常实用的物品都被认为是生活之必需品,相反,超出此范围的物品,例如粱肉、文绣、雕刻、淫声等通常被认为是非绝对必需的奢侈品。

奢侈消费作为一种现象古已有之。但是封建时代的消费作为权势、地位的象征和最终实现形式之一,是分等级的,这是封建等级制在消费领域的体现。封建社会有着严格而分明的等级,血缘、家庭、家族、村舍、城邦等各种共同体规定了每个人的社会角色,个人消费的内容由等级身份决定。反过来,

---

① [德]维尔纳·桑巴特:《奢侈与资本主义》,王燕平、侯小河译,上海人民出版社,2005 年,第 86 页。

等级消费能够再生产社会地位,维护和显示地位、身份。不同的等级有不同的消费标准,下层等级模仿上层等级的越级消费被认为是僭礼犯上的行为,而上层等级模仿下层等级的消费行为就是失尊,为封建等级制度所不容。另外,从经济实力上讲,有能力进行奢侈消费的多为皇家、官僚、大商人、大地主和高利贷者,而农民、手工业者、贩夫走卒及奴婢、乞丐、流民根本就无力进行奢侈消费。所以封建时代的奢侈消费是有严格限制的,而在社会大众范围内倡导实行奢侈消费才是消费主义的特征。总之,单单奢侈消费不足以构成消费主义的特征,奢侈消费的大众化才是消费主义的特征。

(二)符号消费的专有化

商品的符号化,也就是商品在一定的文化环境中获得了超出其原本属性的符号意义,从商品的本来属性来看,就是其使用价值和交换价值获得了新的符号意义。符号价值的来源之一就是使用价值的符号化,也即商品的自然属性和实用功能因为符合社会文化的要求而具有相应的象征意义。符号价值的另一个来源就是交换价值的符号化。商品交换价值可以直接用货币来体现,直接而明显。

但是商品的符号化现象早就存在,各个历史时期的文化、传统赋予了某一类商品共同的特定意义。并且在不同的文化环境中,物的同一属性可能有完全不同的意义,而这意义乃是历史文化传统赋予的。例如,在中国传统文化中,蝙蝠因与"福"同音,成为幸福、如意的象征。与此相反,在英美文化中蝙蝠却是吸血鬼的化身,象征着"嗜血"和"残忍"。

可见,商品的符号价值古已有之,但是这时的符号价值为某一类商品共有,属于共有性符号价值。只是到了市场经济时代,品牌的出现和兴盛才实现了商品符号价值的专有化,而符号消费的专有化才是消费主义的特征。在消费社会"要成为消费的对象,物品必须成为符号,也就是外在于一个它只作为意义指涉的关系……它被消费但(被消费的)不是它的物质性,而是它的差异"①。专有化符号价值是通过广告、宣传、公关活动等,将身份、地位、个性等特殊信息填充在品牌上,形成与其他同种类商品不同的象征意义。

(三)消费控制的隐性化

封建社会等级消费成为维护特权阶级政治地位和社会秩序的工具,某些消费品因其作为政治权力的象征而为特权阶级所垄断。为了实现消费等级制,封建统治阶级往往会对各个阶级阶层的消费行为作出明文规定,甚至是出台相关法律来维护等级消费。所以封建时代对消费的控制在内容上往往会限制下层阶级的消费,规定某些物品只能为上层阶级专用,而在形式上当时对消费的控制往往带有显性化的特征。例如,《新唐书·车服志》记载,唐高祖武德七年(624)颁布了著名的《武德令》,规定了上至帝王后妃下至文武百官及其妻女的服饰,从而在法令上限制了下层阶级的消费内容,维护了封建等级制。

进入大众消费时代之后,对消费的控制依然存在,只不过这时的控制在内容和形式上都发生了变化。从内容上看,大众消费时代不再对具体消费的内容进行分等级限制,相反,消费在表面上成为人人自由平等的最好证明。不再有习俗、规定甚至是法律划出消费的禁区,曾经是上流社会独享的奢侈品,现在人人都可以向往、购买、消费、使用,严格等级制下带有政治光环荣耀的消费品也可以被普通消费者拥有,曾经是犯上作乱的违禁越级消费行为现在成了促进经济发展的义举。尤其是观念性高消费更是没有禁区,许多人的梦想难道不正是某些高消费目标的集合吗?"如果现代人敢于明白道出他心目中的天堂,那么,他会描绘出这样一种景象:天堂就像世上最大的百

---

① [法]鲍德里亚:《物体系》,林志明译,上海人民出版社,2001年,第222~223页。

货公司,里边有各种新东西、新玩意儿,而他自己则有足够的钱来购买这些东西。"①

"贫穷不是社会主义","不断提高人民物质文化生活水平","让发展的成果惠及全体人民",从这些耳熟能详的政治话语中,我们就可以看出自改革开放以来党和国家对不断提高人民生活水平这一问题的重视程度。具体到经济政策层面,扩大内需、刺激消费,更是成为转变经济增长方式、保证宏观经济良性发展的基本战略方针。消费不仅成为个人追求自身权益的正当行为,而且成为助推经济发展的义举。消费主义借题发挥、混淆视听,借机在我国传播。对此,我们认为,一定要区分正常的消费需求和消费主义思潮。马克思主义从来没有反对正常的消费需求,从马克思主义经典作家到我们党和国家的领导人都十分重视不断提高人民消费水平。但是消费主义所推崇的不是正常消费需求,而是奢侈消费的大众化、符号消费的专有化、消费控制的隐性化。

第二节　消费主义的演绎

消费主义思潮于 20 世纪二三十年代在美国社会形成,致使大众消费成为一股社会潮流。在全球化的过程中,消费主义思潮由西方发达国家逐渐蔓延到发展中国家,中国作为一个发展中的大国,也不能幸免。因此,我们有必要梳理消费主义是如何产生和发展的,这对于我们深入剖析消费主义思潮具有重要现实意义。

---

① [美]艾里希·弗洛姆:《健全的社会》,孙恺祥译,上海译文出版社,2011 年,第 110 页。

一、消费主义的产生背景

消费主义思潮兴起以来,西方一些国家劳动生产率大幅提升,鼓励和刺激消费的经济政策不断出台,机械论自然观取代有机论自然观,分期付款制度逐渐从生产资料领域扩大到消费品领域,广告业空前繁荣,这些因素共同催生了消费主义的产生。

(一)物质基础:劳动生产率的大幅提高

20世纪初期,汽车产业在美国得到大的发展。"1913年10月,组装一辆成品新车约需12小时28分钟;到1914年春季、当装配线开通后,转配一辆新车只需要1小时3分钟。"[①]生产效率提高的直接结果就是降低了汽车的价格,增加了汽车的产量,到1918年,美国汽车销量已经达到550万辆,几乎每个美国家庭都有一部汽车。就这样,汽车从少数人享用的奢侈品逐渐成为社会大众的交通工具。

汽车产业的发展标志着美国经济从生产主导型向消费推进型转变,美国主导产业从传统的纺织、钢铁、采矿等制造业向新兴的汽车、电器机械、医药等行业转变。传统制造业的产品主要供应给生产企业,而新兴产业的产品则需要社会大众来直接消费,所以资本家在关注生产领域的同时,逐渐开始关注社会大众消费领域,开始分析社会大众的消费需求,培养大众的消费习惯,提高大众的消费能力。例如福特公司在1914年将日工资最低标准提高到5美元,而当时其他工厂的日工资只有2.4美元,工作时间则由原来的9小时减为8小时。毫无疑问,资本家对于消费领域的关注同样是出于实现利

---

① [美]托马斯·K.麦格劳:《现代资本主义——三次工业革命中的成功者》,赵文书、肖锁章译,江苏人民出版社,1999年,第302页。

润的需要,是为了顺利而迅速地实现资金回笼,尽量缩短资本流动周期。但是这在客观上促进了汽车、洗衣机、电冰箱、吸尘器和其他耐用家用电器走入寻常百姓家,从而改变了社会大众千百年来的传统生活习惯,将社会大众从繁琐、沉重的家务中解脱出来,提升了社会大众的生活质量和生活水平。以美国为首的资本主义国家,经济重心逐渐转到生活消费品生产领域。生产效率的提高带来了物质财富的巨大增长,这时主张勤俭、节约的新教伦理不仅显得不合时宜,而且更重要的是不能再为资本的增殖提供精神动力了,所以它必然被资本主义国家所抛弃。总之,物质的丰裕为一种新的鼓吹消费和享乐的价值观——消费主义提供了现实的物质基础。

(二)政策因素:鼓励和刺激消费的经济政策

1825 年在英国爆发了资本主义国家的第一次经济危机,在 19 世纪余下的几十年时间里,资本主义国家大约每隔 10 年就周期性地爆发一次经济危机。频发的经济危机导致企业倒闭、商品滞销、银行破产、股票下跌、工人失业,特别是 1929—1933 年席卷世界的资本主义经济危机,造成了整个资本主义世界社会财富的极大浪费,严重破坏了社会生产力。面对资本主义经济危机,主张自由放任经济政策、反对政府干预市场的古典自由主义显得无能为力。于是,以英国经济学家凯恩斯为代表的凯恩斯主义粉墨登场了。他们认为资本主义经济危机发生的原因是有效需求不足,主张应该由政府采取措施提高有效需求。具体讲,一方面,政府应该采取积极的扩张性财政政策,扩大政府购买和支出,直接提高有效需求;另一方面,政府应该采取各种措施,例如降低利息率来影响人们的消费倾向,促使人们逐渐放弃储蓄的习惯,刺激人们的消费欲望。

20 世纪 30 年代,美国在凯恩斯主义指导下,积极推行鼓励和刺激消费的经济政策。具体讲,为了应对 1929—1933 年经济危机而推行的"罗斯福新政"中就包含了许多刺激消费的经济政策。例如,1934年实行"以工代赈",由政府出资开工建设大量的如机场、道路、桥梁、校舍、医院等公共设施,由此提供的大量就业岗位不仅解决了失业问题,同时也增加了社会大众的消费能力;1935年美国制定《社会保险法》,建立了养老金制度、失业保险制度等社会保障制度,减少社会大众的后顾之忧,使其敢于更加大胆地消费;1938年美国又通过《公平劳动标准法》(又称《工资工时法》),实行最低工资制度,既保证了社会大众的基本权益,又赋予了其最低的消费能力。总之,国家政策的鼓励使得消费成为国家倡导的、社会承认的、提振经济发展的爱国义举,这成为消费主义在美国产生的政策原因。

(三)理论基础:机械论自然观

近代自然科学的成就证明了人类似乎有能力控制自然、战胜自然,而近代哲学为人类征服自然的行为赋予了价值和意义。近代哲学家培根首先提出"知识就是力量",他所指的"知识"就是关于自然界的知识,主要就是自然科学知识,而"力量"就是人类控制自然、改造自然的力量。培根认为科学的任务并不在于通过沉思领悟自然的奥秘,而在于创造出可以改造世界的技术,这种技术的目的就是改善人类的生活状况。所以,他号召人们运用科学知识,穷尽自然界的真理,掌握改造自然的力量,恢复人类祖先在伊甸园中曾对自然界拥有的支配权力。"培根的伟大成就在于他比以往任何人都清楚地阐述了人类控制自然的观念,并且在人们心中确立了它的突出地位。"[1]

机械论自然观的产生,意味着自然沦为机器,而人升华为自然的主人,人与自然的关系成为主客二分的认识与被认识、控制与被控制、改造与被改造的关系。自然在人类面前再无价值、意义、魅力可言,只是用来满足人的需

---

[1] [加]威廉·莱斯:《自然的控制》,岳长龄、李建华译,重庆出版社,1996年,第31页。

要、欲望的客体,能够促进人类日常生活更加富足、美满。商业活动、生产活动成为最有价值的生活理想,而在中世纪能为贵族带来光荣与荣誉的军事活动被贬斥为强盗行为。"一种新的文明模式出现于十八世纪,在这种模式中商业和营利的生活获得了一个史无前例的积极地位。"[①]于是,在效率、富裕、进步、发展的口号中,以满足人的日常生活需要为价值追求,以自然科学技术为武器,人类大举向自然界进军,无限制开发、掠夺自然资源,实施大量生产、大量消费、大量浪费的发展模式。总之,机械论的自然观成为消费主义产生的理论基础之一。

(四)市场因素:分期付款制度

20世纪初分期付款制度在美国的广泛流行,使得人们对超前消费、享乐消费和符号消费等观念,从反对、抵制、鄙视到接受、欣赏、推崇。尤其到了20世纪20年代,以汽车、电冰箱、洗衣机等大件家电为代表的耐用消费品行业逐渐成为与军工、石油化工、能源和钢铁等领域一样的国民经济支柱产业,美国整个经济结构逐渐由生产主导型向消费推进型转变。同时,工业化、自动化的发展大幅提升了生产力,汽车、电冰箱、洗衣机等大件家电产量大幅增长,价格较以前也大幅下降。尽管这时人们的工资收入也有大幅度提高,但是对于当时的大多数美国人来说,一次性拿出这样一大笔资金去购买上述大件电器还是较为困难的。于是,分期付款的营销手段出现了。1925年由通用汽车公司资助的一项分期付款研究项目,得出了分期付款方式在汽车销售中应用的可行性和可能性的结论。很快,这种促销手段在其他消费品领域也迅速普及。销售商的"先享用、后付款""寅吃卯粮""即时享受"的宣传口号,激发和释放了人们的享乐欲望,抵押贷款与信用卡制度在技术上为分期

---

① [加]查尔斯泰勒:《自我的根源:现代认同的形成》,韩震等译,译林出版社,2012年,第305页。

付款提供了便利。这种消费模式实现了提前消费,刺激了大众消费欲望,激发了大众消费潜力,提高了大众消费能力。同时,更为重要的是,人们对于提前消费、借贷消费的态度发生了转变。据丹尼尔·贝尔讲,在一战以前,分期付款作为一种营销手段已经存在,但是它并未被社会所接纳、推崇,相反,它顶着两项恶名:"第一,大部分分期付款是为穷人而设,因为他们承担不起大笔花销……因此这时的分期付款是经济不稳定的标志。第二,对中产阶级来说,分期付款意味着欠债,而欠债是不对的、危险的。"①但是在 20 世纪,为了推行分期付款制度,整个社会通过广告赋予提前消费、借贷消费以正当性和合理性,打消了人们的顾虑,进而将提前消费作为及时享乐的明智之举,延迟享受的节制彻底被及时享乐、寅吃卯粮的放纵替代,消费主义思潮的产生也就顺理成章了。

(五)催化剂:空前繁荣的广告业

空前繁荣的广告业催生了消费主义。以美国广告业为例,具体来讲,20世纪 20 年代美国广告业的空前繁荣对消费主义价值观和生活方式的劝诱是消费主义思潮的催化剂。经济的繁荣发展提供了广告业迅速发展的经济基础,而美国整个经济结构从生产主导型向消费推进型的转变对广告业的迅速发展提出了现实要求。广告首先是一种商品信息传播方式,它具有重要的经济功能,它能向消费者提供商品的属性、功能、用途和优点等信息和供应厂商的信息,沟通供需双方的联系,促进消费者的购买,提高商品的销量。除此之外,更为重要的是广告还具有强大的象征意义。当时美国的广告人抓住了新兴资产阶级急于谋求社会地位的心理,将消费说成是提升社会地位的有效直接手段。在广告话语中,贵族代言的商品无疑具有高贵、典雅、上流

---

① [美]丹尼尔·贝尔:《资本主义文化矛盾》,严蓓雯译,江苏人民出版社,2012 年,第 71~72 页。

的符号价值,如果普通的美国公民使用这种商品,那么他就能顺理成章地将这些符号转化到自己身上。同时,商业广告在传播商品使用价值和符号价值的同时,也在积极地宣扬一种新的生活方式。电影明星、主持人、体育明星等各类名人被广告塑造成消费偶像,在他们的示范作用下,富裕阶层的穿衣打扮、居家装饰、外出旅行等生活方式成为全社会学习和模仿的对象。广告的反复劝诱取代了母亲和祖母的谆谆教导,富人的消费和生活方式取代了邻人的生活消费方式,成为消费的榜样以及幸福和成功的外在标准。

20世纪20年代的美国,市场经济在全国范围内日渐扩大,都市化的生活逐渐取代小城镇的生活,传统地方性社区居民之间基于地域性的联系日益被人们之间互不认识但相互依赖的市场经济关系取代,旧有的禁欲苦行的新教伦理价值体系崩溃,消费取代宗教成为新的意义来源和价值标准。当时的美国广告以直接的感官刺激、含蓄的心理暗示、强烈的欲望诱惑强劲地冲击了传统的新教伦理,这些因素共同促进了消费主义的形成。

二、消费主义的形成与发展

消费主义思潮的产生有两个层次,一个是消费主义思潮理论形态的产生与发展;另一个是其在特定的社会意识和社会心理共同作用下消费主义思潮的形成与发展。消费主义思潮不是从经济社会变革中自发产生,而是在社会变革和社会心理变化的基础上,由一些理论家提出来的较为系统的理论学说,具有相对独立的发展规律。并且这种消费主义理论想要形成一种社会思潮,还需要满足一定阶段一定阶级、阶层的需要,引起一定时代一定群体的共鸣。

（一）消费主义理论的产生与发展

消费主义产生于 20 世纪二三十年代的美国，然后在西方发达资本主义国家逐渐蔓延开来。它萌生于"福特主义"，在"后福特主义"时代得到完善。"福特主义""后福特主义"的生产模式所造就的大众消费为消费主义产生提供了经济基础。

第一，萌芽阶段。美国人泰罗和法约尔等人创立了科学管理理论，由于泰罗的管理理论提供了精确测定劳动时间的思路和方法，直接符合当时资本家最大限度提高效率、最大限度增加产量的需要，曾一度成为当时的时代精神，成为效率主义的代名词，因此被称为泰罗主义。1934 年，美国汽车大王福特吸收了泰罗管理理论的精髓，通过对生产技术的革新，发明了装配流水作业线，将效率主义发挥到极致，创造了被称为"福特主义"的生产方式。福特当时喊出的口号是：一天工作八小时，挣美元！在福特主义的生产模式中，工人失去了劳动自主权，成为装配线上一个固定的零部件。不过，这种标准化生产大大降低了生产成本，提高了劳动生产率，工人的工资得以加。随后，福特主义的生产模式迅速扩展到其他生产领域，规模化、标准化的生产成了生产活动的样板。在福特主义生产模式的支配下，工人不仅购买力有了提高，而且有了进行消费的闲暇时间。他们可以放心地花掉不断增加的工资，自由享用劳动之外的闲暇时光。这为消费主义的产生提供了可能。一些曾经只有在上流社会流行和享用的物品，如拥有私房、汽车，去度假、旅游和娱乐等，开始在工薪阶层扩散，并表现出日益增长的趋势。在不少人眼里，消费品越充足就意味着生活越美好，在消费成为人们生活的主要内容时，消费主义也必然在意识形态占据强势地位。应该说，福特主义造就了史无前例的大众消费模式，造就了大众消费时代，催生了消费主义。

第二，完善阶段。在后福特主义时期，消费主义真正形成。后福特主义在生产领域,由规模化、标准化生产面对大众消费者的产品转向小批量生产针对特定消费群体的产品,采用日益发达的信息技术来连接生产和销售,能迅速反映市场的变化,改变了福特主义的呆板、苟刻,重视彰显工人在生产中的个性和创造性。在消费领域,后福特主义通过广告、展销等手段,张扬时尚,主动制造各种需求,通过引导使市场发生变化。消费领域从商品消费扩大到教育、信息服务、休闲、健康、娱乐服务等在内的服务行业。

(二)消费主义思潮的产生与发展

由于科学革命推动生产力的发展,使得社会生产力迅速提升,单位时间内可以生产出更多的商品, 西方资本主义国家开始逐步进入商品相对过剩的时代,消费主义伴随着西方发达资本主义国家的繁荣而逐渐兴起。生产力的大发展大繁荣,加快了各国现代化发展的步伐,消费主义思潮获得了丰厚的土壤并获得了广泛传播。

第一,消费主义在资本增值和获取利润面前获得更多追捧。伴随着社会经济的繁荣, 社会生产力的大发展为消费主义思潮产生和发展提供了经济基础。生产力的发展,开始有剩余商品的出现,市场经济的供求关系发生了逆转,供往往大于求,导致资本增值不能仅仅依靠投入,还要依靠消费。生产出来的产品必须要有人购买,如若不然,生产就无法进行,也就意味着无法继续创造剩余价值。只有刺激消费才能推动生产的再进行。而资本家进行生产的最终目的就是追求更多的剩余价值,追求利益的最大化。由于生产越来越依赖于消费, 资本家为了获得更多利润不得不把刺激消费需求作为企业生存与发展的关键手段。于是,主张无尽享受、挥霍纵欲、奢侈浪费等消费理念的消费主义应运而生, 并且因为它服从资本增值的目的和满足资本家追求剩余价值的要求,获得资本家的推崇,为了追求资本的增殖,就必须刺激消费,想尽办法刺激消费需求,从而推动经济的持续稳定增长,而这一切便成为推动消费主义演变为社会思潮发展的一个动力。

第二,国家的默认与支持。凯恩斯认为"经济危机产生的原因是有效需求不足,因此必须刺激消费和投资,来增加有效需求,促进经济的发展"。在经历了经济危机之后,各国政府为了能够促进经济的再发展,摆脱经济萧条的现状,便对宣扬高消费的消费主义采取默认、纵容,甚至是鼓励的态度。伴随着生产对于消费的依赖程度越来越高,拉动经济的发展也离不开消费,刺激消费、鼓励消费不仅仅只是企业家产品生产的目标,也成了各国政府拉动经济的重要动力。因此,在西方各国政府的默许之下,消费主义逐渐泛滥成一种具有极大影响力的社会思潮,甚至波及全球。

第三,通过宣传高消费来获得身份地位的消费主义作为一种价值观念,迎合了人们试图改变不平等社会地位的心理需求。在现实社会中,人与人之间不平等社会地位的客观存在,导致人们迫切需要通过某种方式来获得所谓的平等地位,或者通过某种生活方式来使自己区别于大众,突显自我个性。无论是出于寻找归属感还是自我感的要求,在现代社会中消费主义的理念刚好迎合这种大众心理,社会上层阶级的人开始热衷于通过消费,甚至是奢侈消费来体现自己与众不同的身份和地位,试图从中获得社会的承认与尊重;而反之,社会地位较低的群体则通过模仿或追随上层社会的消费方式,从而达到提升自己社会地位的目的,试图通过消费来拉近与社会上层阶级的距离,得到一种虚假的满足感。正因为如此,消费主义的价值理念得到了全社会各个阶层的追捧,消费主义思潮逐步形成。①

---

① 参见于欢:《消费主义思潮对大学生的影响及对策研究》,天津师范大学硕士学位论文,2014年。

第三节 消费主义在中国

马克思主义深刻揭示了消费主义的历史性，说明在资本主义生产方式和市场经济条件下，消费主义的发生蔓延具有某种必然性。在经济全球化深入发展、各国文化不断深化交流的条件下，我国难以将消费主义完全拒于国门之外。只要消费主义赖于生成的客观条件存在，就不能幻想在当今现实生活中简单地消灭它。但是我国在推进经济高质量发展、不断满足人民群众对美好生活的需要过程中，不能听任消费主义思潮的蔓延、消费主义危害的扩张，必须积极主动应对。

一、消费主义思潮在中国的传播

进入 21 世纪以来，消费主义思潮以极其隐蔽的方式悄然渗透到我国社会生活的各个领域，不断改变着人们的思想观念、价值追求、行为方式，在不知不觉中影响着我国人们的消费观、人生观，影响着马克思主义意识形态的主导地位，对我国意识形态安全构成威胁。主要表现在以下四个方面。

(一)超前消费受到催生

改革开放是一场伟大的社会变革，极大推动了中国经济快速发展和社会进步。同时，包括消费主义在内的一些错误观念和思想也逐步影响人们的生活方式和消费观念，消费主义成为我们必须给予高度关注的社会思潮。20世纪 90 年代，改革开放近 20 年取得的成就使得我国告别短缺时代开始进入商品过剩时代。原有票证制度限制消费选择、不能满足人们需要、给人民生活带来许多不便的缺点日益明显，其限制消费的总体政策倾向尤其不能满足新的经济形势发展需要。1993年，国家限制消费制度的票证彻底退出历史舞台，从1996年开始，国家开启了一系列启动消费、鼓励消费、刺激消费、扩大内需的政策。消费信贷成为当时刺激消费的重要举措。比如，1996年国有商业银行被允许办理个人住房贷款业务；1998年中国人民银行先后发布《个人住房贷款管理办法》《关于加大信贷投入，支持住宅建设和消费的通知》和《汽车消费贷款管理办法》等文件；1999年中国人民银行发布《关于开展个人消费信贷的指导意见》和《银行卡业务管理条例》，要求和鼓励商业银行开展消费信贷业。由此，信用卡、房贷、车贷等信用工具成为人们满足消费需要、提升生活质量的重要途径。这些政策的制定执行，将未来的购买方预期增量提前转化为现实的购买力，发挥购买力预期增量与现实购买力叠加效应。增加了居民消费能力，刺激了消费，形成了新的经济增长点。

但是这些政策的实行在社会产生了一些误读，也催生了超前消费观念的出现。其中，最有代表性的是两个老太太买房子的故事。故事的主人公是一个美国老太太和一个中国老太太。美国老太太年轻时用贷款买了房子，直到60岁把贷款还完。中国老太太从年轻时开始攒钱买房，直到60岁才攒够了钱买房子。两人都是60岁才完全拥有房屋的所有权，但是美国老太太已经住了一辈子，而中国老太太从60岁才开始住上新房子。这则故事无非是想告诉大家，中国老太太因其保守甚至有些愚蠢的消费观导致其到了老了才住上大房子，而美国老太太因其超前消费的消费观早早就享受了大房子。这个曾经风靡一时的故事无疑是在告诉大家，量入为出的消费观念已成为阻碍幸福生活的过时观念，超前消费才是享受当下的明智选择。这个故事的出处已无迹可寻，传播这则故事的商业目的却是显而易见，对于人们消费观念的改变起到了劝诱作用。

在今天的都市人群中，就有不少人认为量入为出、理性消费已成为落伍、过时的观念,勤俭节约、艰苦奋斗更是老古董般的观念应该抛弃。而即时享乐、寅吃卯粮不仅成为代表着个人时尚、潮流、潇洒和所谓幸福的消费观念,更成为以个人消费扩大内需、推动社会经济发展的"义举",应该引起我们高度关注。①

(二)盲目追求奢侈消费品

新富阶层的奢侈消费不仅为自己贴上了有钱的标签,而且在客观上起到了一定的示范作用。加之广告、影视作品的传播,使得奢侈消费的生活方式影响日甚。近年来,网络上的炫富事件不时发生,真真假假的炫富事件受到了广大网民的批评,但是这些炫富行为在客观上吸引了大众的注意力,无形中为一些奢侈品做了广告,也使消费主义的生活方式更加广为人知。

另外,当前我国奢侈消费不仅仅限于有实力的新富阶层,另外一些不具备经济实力的白领群体,他们在观念上已经认同消费主义的生活方式,这些人属于典型的观念上的高消费,他们是潜在的奢侈消费群体,一旦条件成熟就会诉诸行动。即使条件不成熟,暂时不具备一定的经济实力,他们也会想方设法进行奢侈消费。总之,我国已成为事实上的奢侈品消费第一大国,而且更为重要的是观念上的高消费正在成为很多人追求的目标。未富先奢、奢侈消费大众化的趋势正成为消费主义在我国传播的有力证明。②

(三)符号消费渐成趋势

符号消费分为共有性符号消费和专有性符号消费,共有性符号消费的对象是同一类商品,而专有性符号消费的对象主要是商品品牌。品牌由一系列名称、名词、图案构成,它使同一类商品相互区别开来,是企业的无形资

---

① 参见本书编写组:《社会思潮怎么看2》,江苏人民出版社,2018年,第200~201页。
② 参见本书编写组:《社会思潮怎么看2》,江苏人民出版社,2018年,第202页。

产,标志着消费者对商品的认可度,是商品专有性符号价值的来源。所以在市场经济时代,企业不仅重视商品外观、规格、性能等使用价值,而且非常重视品牌建设和营销,往往不惜重金在大众媒体上打广告进行品牌宣传与推广。商品的符号价值由广告商借助于大众传媒,充分利用平面媒体和现代影视传媒,将符号象征意义植入商品中。

商品有了符号价值就大大增加了对消费者的吸引力,消费者在选择商品时更看重符号价值。在陌生的群体中,符号化的商品无疑是自我标识和群体认知的直接、简单、有效的方法。在消费主义的话语体系中,消费是无禁区的,身份成为以消费来获得的流动资本。现代社会的群体划分是开放性的、流动性的,只要你占有、消费某类商品,你就成为某个群体中的一员。占有某一类商品、享受某一种服务、拥有相同的消费体验,成为自我认同、认知的基础和获取群体成员资格的象征,旁观者也能够通过他人占有物的符号价值分辨出他的群体属性。商品的符号特征成为自我和他者之间认同的中介,任何人都被允许和鼓励去消费代表时尚和高贵的符号商品。但是在媒体高度发达的今天,各种传统媒体和新媒体制造的符号将我们包围,我们认识的世界就是媒体呈现在我们面前的世界。这种人为制造出来的影像、符号或景观代替了真实事物和真实生活,使人们丧失了自我判断能力,迷失在大众传媒编织的符号意义中,陷入符号的消费中不能自拔。①

(四)竞争消费成为流行

竞争的心理是普遍存在的,"在任何一个社会,如果物品归个人独自保管,为求自我心境的安宁,个人势必拥有与他平常归为同类的伙伴相当的物

---

① 参见本书编写组:《社会思潮怎么看 2》,江苏人民出版社,2018 年,第 203 页。

品,要是能拥有比别人多得多则格外满足"①。竞争消费也可称为攀比消费。在计划经济时代,攀比消费已经存在,但是当时的攀比消费主要是一种从众性消费,体现在人们会想方设法与大众消费水平保持基本持平,即"人家有的我家也要有"。原因就在于当时社会结构单一,在所有制方面实行公有制,在生活资料的分配上国家实行限制性的票证制度,人们在消费资料方面差别较小。所以,社会各阶层之间并不存在你超我赶、消费水平不断提高的竞争性消费,人们进行攀比消费的内容主要是基本生活用品,攀比的对象主要为邻居、同事、亲戚、朋友等身边人,攀比的目标主要是与大众消费水平持平。

改革开放后,经济快速发展导致物质财富丰富,国家对消费的控制随之解除,人们消费的对象不再局限于基本生活资料。加之社会结构转型激烈,旧的利益格局解体,新的社会阶层出现,各阶层纷纷通过消费来显示身份和地位,这时的攀比消费已经由计划经济时代的与身边人竞争、从众性竞争消费演变成真正意义上的你超我赶、犬兔相逐般的竞争消费。这种竞争消费是市场经济竞争意识在消费领域的体现。在生产领域,这种竞争意识主要体现在市场主体——厂商通过自由竞争来获得稀缺的生产资料。而在社会领域,身份、地位的获得同样需要竞争,只有在与别人的竞争、比较中,才能显示自己的社会地位。改革开放前主要由政治身份来决定社会地位,而改革开放后随着社会主义市场经济体制的逐步确立,消费成为人们争夺社会地位的直接而有效的手段。身处急剧转型的社会中,各个社会阶层都希望通过消费来化解认同危机、消解现实焦虑、获取社会认同,在社会地位的竞争中占据有利地位。尤其是新富阶层在市场化改革中积累了大量财富,他们凭借雄厚的经济资本通过奢侈消费来彰显社会地位,谋求社会结构中令人尊敬的社会地位和自我优越感。这在全社会起到了一种示范效应,人们进行攀比的心理

---

① ［美］凡勃伦:《有闲阶级论:关于制度的经济研究》,李华夏译,中央编译出版社,2012年,第32页。

被大大激发。①

二、消费主义思潮的危害

消费主义思潮作为西方发达国家大力推崇的意识形态,传到中国后,在资本的操纵下,以其强大的渗透能力扩散到社会各个方面和各人群中,逐渐成为一种流行的文化现象。在这场消费主义的"文化盛宴"中,在"人生的快乐就在于买买买""人生的目的就是要拥有尽可能多的物质财富"、要及时享乐等的宣传号召下,人们在认知、情感、意志、行为等方面不可避免地会受到冲击,主要表现在以下几个方面。

(一)削弱主流意识形态的引领力

消费主义作为一种意识形态在资本主义国家内部取得了很大的成功,它成功地将社会大众塑造成主动拥护资本主义制度的消费者。但是西方资产阶级并不满足于消费主义在本国的认同,而是积极追求它的全球化传播。尤其是进入经济全球化阶段后,西方资本主义国家纷纷将需要耗费大量人力和资源的劳动密集型企业设置在发展中国家,充分利用发展中国家廉价的劳动力和土地资源。在国际产业链的分工中,发展中国家的劳动密集型企业负责为资本主义跨国公司进行产品的代加工,大量年轻勤劳的工人在流水线上从事简单重复的工作以换来微薄的工资。而资本主义国家掌握着技术开发创新和品牌营销,负责将特定的文化意义赋予商品之上,形成商品的符号价值,赚取超额剩余价值。这些符号价值能否被广大发展中国家的社会大众认可、就成为这些商品的超额剩余价值能否实现的关键。

---

① 参见本书编写组:《社会思潮怎么看2》,江苏人民出版社,2018年,第204页。

于是,消费主义就以大众文化的形式出现在广大发展中国家。消费主义不仅掩盖了自己的阶级性,而且将自身美化成谋求全人类幸福的"普世价值",似乎只要发展中国家遵循消费主义价值观就能同样走上富强的道路。而遵循消费主义价值观就需要在政治和经济上实行资本主义制度。就这样,消费主义从生活方式到价值观再到社会制度,一步步将资本主义作为样板和榜样推销给广大发展中国家的人们。我国作为最大的发展中国家和社会主义国家,在主流意识形态领域,马克思主义的指导地位无疑受到了消费主义的挑战。

为最广大人民根本利益服务的政治立场,面临着被消费主义偷换成为少数国际垄断资本谋利益的危险;辩证唯物主义和历史唯物主义的世界观和方法论,面临着享乐主义、物质主义和个人主义的挑战;物质财富和精神境界协调发展、每个人全面自由发展的崇高目标,面临着被降格为只顾个人过度消费、奢侈消费,盲目追求物质利益的奴化状态的危险。

消费主义作为资本主义的隐性意识形态具有更大的麻痹性和欺骗性,它与我国主流意识形态对比起来具有根本的异质性,二者在世界观和方法论、政治立场和社会理想等方面具有根本的区别,是根本对立的两种意识形态。尤其在我国实行对外开放、全面融入经济全球化的今天,我们更应该从意识形态安全的高度,重视消费主义在意识形态领域对马克思主义指导地位的挑战,处理好适应经济全球化新形势和确保意识形态安全的关系。

消费主义在我国持续蔓延将会不断地冲击人们的思想价值观念,其结果将是彻底摧毁人的主体性,导致人们精神家园的荒芜、精神信仰的缺失,伟大崇高的退场、伦理道德的滑坡。

一是引导人们将无止境的消费作为人生的意义和追求,把人生的目的和价值归结到对商品的占有和物欲的满足,消解人们对于远大理想和崇高精神的追求。消费的目的是为了满足人的需要,服务于人的自由全面发展。

这种消费包括物质消费,也包括精神消费。消费主义出于资本逻辑的需要,以"物的需要"代替"人的需要",以"虚假需求"挤占"真实需求",以"物本"替换"人本",引导人们不再以"需求"为尺度进行消费,千方百计地刺激人们的物欲,刻意引导人们将精神追求转化为感性直观的消费活动,像购买商品一样按照市场运行机制随意地贩卖自己的道德、理想和追求,将单一的物质消费作为人生旨归。精神空间逐渐被不断膨胀的消费欲望所挤占,对崇高理想的追求降格为对商品的占有,对生命意义的拷问诉诸商品背后的符号意义。

二是引导人们在日常生活中完成对西方文化、价值观念的认同。消费主义是伴随西方国家的大量商品,特别是奢侈品、文化商品(电影、电视剧、音乐、文学、绘画、时装等)在中国销售走进中国的。消费主义不仅要使西方奢侈品、文化商品得到中国消费者的认可,而且要在中国大众心中建构、巩固西方商品"品质优秀"、西方生活方式"文明先进"、西方审美观"是国际标准"等等一系列观念,并引导一部分中国人放弃、背离传统的"量入为出""勤俭节约"理念和艰苦奋斗的精神,确立起"超前消费""及时行乐""消费即人生"等观念,使中国的消费者成为符合国际资本逐利要求的消费者。这就是在日常生活层面实现西方资本主义意识形态的扩张。人们在消费西方商品的使用价值时,在不自觉中对商品背后的西方文化、价值观念形成某种认同。

三是消解集体主义、奉献精神、劳动光荣等社会主义价值观念。为了将资本增殖的欲望成功转化为人们自身的欲望,消费主义引导人们"遵循享乐主义、追寻眼前的快感,培养自我表现的生活方式"①,制造及时享乐、个人欲望应当得到满足以及只能在消费中才能得到满足的观点。受这些思想蛊惑的人们,过分重视个人的欲望满足和物质占有,肆意追求消费所带来的快

---

① [英]费瑟斯通:《消费文化与后现代主义》,刘精明译,译林出版社,2000年,第165页。

感,根本无暇顾及社会整体利益,对集体、社会发展中的问题漠不关心,更不用谈为集体和社会奉献自己。消费主义思潮的蔓延发展,必然会催生出个人主义、功利主义、享乐主义等价值观念,不仅使人们沉溺于享乐、虚荣而信仰缺失、精神迷惘,迷失于虚构的消费"乌托邦"之中,而且与社会主义意识形态所倡导的集体主义、奉献社会、劳动光荣等观念相冲突,使社会主义意识形态面临着来自日常生活领域的消解困境。

(二)妨碍经济社会全面可持续发展

在消费主义影响下,厂商为了追逐经济利益,无止境地向自然界索取,无顾忌地向自然界排放废物、废气、废水。消费主义唤起的欲望超出了生态环境容量与生态系统的自我修复和转化限度,破坏了人与环境的和谐共生,造成了自然资源耗竭、生态系统失衡和生存环境恶化的全球性生态环境灾难。消费主义对资源的挥霍性浪费使用,对于我们这样一个人口基数大、人均资源短缺的发展中国家危害更大。我国经济发展长期走的是粗放型外延扩大再生产道路,扩大再生产主要依赖土地、资本和劳动力的投入,资源利用率较低,资源消耗量较高。再加之国际垄断资本利用其在经济全球化中的主导地位,利用我国实行对外开放、急于引进外资的时机,有意将一些高污染、高耗能的企业转移到包括我国在内的发展中国家,使这些国家的环境问题更加严重。目前,我国国内能源资源匮乏,对外依存度越来越大,水资源、土地资源人均占有量远远低于世界平均水平,环境资源约束趋紧,大气污染、水污染、垃圾污染等环境污染问题严重,水土流失、土地荒漠化和沙尘暴、生物多样性破坏等问题突出。

资源耗竭和环境污染问题的出现向人类敲响了警钟,支撑消费主义的"大量生产—大量消费—大量浪费"的发展模式严重影响了人、社会与自然界的协调和全面发展,是我国当前生态文明建设的主要障碍。党的十八大明确提出要建设生态文明,将中国特色社会主义总体布局由经济、政治、文化和社会建设的"四位一体"总体布局发展到经济、政治、文化、社会和生态文明建设的"五位一体"总体布局,并明确了建设生态文明的总体要求:"必须树立尊重自然、顺应自然、保护自然的生态文明理念,把生态文明建设放在突出地位,融入经济建设、政治建设、文化建设、社会建设各方面和全过程,努力建设美丽中国,实现中华民族永续发展。"①党的生态文明建设思想是党的主流意识形态在生态建设领域的集中体现,它继承和发展了马克思主义生态文明建设思想,顺应了人类文明发展的总体趋势。而当前消费主义思潮在我国的传播,诱发了消费领域的过度消费和生产领域的过度浪费行为,这与我国当前建设生态文明的政策是背道而驰的,严重影响了我国社会主义生态文明建设的顺利开展,从而破坏了社会主义经济、政治、文化、社会与生态文明建设的协调发展、有机统一、相辅相成的关系。

(三)容易激化社会矛盾

新富阶层的奢侈消费和过度消费容易激化社会矛盾,不利于构建社会主义和谐社会。目前社会上新富阶层之所以能够拥有大量财富,主要原因还是得益于我国的改革开放政策。其中,一部人顺应了市场经济发展的大潮,以敏锐的市场嗅觉、敢为天下先的胆魄、艰苦奋斗的创业精神、诚实守信的合法经营取得了事业的成功和个人财富的积累。但是与之相反的是,一些人获取财富的方式却是违反道德甚至是非法的。他们为了获取财富不择手段,不惜违反社会公德、党纪国法。对于这些通过种种非法手段一夜暴富的行径,包括贫困阶层在内的社会大众会产生蔑视、不屑、仇恨的心理,相比之

---

① 胡锦涛:《坚定不移沿着中国特色社会主义道路前进 为全面建成小康社会而奋斗——在中国共产党第十八次全国代表大会上的报告》,人民出版社,2012年,第39页。

下,对于自己的境遇会有不平、失衡、愤懑的心理,而这就是仇富心理。

富裕阶层及其代理人的炫富容易激起社会大众的普遍义愤,尤其是当这种财富与腐败、不公交织在一起时,更会激起人们的仇富心理。这种针对不义之财的仇富心理在某种情况下会泛化为对所有新富阶层的仇视,会演化成非理性、情绪化的偏激泄愤行为。这种盲目、泛化和偏激的仇富心理不利于个人良好心理、健全人格的养成,容易诱发报复社会的恶性案件发生。从近几年出现的报复社会行为来看,这些行为多数并非有仇报仇,而是滥杀无辜、殃及百姓。悲剧产生的原因是多方面的,但是从这些人的境遇看,他们多是社会中的边缘人,生活贫困、窘迫、无助,缺乏物质财富和精神关怀,多怀有严重的仇富心理。

而对于富裕阶层来说,非理性的仇富心理会让他们失去对现有财富的安全感和持续发展创新的动力,具体表现为个人消费上顾虑重重,在扩大投资时犹豫不决,这在主观上削弱了他们成功后的幸福感和成就感,导致诱发对社会的不信任、不认同情绪,甚至有的富裕阶层会因此选择移民海外,在客观上也不利于社会主义市场经济建设。总之,仇富心理的出现造成了社会成员之间的互不信任、互相敌视、互相攻击,严重影响了人们之间诚信、友爱、团结、融洽、互助的和谐人际关系,甚至诱发报复社会的恶性行为发生,危害社会公共安全、居民人身和财产安全,是我国构建社会主义和谐社会的一大障碍。

三、消费主义思潮的应对

当前,有人将我国实行社会主义市场经济,尤其是刺激国内消费、拉动经济发展曲解为就是实行消费主义。事实上,"只有理性和科学的消费才是符合中国国情的消费观,这有助于培育和践行社会主义核心价值观"①。因此,在深刻分析消费主义本质、特征,以及危害的基础上,阐明科学消费观,认清其与消费主义的根本区别,实现对消费主义思潮的超越,对于当前不断完善社会主义市场经济体制,坚持全面深化改革的正确方向具有重大意义。

(一)立足发展人类文明新形态来克服消费主义

当前,中国共产党领导中国人民经过百年奋斗,"创造了中国式现代化新道路,创造了人类文明新形态"②。人类文明新形态是社会主义的文明形态,是以马克思主义为指引,以人的全面发展为根本旨归,完全异质于以资本为原则的资本主义文明体系,在根本上要求打破和克服资本主义文明发展范式的基本矛盾,彻底解决资本逻辑所带来的人与自然、人与社会以及人与自身之间的分裂、对立和冲突,全面实现对资本主义文明形态的超越。消费主义是资本主义文明演化的产物,是以"物本逻辑""资本逻辑"为基本遵循的资本主义文明体系中生发出来的物役现象及其观念形式,并随着资本主义文明的全球扩张而蔓延。在当代中国,消费主义的蔓延在本质上相悖于以人民为中心、推动人的全面发展的价值取向,相悖于谋求可持续发展、建设美丽中国的发展理念。在全面建设社会主义现代化强国的新征程中,我国要在更高水平上丰富、发展社会主义文明形态,更好地为实现人的全面发展创造物质条件、制度条件和文化条件,就必须克服"旧世界"带来的各种道德、精神上的"痕迹",努力推进对"物的依赖性"的摆脱。尽管现阶段不可能达到商品拜物教及其衍生物消费主义完全消亡的状态,但应立足坚持发展

---

① 王永贵等:《意识形态领域新变化与坚持马克思主义指导地位研究》,人民出版社,2015年,第280页。

② 习近平:《在庆祝中国共产党成立100周年大会上的讲话》,人民出版社,2021年,第14页。

人类文明新形态,重视克服消费主义的不良影响。[1]

(二)弘扬科学的消费理念

应当承认,脱离物质基础的幸福必定是虚无缥缈的海市蜃楼。所以,无论是马克思主义经典作家还是我们国家几代领导人都十分重视不断提高人民群众的生活消费水平。从某种程度上看,对于处在社会主义初级阶段的我国,消费主义的价值取向具有一定合理性。但是我们应该区分消费主义和正常的消费需求。消费主义是过度高扬了物的价值,把本来从属于人的、为人服务的、作为手段和方法的物的价值颠倒为目的,把本应成为促进人的自由全面发展的手段异化为目标,把本应包含物质、精神等丰富内容的消费活动化约为单一的物质消费。在消费主义的影响下,消费者以物欲满足为生活的最大幸福与追求,人的自由全面发展被物的最大化占有所替代。因此,我们要批判以物为本的消费主义,弘扬以人为本的科学消费观。以人为本的科学消费观,就是要不断满足人们正常的消费需求,使之服务于人的自由全面发展的需要。以人为本的消费原则,其价值主旨是人的价值,是人的自由全面发展。从消费内容上,不仅包括人的物质消费,也包括人的精神消费。物质消费对人的全面发展非常重要,但是,在消费中彰显人的地位与尊严、个性与特点、品位与情趣,却不是单单靠物质消费能做到的。如果人类消费中满足的仅仅是感官物欲的享受,那么人类与动物又有何区别?以人为本的消费活动体现了人的主动性与创造性,同时也会促进人的身体素质、心理素质、社会文化素质的和谐均衡发展。而要实现消费结构上的和谐比例,就需要特别关注精神消费在整个消费中的比重。精神消费主要发生在教育、文化、艺术、科技、体育等领域,精神消费不仅需要消费主体具有一定的经济实力,而且

---

[1]　参见杨军、黄兆琼:《我国消费主义思潮的表现、实质与克服》,《思想教育研究》,2022 年第 2 期。

要求消费主体具有一定的理论水平、文化素质和艺术修养。并且,精神消费会反过来使消费者增长科学知识、陶冶艺术情操,促使消费者关注和反思以物为本的消费行为,增强对消费行为的伦理关怀和价值思考,追求人生价值意义的本真体验,从而能够在消费主义思潮面前保持自主性、独立性和批判性,摆脱消费主义的操控,把握自我消费的价值尺度和意义方向。①

(三)坚持以人为本的消费原则

以人为本的消费原则。科学消费观反对以物为本,主张以人为本的消费原则。以人为本的消费原则其价值主旨是人的价值,是人的自由全面发展。其含义为不断满足人们正常的消费需求,发挥消费促进人的自由全面发展的作用和功能。从消费内容上,不仅包括人的物质消费,也包括人的精神消费。物质消费对人的全面自由发展非常重要,但是消费中彰显人的地位与尊严,个性与特点,品味与情趣却不是单单物质消费能做到的。如果人类消费中满足的仅仅是感官物欲的享受,那么人类与动物又有何区别? 以人为本的消费活动体现了人的主动性与创造性,同时也促进了人的身体素质、心理素质、社会文化素质的和谐均衡发展。而要实现消费结构上的和谐比例,就需要特别关注精神消费在整个消费中的比重。精神消费主要发生在教育、文化、艺术、科技、体育等领域,精神消费不仅需要消费主体具有一定的经济实力,而且要求消费主体具有一定的理论水平、文化素质和艺术修养。并且精神消费会反过来使消费者增长科学知识、陶冶艺术情操,促使消费者关注和反思以物为本的消费行为,增强对消费行为的伦理关怀和价值思考,追求人生价值意义的本真体验,从而能够在消费主义思潮面前保持自主性、独立性和批判性,摆脱消费主义的操控,把握自我消费的价值尺度和意义方向,真

---

① 参见本书编写组:《社会思潮怎么看 2》,江苏人民出版社,2018 年,第 209 页。

正使消费成为人的全面自由发展的手段和途径。[①]

(四)提倡适度的消费模式

适度消费的内容主要包含两个方面：一是消费要与我国当前经济发展程度相适应，二是消费要与生态环境的可承受程度相适应。要划清鼓励适度消费与消费主义的界限。

第一，从经济发展的角度来看，消费要与经济发展程度相适应，也就是说消费的现实水平和发展速度要与现实生产力的发展现状和发展速度相适应。消费主义主张奢侈消费、符号消费、超前消费，脱离我国社会主义初级阶段基本国情，超越我国经济社会发展水平，会造成经济虚假繁荣、物价上涨、通货膨胀等，不利于经济的良性发展。而且消费主义的盛行会败坏社会风气，助长贪污腐化，导致奢侈腐败之风盛行，不利于我国主流意识形态建设。所以，消费水平既不能长期滞后于经济社会发展水平，也不能超越经济社会发展水平，大搞奢侈消费、过度消费和超前消费。不断发展社会生产力，提高人民消费水平，是马克思主义消费思想的重要内容，不论是马克思主义经典作家还是新中国成立以来的中国共产党人的主要代表都对此作出过重要论述。因此，适度原则就要求在经济发展的基础上，不断改善和提高人民消费生活水平，这本身就是中国社会主义市场经济发展的终极目的，也是社会主义优越性的直接体现。反过来，消费的合理增长会成为经济快速、持续、健康发展的重要内在推动力。当前，消费、出口、投资已成为公认的拉动经济增长的"三驾马车"。改革开放以来，我国一度较为依赖出口和投资拉动，虽然政府为了拉动消费采取了很多措施，但是由于目前社会保障制度还需要健全完善，城乡居民收入差距较大，城乡低收人群体收入增长缓慢，造成广大居

民消费水平增长乏力。对此,应该采取相应措施,不断提高广大居民的收入水平,同时做好配套制度改革释放广大居民的消费力,使广大居民有能力消费、敢于消费,这样才能使人民的消费水平跟得上经济社会发展水平。

第二,从自然环境来看,消费还要与生态环境的可承受程度相适应。作为消费主义理论基础的机械论自然观,认为人类在自然面前是大写的人,拥有理性能力的人类就成为自然的主人,可以而且能够以满足自己的欲望为标准,大规模地、无限度地开发和利用自然资源。自然资源的客体性、无限性成为支撑消费主义倡导的"大量生产—大量消费—大量浪费"模式的基本观念。所以,在"大量生产—大量消费—大量浪费"模式中人类毫无节制地攫取自然资源,生产和消费的结果是产生大量工业废水、废物、废气以及生活垃圾。人类生产和消费活动打破了人与自然之间物质循环的平衡性,破坏了生态系统的生物多样性,超出了生态系统的支持能力和自我平衡能力。因此,人类的生产和消费活动才会导致物种灭绝、生态危机、环境污染的生态事件的发生,这些生态事件反过来严重影响和危害了人类健康、正常的工作与生活,目前严重困扰我国许多城市的雾霾问题就是最好的证明。鉴于此,人类在消费时应区分真正的物质精神需要与欲望之间的区别,克制自己的欲望,"树立尊重自然、顺应自然、保护自然的生态文明理念"[①]。改变机械论自然观的视角,不再将自然看成是单纯的、被动的、客观的对象,而是从人与自然的有机联系中认识自然的自主性。自然界与人类的关系并非是主客二分的认识与被认识、改造与被改造的关系。作为人类的无机身体,自然界与人类的关系是休戚相关的,正如马克思、恩格斯所讲:"历史可以从两方面来考察,可以把它划分为自然史和人类史。但这两方面是密切相联系的,只要有人存

---

① 胡锦涛:《坚定不移沿着中国特色社会主义道路前进 为全面建成小康社会而奋斗——在中国共产党第十八次全国代表大会上的报告》,《人民日报》,2012 年 11 月 18 日。

在,自然史和人类史就彼此相互制约。"①大自然与人类的关系是密切联系、相互影响的,人类的生存与发展严重依赖自然界,人类在消费时善待自然、保护自然就是善待自己、保护自己。"我们要建设的现代化是人与自然和谐共生的现代化,既要创造更多物质财富和精神财富以满足人民日益增长的美好生活需要,也要提供更多优质生态产品以满足人民日益增长的优美生态环境需要。"②因此,人类只有对自然界持有敬畏之心,才能在生产和消费时,有意识地约束自己的行为,不是单纯以自我欲望为出发点,而是从人与自然的和谐共生、平衡发展的价值角度出发,不断修正和改善自己对自然的侵犯行为,才会主动地放弃奢侈消费、超前消费等过度消费行为。

(五)增强消费的社会责任意识

消费主义崇尚消费自由,而消费自由主要是指,在市场经济中,消费者的消费行为是自由、平等、自主、自愿的,消费者有权决定消费的时间、地点和对象。只要是在法律法规规定的范围内,消费行为不受外在的身份、地位、阶层、职业等的限制和制约。从理论上讲,只要有消费能力和消费意愿就可以消费。而且更为重要的是,消费者与生产者比较起来处于主导地位。这种主导性表现在生产者的生产行为要依照消费者的喜好来进行,而消费者喜好的主要判断标准就是消费者在市场上的购买行为。至少从直接的目的上看,生产者的生产是为了满足消费者的需要而进行的,消费者在整个市场经济体系中拥有决定性的权力。消费自由是资本主义标榜的政治自由的完美体现,资本家和工人之间在经济政治上的尖锐对立,仿佛在喧嚣的平等消费中被抹平了。于是乎,经济上的消费自由成为掩盖资本主义阶级统治的最好

---

① 黎澎、蒋大椿:《马克思恩格斯论历史科学》,人民出版社,1988 年,第 392 页。

② 习近平:《决胜全面建成小康社会　夺取新时代中国特色社会主义伟大胜利——在中国共产党第十九次全国代表大会上的报告》,《人民日报》,2017 年 10 月 28 日。

工具。

　　但是消费主义倡导的个人消费自由无疑会给社会带来许多负面影响，奢侈消费、竞争消费、符号消费等无止境的消费行为给整个人类发展带来了道德、社会和环境问题。即使只谈经济上的消费自由，我们认为这种自由也仅仅是理论上的理想状态，消费自由也是要受到自然资源稀缺性的制约的，更何况在消费主义的影响下人们的消费行为已成为一种隐性的受控行为。

　　然而表面的自由并非真正的自由，而且即使是这种表面的自由也要受到社会责任的制约。因此，一定要树立消费者的责任意识。这种责任主要是一种社会责任。消费者在进行消费活动时，表面上看是一种体现个人自由度和私人性的个人行为。其实不然，因为消费活动是在一定的社会关系中进行的，个人的消费活动必然涉及社会关系。因此，消费者要跳出自我局限的狭隘，将社会利益作为衡量、指导消费的重要维度。例如，由中国国际民间组织合作促进会提倡的"绿色出行"活动，号召大家在选择出行方式时，尽量少开车，而考虑公交车、地铁等公共交通工具或者选择自行车。此外，还有尽量不使用塑料袋、尽量少使用一次性物品、多用可充电的电池、就餐时的"光盘行动"等绿色消费倡导。同时，还应该倡导新富阶层关注公益活动，开展扶危济困的志愿服务。这些消费导向就是从消费的社会性角度出发，从人与人、人与自然和人与社会的关系出发，突破消费的个人视角，综合考虑个人消费可能带来的道德问题、社会问题和生态问题，从而降低人类生产和消费行为对环境的破坏，有利于人与自然的协调发展，有利于人类社会的和谐可持续发展。总之，消费的社会责任就是对消费主义倡导的消费活动个人利益至上原则的否定与超越，就是从我国目前的自然资源有限性和我国消费不平衡的现象出发，将社会价值作为衡量消费行为的标准。对社会高度负责的消费行为不仅能实现个人利益和社会利益的协调一致，而且在满足消费者物质利益的同时也能够彰显消费主体的道德关怀和精神追求，能够给消费者带来物质和精神的双重满足。

　　在新时代中国特色社会主义发展进程中，我们要树立绿色的消费理念和科学的消费观，反对奢侈消费和过度消费，更要反对奢靡之风和享乐主义等消费主义，通过经济社会发展和辛勤劳动，营造积极健康文明的消费氛围，不断创造我们更加美好的未来。

第八章　逆全球化思潮

自 2008 年国际金融危机爆发以来,随着西方主要国家推进全球化的意愿减弱,形成了一股逆全球化思潮,出现了明显的逆全球化倾向,并逐渐在一些国家升级为国家意志和政府政策,表现为保护主义抬头、贸易增长率下降以及移民政策收紧等。全球化又一次站在了"十字路口","全球化将向何处去?"成了整个国际社会面对的必答题,解决这个问题不仅关系到新时代中国的发展利益,也与世界各国的前途命运密切相关。因此,我们要科学分析这股思潮的发展,理性认识逆全球化现象,研判逆全球化思潮的深层本质,准确把握全球化发展的客观趋势,明确中国应对逆全球化的方略。

第一节　逆全球化的内涵与表现

近年来,受制于全球金融危机爆发和经济危机蔓延,全球经济陷入了持续的结构性低迷,使得西方推崇的政治经济"新自由主义"与以"华盛顿共识"为具体表现形式的经济主张和改革方案相继失灵。特别是伴随着 2016

年英国公投脱欧使欧洲一体化进程受挫,难民危机让移民问题再现分歧,美国新政府奉行的"美国优先"政策反映出民粹主义、保护主义与孤立主义的相互交织,西方社会出现了一波标榜反自由贸易和反移民的逆全球化潮流,并呈愈演愈烈倾向,出现了第二次世界大战以来持续时间最长的"逆全球化",意味着全球化进入深度调整期。

一、逆全球化的概念辨析

进入 21 世纪以来,"逆全球化"思潮在世界各处涌动,并以单边主义、贸易保护主义和民粹主义等形式出现,成为阻碍世界经济发展的重要因素。在全球化越发深入的背景下,全面把握"逆全球化"的内涵是分析"逆全球化"种种现象的前提。

(一)逆全球化与全球化

对于"逆全球化"的研究就不得不提全球化现象。全球化是人类社会发展到一定阶段出现的,最早的全球化一般是指经济全球化,也就是经济活动不局限于某一个地区或国家,通过资本流动、技术转移、对外贸易而形成的全球范围内的有机经济整体,是生产要素跨地区、跨国家的流动。在这个过程中,世界各国经济联系日益紧密,国际社会之间协调性逐渐增强;发展中国家通过全球化吸引了外资企业的投资,发挥了制造业和加工业的优势,促进了经济的快速发展;西方发达国家通过全球化优化了产业结构,摆脱了高能耗的经济发展阶段,进入了新兴科技经济发展阶段。

关于全球化的开端,历史学家倾向于把 1492 年哥伦布发现美洲新大陆视为经济全球化的开端,因为新大陆的发现使得人们意识到地球上除了欧洲大陆之外,还存在着欧亚大陆和美洲大陆这样更加宽广的土地,结束了世界相对孤立的状态,大大扩大了国际贸易的范围,推动了文明的相互交融。最初的全球化呈现出以欧洲为中心、以追逐利润为特征的世界市场,世界经济贸易开始繁荣发展,处于经济核心地位的资本主义国家如英国、法国等凭借着先进生产力和科学技术,统治着世界的经济并从中获得巨大利益。同时,像阿根廷、德国、日本等新兴工业化国家在工业方面逐渐发展壮大,并为处于经济核心地位的国家开拓市场,全球化在资本逐利性的背景下蓬勃发展。而第二次世界大战的爆发,使得世界经济发展受到冲击,发达国家纷纷为了经济的恢复构建属于自己的经济秩序,许多国际性经贸治理机构应运而生,国际投资迅猛发展,关税减让也取得良好效果,经贸、人文等各方面深入交融,世界进入了新一轮的全球化浪潮。

而在马克思主义那里,马克思、恩格斯并未提出全球化的概念和理论。但是他们的世界历史理论却关注了由于生产的发展和资本的扩张带来了世界市场的形成。按照唯物史观的基本观点,全球化的出现实际上是人类社会生产方式发展到资本主义后持续扩张的必然结果。资本主义的逐利性和资本主义条件的工业化推动了全球化,当资本在世界范围内流动后,全球化又成为资本追逐更高利益的空间形式。

辩证法认为,任何事物都有两面性。因此,全球化也是一把双刃剑,它能够促进世界经济的快速发展,使资源得到更优化配置的同时,也会对本土的文化、经济、政治带来一定的冲击。例如,随着国际间来往的便利和频繁,它会加大发达国家对发展中国家资源的掠夺,使国家之间的贫富差距扩大,同时它也会造成国内的不平衡。全球化社会层面世界委员会曾在 2004 年发布一份对全球化持怀疑态度的报告中指出,"目前的全球化过程正在国与国之间以及国家内部制造出不平衡,虽然财富在增加,但是有太多的国家和人民没有享受到这些财富所带来的福利,而他们想要改变这一过程的呼吁却是微弱无力的,甚至毫无发言权的。在绝大多数人眼中,男性也罢,女性也罢,全球化并没有满足他们简单而合理的愿望，即一份体面的工作，以及孩子们更加美好的未来。……即使那些经济上获得成功的国家，一些工人和组织也受到全球化的不利影响"[①]。对全球化的批评不仅指向了经济问题，同时指向了政治与文化。一些国家可能面临着来自其他国家文明及价值观的冲突，使得本土内涵模糊、自我更新能力下降，文化多样性减少。同时，非法移民、恐怖主义等的增长让人们对全球化充满疑问。这些不利因素为"逆全球化"浪潮的兴起埋下基础。

与全球化相比较而言，"逆全球化"就是与全球化进程背道而驰的行为及一些国家的贸易保护、控制移民等思潮，它是伴随着经济全球化的发展而产生并在其进程中逐步积累起来的，搅动着国际社会的原有秩序和格局，"逆全球化"起源于西方资本主义国家，它们将保护主义和孤立主义作为价值观来针对全球化的发展。资本主义国家主导的全球化在促进自身及世界经济快速发展的同时，在一定程度上也冲击着其自身的传统优势产业，使得资本主义国家在经济地位和话语权方面的优势逐渐下降，这些国家的民众深深感受到了全球化带来的负面影响，担心全球化的继续推进会给国内企业带来严重打击，为了消除这些不利的影响和保持本国的优势地位，出现了一股批判或反对全球化的思想。因此，"逆全球化"是各种不同性质和内容的思想的叠加，体现了不同国家、不同群体在经济全球化中的利益表达。

从人类社会发展的客观历程和马克思主义世界历史理论的逻辑分析来看，经济全球化是人类社会历史发展的必经阶段，是不可逆转的世界发展潮流，虽然发展的过程是迂回曲折的，也经历了几个周期，但一直都是前进上升的；"逆全球化"在全球化进程中暗流涌动，注定只是暂时性、不可持续的。伴随着贸易更加的频繁往来、科学技术的高速发展及文化的融合，如今的全

---

① ［美］约瑟夫·E.斯蒂格利茨:《让全球化造福全球》，雷达、朱丹、李有根译，中国人民大学出版社，2013年，第5页。

球化已经变成信息化网格中的全球化、文化全球化以及政治全球化,"逆全球化"终将被全球化浪潮所覆盖。①

(二)逆全球化与反全球化

"全球化是一个矛盾的统一体,在其一体化进程中始终包含着分离的趋势,质疑全球化主流趋势的声音集结在一起,形成另一种全球化——反全球化。全球化与反全球化是一个问题的两个方面,反全球化是全球化的伴生物,因此关注全球化就无法忽视反全球化的存在。"②

由于"逆全球化"和反全球化都表达出与全球化相反的方向,人们往往将二者混同为一个问题,但实质上二者有着很多不同。从二者的产生看,"逆全球化"和反全球化根源都是在于资本主义社会矛盾、阶级矛盾的激化,但反全球化不等于"逆全球化"。反全球化一般不会拒绝经济全球化和全球市场机制,它更多是弱势群体因为看到逐渐加剧的贫富差距、不合理分工等带来的消极后果而开始质疑全球化,因担心自己成为全球化的受害者,便进一步反对资本主义的全球化、要求改革全球化,最终是想让每一个人都能获益,从而让全球化造福全球。它的群体来自不同地方、不同行业、不同组织,当这些力量发展到足够大的时候,他们就会选举出能够代表这些群体利益的政党来执政,并将群体利益通过政策和行动付诸实践,而这一切的选举、行动、实践等又通过诸如交通、信息传递等全球化带来的便利结合在一起,因此反全球化也是伴随着全球化的进程产生的,是世界经济发展的一个重要组成部分。在一定程度上,反全球化能帮助人们正确、全面看待全球化中存在的弊端和不合理之处,促进国际经济体制进行改革和完善。

---

① 参见丁源:《"逆全球化"探究与中国应对》,河北经贸大学硕士学位论文,2020 年。
② 参见郑一明、张超颖:《从马克思主义视角看全球化、反全球化和逆全球化》,《马克思主义与现实》,2018 年第 4 期。

按照上述理解方式定义反全球化，那么历史上第一次所谓的反全球化是 1999 年 11 月美国西雅图世贸组织部长级会议期间的大规模反全球化示威。大量民众抗议世贸组织所推动的贸易自由化政策，之后 2000 年 5 月在泰国，大量民众抗议在清迈举行的亚洲开发银行(ADB)第 33 届年会，同年 12 月在法国尼斯，有大约八万来自各地区和国家的示威者反对欧洲联盟(EU)高峰会议，反对大财团控制下的欧盟一体化政策。2001 年 7 月数十万的群众聚集在意大利热那亚街头，抗议八国集团首脑会议(G8)。我们可以看到，反全球化只是反对其中不合理、不公正的部分，并不反对全球化本身。①

(三)逆全球化的界定

所谓"逆全球化"，又称"去全球化"，是指在全球经济复苏乏力、全球贸易低迷等情况下，一些国家通过制定相关规则制度、政策手段来限制全球化，包含了由全面开放退回到有条件开放甚至封闭，在国际对商品、资本和劳动力等要素流动设置各种显性及隐形障碍，表现为保护主义、孤立主义、民粹主义等与以资本、生产和市场在全球层面加速一体化进程背道而驰的思潮和行动。正确把握当今逆全球化思潮，要从以下几个方面来考察：

逆全球化是一个历史现象。全球化的发展并非线性和均衡的，自从近代工业革命和资本主义世界化开始，全球化历程从来都是波折不断、进退演进的。表现为背离全球化潮流而动的一种趋势的逆全球化是全球化周期变化的一个表现，与全球化进程一正一反呈现出"钟摆效应"，而每次逆全球化思潮的兴起背后都包含着对全球化的主导权和话语权的争夺，并预示着新的全球化格局的诞生和重构，将催生出新的世界政治经济秩序和国际治理格局。

逆全球化既是经济现象，亦是政治进程。首先，逆全球化指向纯粹经济

---

① 参见丁源:《"逆全球化"探究与中国应对》，河北经贸大学硕士学位论文，2020 年。

意义上的生产要素跨国流动的停滞或倒退。其次,逆全球化可以说是倒转全球化的国家化蜕变,是一个不断削减国家间相互依存和一体化的过程,集中体现为国家所实施的一揽子贸易保护政策,反映了国家在国际交互和协作上的退缩,指向阻碍或禁止生产要素跨国流动的政治过程。如 1929—1933 年的大萧条所引发的极端贸易保护主义和贸易大战,使得世界经济陷入灾难。①

二、逆全球化的特征

逆全球化的逐步兴起所展现出的不仅仅是国际范围内的经济之争,更是思想之争,文化之争及利益之争。因此,逆全球化思潮体现了鲜明的理论特征。首先,全球性范围内对于发展利益多维度探讨赋予了逆全球化思潮多元性内涵的特征。其次,全球化发展格局中利益分配的复杂性与矛盾性赋予了逆全球化思潮丰富的内涵层次。与此同时,意识形态往往构成了讨论全球化发展进程的重要视域,因而,逆全球化思潮也体现出强烈的意识形态性。

(一)内涵的多元性

逆全球化思潮作为一种与现实利益密切联系的社会思潮,其产生于对现存全球化秩序的不满与质疑。而其最突出的特征之一就在于逆全球化思潮包含了丰富的思想内涵,体现了多样化的利益诉求。从现实来看,全球化的进程与资本主义体系的不断扩张具有密切联系,资本的力量始终左右着全球化发展的经济格局。但是资本自身的贪婪本性却不利于世界整体的秩序性发展,因而其必然在全球化的进程中造成多层次的矛盾冲突。从经济利

---

① 参见本书编写组:《社会思潮怎么看 2》,江苏人民出版社,2018 年,第 125 页。

益的冲突到思想文化的矛盾再到社会发展的差异，多样化的矛盾塑造了逆全球化思潮丰富的理论内涵。例如女性团体主张维护妇女权益，环保组织主张保护环境等。正是由于逆全球化思潮的复杂多变。因此，有学者认为逆全球化"既不是成型的理论体系，也不是统一的社会思潮，只能称之为一种运动"①。逆全球化思潮的内涵多元性主要体现在以下方面，其一，反对全球化发展的力量是多元的。一般来说，在资本主义体系下，利益受到损害的第三世界民众与国家往往构成反对全球化发展的主要力量。在不平等的资本主义全球体系格局下，一些边缘国家及弱势群体在发展中与既得利益者的差距逐步增大。迫于对窘迫生存现状的反抗，一些地区及群体举起了逆全球化的大旗。因此，逆全球化传统的主体力量主要包括一些欠发达国家、边缘地区、底层民众以及各类民间组织。然而值得注意的是，由于近年来欧美国家无力解决全球化发展中的现实问题。在国内外政治经济等多重因素的影响下，欧美国家逐渐由全球化进程的推动者转变为新的逆全球化主体力量。由此增加了逆全球化思潮的复杂性。其二，反对全球化中的利益诉求是多元的。一方面，由于全球化是一个多层次立体化的历史进程，因此其内部涉及的利益冲突必然是多样性的。另一方面，由于不同主体对于全球化进程的复杂性认识，因此在涉及全球化发展中的矛盾时，其往往展现出了差异性的利益诉求。现实来看，逆全球化既是保守主义者或民族主义者的口号，又是反对以美国为首的帝国主义称霸世界的旗帜。其即体现了反对资本主义全球性扩张的旗帜，又被视为反对新自由主义意识形态渗透的工具。值得注意的是，近年来，随着欧美国家中逆全球化思潮的兴起。其利益诉求的多元化又通过经济贸易、移民政策、全球治理等方面得到体现。②

---

①　汪信砚：《全球化与反全球化——关于如何走出当代全球化困境问题的思考》，《北京大学学报》(哲学社会科学版)，第 2010 年第 4 期。

②　参见高佳哲：《逆全球化思潮对培育社会主义核心价值观的危害及应对》，河北师范大学硕士学位论文，2020 年，第 13 页。

（二）表现的多样性

法国学者魏明德曾指出："全球化有它不同的侧面，它融合和重建的不仅仅是经济，更兼有思维、文化和行为的方式。"①由此可见，全球化是一个多层次立体性的历史进程，其推动着我们的生活发生一种全方位的转变。逆全球化作为对于全球化的另一种思考，其发展进程必然与全球化相伴相生。因而在这一过程中，逆全球化必然也包含着丰富的理论内涵。一方面，由于在全球化的发展中，不同层次不同立场的利益主体对于全球化这一客观的历史进程形成了差异性的主观认识。另一方面，世界政治经济格局的深刻变动以及资本主义内在矛盾的全球性扩张，都增加了全球化发展中利益格局分配的复杂性。因此逆全球化浪潮的表现往往是多样性的。

逆全球化浪潮的表现多样性主要体现在以下方面。其一，逆全球化浪潮的表现形式是多样化的。作为对于全球化的反思，它既可以作为一种思想潮流，也可以体现为一种实践活动，更可以展现为一种学术话语。作为思想潮流的逆全球化，它涉及的利益领域是广泛的。其既可以体现为由经济全球化中的利益冲突所引发的贸易保护主义，也可以体现为由文化全球化中的文化矛盾所引发的保守主义，更可以表现为在世界多极政治格局中的单边主义、民族主义等。作为现实行动的逆全球化，它传播的社会层次是多元的。其不仅包涵了民间组织的多样化逆全球化运动，也可以从政府官方所制定的大政方针中体现。作为学术话语的逆全球化，它集中凸现在不同的全球化观的争论与辨析之中针对西方主流派别的全球化观点，汉斯·马丁、埃尔马尔·阿尔法特等诸多学者，在《全球化的十大谎言》《全球化的极限》等诸多著作中展开了批判。他们以反对垄断资本主义的全球化发展为内在指向，展现了

---

① 魏明德：《全球化与中国》，商务印书馆，2002 年，第 5 页。

鲜明的学术立场。其二,逆全球化浪潮的实践指向是多样化的。逆全球化作为对于全球化的反省,它本身包含着对于全球化未来走向的规划与构想,因而,其包含着一定的实践诉求。不同利益主体之间对于全球化差异性的批判,凸现出了逆全球化浪潮中多样化的实践指向。传统意义上的逆全球化,是以反对资本主义体系剥削、反对发达国家的霸权为理论指向的。为了抗议资本主义全球化进程中的不公平现象,经济边缘地区及弱势群体不得不通过举起逆全球化的旗帜来维护自身利益。然而,近年来,以欧美为核心的西方世界,在国内外一系列政治经济格局的影响下,也展现出了对于现行全球化格局的不满,其企图反对现有国际体系,从而重新赢取全球化的主导权利。由此可见,现实的利益分配是左右逆全球化实践指向的核心因素。①

(三)强烈的意识形态性

逆全球化作为一种现实的历史进程,其产生主要与全球化进程中经济利益地分配不均具有密切联系。但是,不可否认的是,逆全球化无论作为一种行动亦或是一种思潮,其本身均体现了一种意识形态性。从某种程度来说,逆全球化的兴起充分展现出在全球化语境下不同利益主体之间在文化、价值观及意识形态等思想领域产生的激烈冲突与碰撞。由于"全球化本身具有主客二重性。它既是一种客观的物质活动又是一种思想运动,因而必然表现为一定的历史发展过程,同时它又是被人的意识所掌控、发动和推进的。"②因此,逆全球化的意识形态性就根植于全球化所引发的意识形态争论之中。

现实中,全球化的意识形态争论主要体现在不同学者由于各自差异性的价值立场而必然展现出的对于全球化的差异性解读。在全球化的发展历

---

① 高佳哲:《逆全球化思潮对培育社会主义核心价值观的危害及应对》,河北师范大学硕士学位论文,2020 年,第 14 页。

② 刘娜:《全球化进程中的意识形态问题研究》,知识产权出版社,2013 年,第 48 页。

程中,资本主义无疑发挥了巨大的作用。西方主流派的全球化理论无疑占据了全球化意识形态争论中的主导地位, 其主要观点认为当今的全球化就是西方主导的全球一体化进程,在他们看来,全球化的本质就是全球政治、经济、文化的"统一化",而统一的标准就是西方的价值理念及社会制度。用公式表达就是:全球化=资本主义一体化=西方化=美国化。冷战结束后,其一方面宣传所谓"意识形态终结"的论调。另一方面,又大力推动以"华盛顿共识"为基础的全球化模式,进一步扩张资本主义意识形态版图。然而,在这一过程中,必然遭到其他受损利益主体的强烈反对。由此,产生了许多具有意识形态色彩的逆全球化理论其中既包括以"依附理论""世界体系理论"为基础演变而来的新左派理论, 也包括强调民族自身发展利益的民族主义流派等等。应当说,虽然逆全球化思潮主要的批判对象是资本主义全球化意识形态。但是作为一种反映文化及价值观冲突的话语逻辑,其自身的决定性因素仍然是全球化进程中的利益冲突。近年来,由于国际政治经济的一系列变动以及受国内移民、种族等问题的影响,作为西方世界中心的欧美地区,掀起了一轮新的逆全球化思潮。一方面,其体现出了现行全球化格局下民族国家之间文化冲突的深化与扩大,另一方面,又体现出了发达国家无法适应新兴经济体的崛起, 企图以逆全球化来维护自身在全球化格局中霸权地位的战略性目的。由此可见,全球化与逆全球化的意识形态争论从本质上来看,仍然体现出全球化发展格局中的利益分配局势。[1]

三、逆全球化的主要表现

逆全球化思潮是指同全球化浪潮背道而驰, 为实现自身多元利益诉求

---

[1] 高佳哲:《逆全球化思潮对培育社会主义核心价值观的危害及应对》,河北师范大学硕士学位论文,2020年,第15~16页。

而重新赋权于国家和地方层面的新型意识形态,它往往产生于全球化对人类社会造成消极影响之后,在不同的历史条件下呈现出不同的表征。本轮逆全球化思潮兴起于2008年国际金融危机,凸显于2016年一系列"黑天鹅事件"。其不仅表现在政治、经济领域,还延展至文化、社会及生态领域,展现为以经济、政治为轴心,涵盖文化、社会、生态等辐射点,彼此关联、相互影响的多维网状结构。就其具体表现形态而言,当今世界逆全球化思潮可归纳为五类。

(一)经济领域的保护主义

经济保护主义主张通过设立贸易壁垒、推行差别政策来保护本国的产业和市场。经济保护主义往往由资本主义社会内部矛盾和经济危机引发,而后扩展至全球层面的经济危机之中,是对资本主义社会生产社会化与生产资料资本主义私人占有之间矛盾升级的一种反应,也是对资本贪婪本性溢出效应的一种回应。资本价值增殖的贪婪本性驱动信用扩张和虚拟资本膨胀,最终引爆了2008年国际金融危机,使世界经济陷入衰退的同时,也造成各经济体经济态势逐渐分化,世界经济增长的中心出现"自西向东"转移的趋势。于是,被零和博弈思维支配的西方发达资本主义国家,希望通过保护本土产业来扭转经济颓势、维护其优势地位,他们将国内法凌驾于国际法之上,单方面对贸易逆差来源国进行经济反制,四面出击制造经贸摩擦。同时,他们通过设置技术壁垒、实施技术封锁、组建技术联盟等实施科技霸权主义,为本国企业撑起"保护伞"。这些举措极大地损害了全球价值链贸易,弱化了国际贸易对全球经济增长的驱动机制,阻碍了全球经济复苏的步伐。此外,面对全球资本流动与产业分工中的双重不平衡所引发的虚实、贫富、就业、安全等多维悖论,美国为缓和国内中产阶级与精英阶层的矛盾,以维护自身统治,掀起了再工业化浪潮。欧洲则是通过国家立法的手段强制推行金融服务收缩战略,切断了发展中国家实现发展的资金来源,加速资本和利益向发达国家回流。从长远来看,这不仅会使西方国家因生产成本的上涨而不得不面对竞争力削弱的现实,也会使得高负债国家因资本流失承受巨大压力,在经济遭受重创的同时被迫任由西方资本廉价收购本国资产。

(二)政治领域的孤立主义

孤立主义是发端于英美国家的一种对外政策,它强调尊崇本国利益至上,弱化同别国的联系,自主处理国际事务且极力逃避国际责任。与西方国内矛盾升级相关。如今,国际经济形势的急剧恶化使得全球政治向着保守性、封闭性方向发展,为应对"资本的限度"及其"减弱的控制力",西方国家将迅速崛起的发展中国家视为威胁,开始重新思考自身国际定位,政治孤立主义就此悄然登场。其中,美国最具代表性。前有特朗普政府提出要让美国专心于国内事务,减少其在欧亚等地区的同盟负担,并退出多个国际组织、撕毁多项国际协议。现有拜登政府在采纳特朗普大量政策的基础上推行美式"双轨全球化",即对于符合美国利益、美国完全可以进行规则管控的国家继续"全球化",但对其视为强大对手的国家,则要按照美国的单边规则和标准,通过组合、建立自己的盟国和安全伙伴来实施"去全球化"。面对中国这个"假想敌",他们肆意划分和裁判民主和非民主阵营,鼓吹具有排他、歧视和等级特征的议题联盟,以疫苗援助等为筹码胁迫他国加入反华同盟,以"B3W"(Build Back Better World)基建计划为抓手遏制"一带一路"倡议,继而维护"中心—边缘"国际旧格局,稳固其全球化领导权和话语权。

(三)文化领域的民族主义

文化民族主义是指为了维护本民族文化的纯粹性而排斥一切异族文化的民族主义思想和行动。以英美为首的西方发达国家固守个人主义和上帝选民的文化传统,在资本逻辑的宰制下极力鼓吹"西方中心论",认为各族、各国的文化价值和文明意义须得由西方来界定,于是以傲慢的态度对待一切外部文化,催生文化民族主义。当今全球化过程中存在的薄弱环节诱发了身份认同危机和合法性危机,西方民众深切感受到社会现实与理性认知的差距,于是在非理性情绪的驱使下造就了"禁穆""反犹""反中"等排外言论和行动。前任美国总统特朗普在上任后不久就签署了禁止伊拉克、叙利亚、伊朗、苏丹、索马里、也门和利比亚 7 国公民入境美国的"禁穆令"。虽然拜登就任后将其取消,但民调表明这却成为最不受欢迎的拜登行政令。①无独有偶,欧洲极端右翼势力"把穆斯林罩袍、古兰经和尖顶的清真寺等视为对欧洲文化和民族认同的挑战,或直接把伊斯兰移民与恐怖分子、犯罪联系起来,甚至极端地要求禁止一切形式的穆斯林移民"②袭击事件达 541 件,较上年暴增 74%。③同年,德国记录了 1646 件,比上年增加 100 多件。④美国反诽谤联盟在 2020 年统计了 2024 件,成为有记录来的第三高记录。⑤同时,出于对中国经济快速发展的极度恐慌、对中国道路广泛影响力的深度焦虑和对自身衰落的过度担忧,西方国家抛出"锐实力"概念,将中国推进的对外传播、智库以及国际文化交流项目污名为含有操控性和威胁性的政治手段,以此煽动国际舆论,输出西方意识形态和价值观,维护其自身所谓的"文明优越"地位。

---

① 参见《民调揭示最不受美国民众欢迎的拜登行政令》,每日经济,https://cn.dailyeconomic.com/finance/2021/01/30/23180.html,2021-01-30。

② 张莉:《当前欧洲右翼民粹主义复兴运动的新趋向》,《欧洲研究》,2011 年第 3 期。

③ 参见《法国反犹风潮再起? 掺政治诉求　矛头指向马克龙》,中国新网,https://baijiahao.baidu.com/s 闻?id=1625317430610175886&wfr=spider&for=pc,2019-02-13。

④ 参见《德国 2018 年反犹暴力刑事案件数量大幅上升》,新华社,https://baijiahao.baidu.com/s?id=1625419751263991817&wfr=spider&for=pc,2019-02-14。

⑤ 参见《美国务院大楼电梯现纳粹标志,布林肯:提醒人们反犹主义仍存》,澎湃新闻,https://baijiahao.baidu.com/s?id=1706522982551840843&wfr=spider&for=pc,2021-07-28.

（四）社会领域的民粹主义

民粹主义极端强调平民的价值和理想，将平民化、大众化看作一切政治运动乃至制度合法性的根源，通过强化"我们"与"他者"的区别和对立来达成自身目的。面对全球化带来的贫富分化、阶级对抗和民族冲突，西方极端右翼政党及政客宣称自己是人民的代表，而与本国人民争抢工作机会和生存资源的移民与难民是"外部人"，甚至无能的政府也是"外部人"，通过迎合民众的排外心理来获取民众的政治支持。在美国，经济状况的恶化使中下阶级将怨气投向 2016 年总统大选，民粹主义教主特朗普以"反建制"身份获选美国第 45 任总统。在欧洲，民众担忧本已减少的就业机会因难民的涌入而被抢占，本国利益因欧盟成员国的身份而被削减，甚至本民族的独特性也就此被湮没。于是，英国在独立党和脱欧党的推动下举行了全民公投并且正式脱离欧盟；荷兰自由党和法国国民阵线取得了有史以来最好的选举成绩；德国选择党在大选中跃居前三名并成为德国联邦议会最大的反对党；激进右翼的奥地利自由党与人民党达成组阁协议；意大利五星运动党和北方联盟党更是组成了联合政府走上执政前台。①西方国家所掀起的疑欧主义、国家主义和民粹主义思潮使世界政治格局趋向复杂，全球治理陷入困局，现有国际体系面临极大的重置压力。

（五）生态领域的帝国主义

生态帝国主义指西方发达国家坚持本国优先，不仅倚恃其优势地位掠夺发展中国家的自然资源并向其转嫁污染，而且凭借其在全球生态议题谈判中的绝对话语权来控制发展中国家。他们以自我为中心，执行双重标准，

---

① 参见玄理、孙晨光：《激进右翼政党与欧洲一体化的政治化问题探析》，《国外理论动态》，2019 年第 3 期。

不仅掠夺了发展中国家的平等发展机会，而且加剧了生态保护与环境治理的难度。主要表现在两个方面：一方面，他们在国际贸易上设置有意针对发展中国家的"绿色贸易壁垒"，不断提升进出口贸易产品环保标准并严格要求发展中国家的出口产品达到这一标准，通过降低其产品的国际竞争力来占有发展中国家的丰富资源。另一方面，作为生态资源的最大享受者和先进技术的拥有者，西方国家理应为全球生态治理承担更多责任，但他们在享受完掠夺和侵占的种种好处后却极力逃避生态责任，并且将这一责任推卸给发展中国家。《京都议定书》的失败是生态帝国主义的重要表现，16年后历史重现，2017年特朗普宣布美国退出《巴黎协定》，使得全球气候问题的合作解决变得更加遥不可期。尽管拜登上台不久就宣布美国将重返《巴黎协定》，并推出了气候新政，但民主党和共和党因在气候、能源议题上的政策分歧所造就的极化的政党政治仍使新政面临重重阻碍。

第二节　逆全球化思潮的形成与发展

逆全球化思潮是一种寄望于通过逆转全球化进程以实现自身多元利益诉求的新型意识形态。然而由于全球化总体上是历史发展的必然趋势，以及逆全球化思潮在阻碍全球化发展方面所表现出种种激进和非理性行为等原因，逆全球化思潮终究是一种违逆历史发展大势、违反社会发展规律，以致违背人的自由全面发展的思潮涌动和观念演绎。因此，对于逆全球化思潮，我们首先要阐述清楚它的生成根源是什么，以及它的形成与发展演进历程。

一、逆全球化思潮生成根源

随着全球化源发区和获益区错位竞争格局的形成，以及全球疫情蔓延的不确定性风险，逆全球化思潮再度顺势袭来，更具战略性、全面性、针对性，这一新动向背后的生成逻辑是什么？丹尼·罗德里克（Dani Rodrik）提出了"全球化不可能三角"理论，即一国政府只能在超级全球化、国家主权和民主政治三者中取二，难求三全其美①，资本、国家与社会之间内在张力的"三元悖论"正是揭开逆全球化思潮生成根源的破题之钥。

（一）空间悖论：资本与劳动分离

资本的扩张性诉求是全球化的内生动力，世界市场空间是推进资本主义全球化的重要场域和实施载体，地域性限制成为经济全球化推进不可逾越的空间界限，"资本同时也就越是力求在空间上更加扩大市场，力求用时间去更多地消灭空间"②。资源禀赋差异造成了中心国家对边缘国家的空间压迫，资本家通过空间资本化过程将过剩的劳动卷入全球分工，资本与劳动分离共塑③的格局形成了资本"全球化"与"本土化"之争的空间悖论。一方面，资本无限逐利和全球扩张的野蛮欲望总是难以冲破空间桎梏，资本密集型产业全面升级和劳动密集型产业逐步外迁加剧全球空间布局的断裂化、等级化、空心化；另一方面，财富缩水的劳动者在遭受外部市场的冲击后诉诸国家庇护，从寻求损失赔偿转而反对资本全球化本身，迫使发达资本主义

---

① 参见［美］丹尼·罗德里克：《全球化的悖论》，廖丽华译，中国人民大学出版社，2011 年，第167 页。

② 《马克思恩格斯文集》（第八卷），人民出版社，2009 年，第 169 页。

③ 参见葛浩阳：《经济全球化真的逆转了吗——基于马克思主义经济全球化理论的探析》，《经济学家》，2018 年第 4 期。

国家产生"控制资本流向"的"反体系运动"①,在维护国家经济主权的呼声中回应大众民主需求,舍弃"超级全球化"不可避免,于是顶层精英与底层民众的矛盾外溢转向高度契合掀起了逆全球化思潮。

资本主义扩张的空间悖论既存在于全球化"赢家"与"输家"之间,也存在于发达资本主义国家阶级矛盾内部,其"无法在一瞬间通过某种'空间修复'的魔术来解决"②。西方发达国家在技术理性和经济主权思维主导下采取断供、制裁、脱钩、筑墙等策略干预全球供应链空间布局,凸显本土化、区域化、去依赖化的发展态势,巧妙地把国内民众对全球化的责难和维护全球"链主"地位相结合,贸易保护主义成为社会正当诉求和盟友协同纲领。然而"船大难掉头"的地理惯性和路径依赖预示着内嵌在全球供应链网络的固定资本始终是资本扩张未能克服的空间障碍,效率、公平和安全无法同时兼顾,资本掠夺全球性和劳动生产地域性的矛盾难以消解,国内贫富阶层鸿沟难以跨越。西方发达国家不断生产、吞噬和再造全球市场空间,试图掌控全球产业链分工的区域配置权以迎合全球化失利者,构成了逆全球化思潮顺势而上的经济根源。

(二)民主悖论:精英与大众对立

全球化"三元悖论"揭示了资本全球化和民主政治在目标诉求上不相兼容的逻辑,资本扩张的政治约束直接导致了多数劳工大众和少数资本精英的天然紧张关系,民主程序对资本统治构成潜在的威胁。大众对经济剥夺和民主侵蚀的隐忧加速国家极化和社会分裂,精英与大众的对立表征了"代表性建构"与"本质性诉求"的偏离,形成了"越民主、越分裂"的民主悖论,民主不能发挥整合社会民意的功能,反而成为滋生仇恨和社会分裂的根源。从

---

① 谢地、张巩:《逆全球化的政治经济学解释》,《马克思主义与现实》,2021年版第2期。

② [英]大卫·哈维:《资本的限度》,张寅译,中信出版社,2017年,第658页。

2008 年国际金融危机到 2016 年逆全球化变局再到 2020 年全球疫情危机，底层大众反移民、反一体化、反精英、反工作岗位流失、反病毒传播情绪持续升温，资本全球化精英回应性弱化且深陷代表性危机，利益结构张力和弱势民意倒逼反倒成就了重建集体身份认同的极端民族主义、右翼民粹主义和哗众取宠的西方政客，民族民粹主义奋起成为引领本轮逆全球化思潮的内部动力和主导力量。

在当今互动嵌入特质鲜明的网络技术赋权加持下，民族民粹主义身份化、道德化、标签化的对抗性舆论导向更易于引发大众的情感共鸣和代表认同，在实践运作上依托民主的虚伪底色和网络聚散效应人为地横切联结精英与大众的主流政党纽带，竖切少数族裔与本族群体的文化深度互构，究其实质是对所谓"政治正确"的责任归因与"直接民主"植入的理论建构。"族群意识可以建立一个国家，也可以撕裂一个国家"①，民族民粹主义只局限于通过妖魔化和污名化的手段对现有民主副本的改良和批判，劳工大众和资本精英的矛盾被族群本位的对抗性矛盾所掩盖，难以克服民主滑向撕裂深渊的内在悖论。概言之，无论从西方民主陷入合法性危机的内部矛盾还是外部诱因来看，精英主义和民粹主义既不能触及资本主义固有矛盾的根基，也无法探寻解救人民的良方妙策，这是西方民主制度的结构性缺陷和推动逆全球化思潮的政治根源。

（三）责任悖论：供给与需求失衡

全球化在关联世界经济增长的同时，衍生出经济失衡、环境污染、疫情传播、资源短缺等公共危机，全球风险挑战呈现出联动性、跨国性、复杂性等特征，于是国家政策主权的让渡在资本宰制和民主理性共谋之下以跨越单

---

① ［美］哈罗德·伊罗生：《群氓之族：群体认同与政治变迁》，邓伯宸译，广西师范大学出版社，2008 年，第 3 页。

一主权国家的"全球治理"形式登场。基于成本收益考量,霸权国提供全球公共产品的意愿下降,为了避免霸权丧失而锁定偏好利益格局,诱发了供给、需求和分配三者的非相合性矛盾,拒绝一肩挑,从全球治理的主导者蜕变为"免费乘车者"和"责任逃避者",全球治理体系触发"金德尔伯格陷阱"。所谓以利益为导向的西方传统全球治理不一定能导向"责任共担"的局面,也可能导向"责任共免",以致于扭曲了全球治理形成了责任悖论,西方排他性盟友圈陷入无休止的争利内耗,以分担责任之名行以公谋私之实。

由此可见,传统的西方全球治理充斥着"从需求型团结到焦虑型团结"①的责任赤字窘境,霸权国作为规则主导者强化共同责任,淡化有区别的责任,通过一系列诸如囤积疫苗、拉拢盟友、小圈子外交等"伪多边主义"行径制造领导力"空挡"和责任"真空",究其根本在于零和博弈思维主导下全球治理体系有效供给和现实需求之间的深层矛盾。一方面,全球公共产品的供给数量、质量和总量掣肘于霸权国的政策选择与治理偏好,其愈发不能满足多边主义合作治理的现实需求。诸如全球免疫鸿沟和疫苗赤字凸显了联合国、世界卫生组织等全球治理协调机制的缺位,影响力、权威性下降难以应对全球公共卫生安全挑战。另一方面,全球多边主义协商治理需求对全球公共产品供给的理念、器物和制度提出了转型升级的更高要求。全球公共产品供给与需求不平衡、成本与收益不对等、权力与责任不匹配导致了全球治理失效,"多龙不治水"的集体行动困境成为滋生逆全球化思潮的利益根源。②

---

① ［美］哈罗德·伊罗生:《群氓之族:群体认同与政治变迁》,邓伯宸译,广西师范大学出版社,2008年,第47页。

② 参见张龙林、刘美佳:《当前西方逆全球化思潮:动向、根源及纠治》,《思想教育研究》,2022年第6期。

二、逆全球化思潮的演进历程

逆全球化思潮是逆全球化现象发展到一定历史阶段所滋生出来的一种思想趋势或倾向。作为与全球化相生相克的一个反命题,逆全球化是与全球化此消彼扬、相互掣肘的一种历史进程,尤其在某一具体领域里,逆全球化的勃兴,往往意味着全球化的式微。反之亦然。与此同时,相较于人类积极而为、主动推进的全球化,逆全球化通常表现为全球化对人类社会造成消极影响之后,人类"被动还击"的一个过程。因此,理清和对照全球化与逆全球化在不同历史条件下的发展演变,是我们探明逆全球化思潮"前世今生"的可行性分析路径。[①]

(一)19世纪70年代至20世纪40年代:逆全球化势头的兴起

19 世纪 70 年代欧洲开启工业革命以来,包括电力技术的使用以及金本位制的实行,不仅为西方国家开展国际贸易提供了极大便利,更推动了以欧美工业为主导的国际市场形成。在这段时期,古典自由主义取代重商主义,成为西方各国对外贸易的主导经济思想。古典自由主义强调自由放任和自由竞争的对外贸易政策,否定国家对经济的直接干预和保护,主张各商品国应该消除关税壁垒以促进资源在全球范围的最大化流通。相关数据显示,在古典自由主义政策推动下,19 世纪后半叶的全球出口贸易额占全球国内生产总值比重曾一度接近现代水平,而每年上百万劳动人口的全球流动占比甚至超越了 20 世纪末的劳动力全球化程度。[②]然而进入 20 世纪,无限制的自由放任政策造成西方社会严重的两极分化,以致利益受损阶层开始通过

---

① 参见马超、王岩:《逆全球化思潮的演进、成因及其应对》,《思想教育研究》,2021 年第 6 期。

② 参见盛斌、黎峰:《逆全球化:思潮、原因与反思》,《中国经济问题》,2020 年第 2 期。

投票、选举等形式公开阻滞全球化进程。与此同时,伴随新兴帝国主义国家整体实力的不断增强,自由放任政策不但使新兴帝国主义国家在抢夺世界市场方面越来越占据优势,而且在瓜分殖民地方面也给老牌帝国带来愈发沉重的成本负担。于是,以第一次世界大战和20世纪30年代的经济大萧条为重要标识,世界各国纷纷加强边境管控、拒绝自由移民,提高关税标准、阻止自由贸易,贸易战、货币战更成为全球经济新常态。随着逆全球化势头的不断高涨,右翼极端民族主义势力也迅速崛起,最终导致第二次世界大战全面爆发。①

(二)20世纪40年代至20世纪70年代:逆全球化浪潮的涌动

第二次世界大战以后,在美国的主导下,以"关税贸易协定、世界银行和国际货币基金组织"为三大支柱的布雷顿森林体系应运而生,成为维系国际经济新秩序的核心运行机制。布雷顿森林体系秉持被约翰·拉格称为"内嵌的自由主义"原则,既主张各国开放资本市场、开展自由贸易,同时也强调政府对市场的部分干预。尤其是在利益分配方面,"内嵌的自由主义"要求政府能够实现对国内弱势群体的利益保护,避免再现两极分化。事实表明,这种将全球资本运作"内嵌入"对社会共同体保护之中的有限度的自由贸易政策,不仅极大推进了第二次世界大战后全球经济一体化进程,同时更为"人类有史以来时间最长和最公正的经济发展奠定了基础"②。然而伴随20世纪70年代两次石油危机的爆发,布雷顿森林体系因无法克服自身的"特里芬难题"而逐渐走向崩溃,与此同时,西方国家也纷纷出现严重的"滞胀"危机:经济陷入低速增长、财政赤字濒临失控、社会失业率居高难下……面对20世纪40年代以来规模最大的经济萧条,英国举行了第一次脱欧公投、部分发

---

① 马超、王岩:《逆全球化思潮的演进、成因及其应对》,《思想教育研究》,2021年第6期。
② 宋伟:《试论约翰·拉格"内嵌的自由主义"》,《世界经济与政治》,2006年第2期。

达国家重返贸易保护主义路线、甚至一些发展中国家内部也开始爆发针对此前因布雷顿森林体系而培植的美元霸权和跨国公司霸权行为的抗议活动。随着参与群体的增多和涉及领域的拓展，逆全球化浪潮的影响力日趋增强，并逐渐成为一股能够与全球化相抗衡的力量。

(三)20世纪70年代至今：逆全球化思潮的涌现

20世纪70年代末，在西方社会出现"滞胀"危机而凯恩斯主义应对乏力之际，美英两国率先向全球推行以"自由化、私有化、市场化"为核心要义的新自由主义经济政策。新自由主义者将"滞胀"危机归因于国家干预造成的市场效率低迷和福利社会带来的普遍物价上涨。为此，西方各国开始通过采取减税和赤字财政等方式应对经济停滞问题，利用紧缩货币供给等方法解决通货膨胀问题。短短几年时间，新自由主义政策不仅使欧美国家迅速走出经济滞胀的梦魇，更进一步刺激了全球金融市场的崛起，推动全球一体化进入新的经济高速增长期。然而伴随新自由主义全球化的深入推进，新自由主义也引发了更为严峻的社会贫化现象，尤其在2008年全球金融危机以后，部分欧美国家出现了较为严重的"中产阶级再无产化"现象。数据显示，仅2009年美国家庭资产净值中值较2年前的损失就超过1/5，2011年美国家庭年收入中位数较10年前(去除通货膨胀等因素影响)更是减少近4000美元。[1]更糟糕的是，面对新兴经济体的群体崛起和自身经济的增长乏力，发达国家的全球化红利持续趋紧，由此造成"逆全球化"政策在部分发达国家得到前所未有的支持，并迅速"凝聚"为社会各阶层的集体共识。至此，传统的逆全球化议题与新发的逆全球化潮流在同一时空境遇下相互交织、同步激荡，推动逆全球化思潮在新一轮全球化进程中不断得到巩固与深化。

---

[1] 参见陈伟光、蔡伟宏：《逆全球化现象的政治经济学分析——基于"双向运动"理论的视角》，《国际观察》，2017年第3期。

第三节　逆全球化思潮在中国

廓清和洞察逆全球化思潮的本质属性及其发展动向，是我们牢牢掌握批判和应对逆全球化思潮主动权的必然要求和重要保证。就其本质属性而言，逆全球化思潮尽管客观反映了西方发达国家在现阶段全球化进程中的利益相对趋弱态势，但其背后却深刻显示出，全球化自始至终带着西方社会所主导的不公正和不平等历史印记。就其发展动向来说，无论逆全球化思潮演变成何种样态，其真实意图都是冀望在延续霸权逻辑和增强对抗模式基础上，推进和形塑能够最大程度实现西方发达国家政治动机和利益诉求的新型全球化形态。因此，我们绝不能只停留在批判、谴责和防范逆全球化思潮层面，更要主动谋求应对逆全球化思潮的科学策略，在理论维度和实践维度上实现对逆全球化思潮的双重超越。

一、逆全球化思潮的实质

全球化作为人类工业文明和市场机制发展的产物，其发展呈螺旋式上升和发展的趋势。在世界经济论坛 2017 年年会开幕式的主旨演讲中，习近平总书记深刻指出："历史地看，经济全球化是社会生产力发展的客观要求和科技进步的必然结果，不是哪些人、哪些国家人为造出来的。"单个国家意志难以控制全球化的进程，从长期来看，全球化是大势，逆全球化只是现象，逆全球化的实质是平行层面的全球化。

（一）西方主导的经济全球化具有两面性

两面性的根源在于资本的二重性。这种全球化既加速世界经济发展和繁荣，也加剧了全球竞争中的利益失衡，弊端不断凸显，全球发展不平衡、不平等、不充分的矛盾难以满足人们对美好生活的期许。而资本主义本来就是一个矛盾的组合体，它的扩张使得经济全球化也成为一个充满矛盾和冲突的过程，它对地理的联通、经济的发展乃至历史的进步作出了并仍在作出着巨大的贡献。对于发达国家来说，可通过全球化获得剪刀差，资本全球流动可获益，利用主导国际规则能打开其他国家的金融与服务市场，还能利用全球高端人力资本占领优势。对于发展中国家来说，全球化使它们利用全球资本成为可能，也使其获得了产业结构升级的机遇，同时能吸收国外先进技术与经验。但全球化对于任何国家来说都具备两面性，在给各国带来繁荣的同时也会衍生出一些问题：全球化使发达国家产生工资上涨速度减缓和收入差距扩大等负面效应，也使发展中国家产生本土产业遭到冲击等问题。西方国家对其在全球治理和国家治理过程中产生的一系列问题采取逆全球化的回应，绝对不能很好地解决这些问题。

（二）全球化成为部分西方国家转嫁国内矛盾的"替罪羊"

逆全球化思潮凸显了少数资本主义国家主导的经济全球化所包含的深刻矛盾，欧美国家近些年遇到的问题，有些是其国内社会矛盾不断加剧的现实以及西方民主政治的弊端等深层次的结构性矛盾造成的，是其不愿或不能很好地解决其国内问题而"嫁祸"于全球化，有些是受到国际政治因素的影响，与全球化并没有直接因果关系。但在西方一些政治势力看来，抽象地反对全球化，显然比直面具体的政策问题容易多了。一些人扯起保护主义的大旗，高喊反对全球化的口号，甚至到处寻找"替罪羊"，无端指责发展较快的国家,试图掩盖国内经济发展和利益分配存在的问题,把民众注意力从国内引向国外。就中美两国贸易来看,根据联合国统计,2017 年美国对华货物出口较 2001 年增长 577%, 远远高于同期美国对全球 112% 的出口增幅。2017 年中美双边货物贸易额达 5837 亿美元, 是 1979 年两国建交时的 233 倍,是 2001 年中国加入世界贸易组织时的 7 倍多。美国所谓的"吃亏论""恩赐论"是站不住脚的。

(三)逆全球化思潮反映了对全球化主导权的争夺

两次世界大战后,美国从民族主义出发,凭借强大的军事实力和经济实力建立起战后世界制度体系,包括关贸总协定、布雷顿森林体系、世界银行、国际货币基金组织、联合国等,成为规则的制定者,开始全面主导全球化的进程,由此拉开美式全球化的序幕。这种优势地位造成了"西方中心主义"和"西方文明优势论"的盛行,在这种心态驱使下的经济全球化实际上就是发达资本主义的全球化, 同时又认为新兴力量只有接受西方价值观和西方设定的规则才能被接纳。面对中国等新兴经济体的迅速崛起,全球权力从一个中心向多个中心扩散,从国家政府向多个行为体扩散。而一些大国担心新兴经济体挑战他们的既得利益和国际秩序,因此在理念、战略和政策层面表现出逆全球化动向,其目的不是完全抛弃经济全球化的进程,而是修正当前经济全球化中对本国不利的现象,改变经济全球化的发展格局,试图通过构筑高标准自由贸易区网络,为今后"定标准、树标杆",抢占竞争制高点和发展主动权,达到其"赢者通吃"的目的,其本质在于国家利益。[1]

---

[1]　参见本书编写组:《社会思潮怎么看2》,江苏人民出版社,2018 年,第 137 页。

二、逆全球化思潮的危害

逆全球化的发展不仅助推了极右翼政治力量的地区性崛起和民粹主义的全球性泛滥,而且给国际社会的和平稳定发展带来了诸多危害和风险。

(一)增加了世界经济的不确定性

鉴于发达国家依旧在全球经济体系中占据重要地位,引领着全球科技创新,对经济全球化发展的影响举足轻重,本轮逆全球化思潮具有强烈的政治力量主导的倾向,部分西方国家的内顾保守化倾向加重,国家干预和管制强化,人为阻碍了生产资源在世界市场中的最优配置,阻碍了国家之间的贸易、投资、货币与金融联系,增加了世界经济增长与运行的不确定性,降低了国际合作和相互依赖的程度。一些国家的宏观财政政策与货币政策工具出现失效,不仅导致国家之间的贸易摩擦与冲突,形成保护主义壁垒和排他性区域集团,而且对国际货币与金融市场的不当干预容易造成全球汇率波动,增大了货币与金融危机的风险,势必带来经济全球化减速甚至停滞的隐患。

(二)破坏了全球市场公平竞争秩序

逆全球化是国家干预经济的结果,利用国家权力限制本国企业、资本的自由流动,强行干预自由市场机制在世界范围内配置资源,势必对全球市场公平竞争秩序产生破坏性影响。部分发达国家的保守主义策略在一定程度上暴露了对自由世界市场的不信任,加剧了孤立闭锁的经济活动和文化融合之间的矛盾,极大地影响着全球资源配置的方式和效率。此外,由于主要大国回归传统国家主义立场,参与国际合作的意愿减退,超国家行为体、次国家行为体在全球价值分配中的作用受到削弱,国际机制对大国行为的规制作用进一步减弱,也加剧了当前的逆全球化。

(三)激化了国家间的矛盾

一体化进程停滞甚至回卷,排外主义再兴波澜,多边主义国际合作受阻。部分反对经济全球化的国家或利益集团采取的措施还可能激化社会矛盾与政治不稳定。逆全球化实质是经济全球化利益受损的国家或利益集团,为了维护既得利益而采取的各种反全球化措施。它导致各种破坏性的社会政治运动,甚至引发社会分裂、动荡与失序,激化全球性的政治与社会危机。英国的脱欧公投及其引发的一系列政治与社会危机,充分体现了逆全球化对国内秩序的破坏作用。脱欧公投前,留欧派和脱欧派各自展开造势活动,加剧了业已严重的政治极化现象,撕裂了英国社会。脱欧公投后,留欧派举行了大规模游行示威,百万人要求重新进行二次公投,引发了严重的政治与社会危

(四)冲击和割裂了国际政治关系

逆全球化加深了国际政治分裂,特别是发达国家与发展中国家的分裂。为获取更大利益,发达国家趋于保守的对外经贸和政治交往,甚至抱团向发展中国家施加压力,削弱了发展中国家与发达国家的联系以及国际社会和平合作共赢的发展态势。而且,在发达国家和新兴国家竞争国际主导权的背景下,两者的分裂会进一步加剧双方的战略互疑。发达国家忧虑新兴国家改变现行世界秩序,危及自身的政治、经济利益。发展中国家则担忧发达国家进行联合遏制,蓄意破坏自身发展。双方不断增加的战略互疑将加深国际政治关系的裂痕,为国际合作和相互依赖的前景蒙上了阴影,加大了军事摩擦甚至战争的风险。[①]

[①]　参见本书编写组:《社会思潮怎么看2》,江苏人民出版社,2018年,第137页。

三、积极应对逆全球化思潮

面对逆全球化演进的风险,中国作为经济全球化的受益者、推动者和贡献者,正积极而理性地应对西方国家逆全球化思潮带来的挑战,增扩经济全球化深化之利,为反制各种逆全球化行为和政策,推动构建开放、包容、普惠、平衡、共赢的经济全球化发挥引领作用。

(一)理性应对西方国家逆全球化思潮蔓延带来的挑战

在西方国家出现的走向经济封闭、社会保护和孤立主义的逆全球化潮流背景下,我们要冷静客观地分析,重视逆全球化思潮对我国经济社会发展产生的新挑战,尤其是要充分认识中美经贸摩擦的必然性和复杂性,保持战略定力,理性从容应对挑战,力戒盲目乐观和悲观,更加专注地做好我们自己的事情。

第一,逆全球化思潮在一定程度上影响了中国发展战略的落实。今天中国的成功得益于开放的经济模式,外需和投资是中国经济增长的主要动力,自由贸易、贸易便利化、对外投资、吸引外资和产能合作是中国经济增长的主要范式。但是,一方面,部分西方国家发动逆全球化运动给我国带来了冲击和挑战,影响了中国发展战略的落实。特别是当前中国自身改革进入深水区,对内正处在去产能、去杠杆、夯实实体经济、提升国内消费市场的关键阶段,对外正处在推行"一带一路"倡议的关键时期。在逆全球化思潮下,有关国家一方面实施贸易保护、设置贸易壁垒,用反倾销手段干预正常贸易、加剧贸易摩擦,甚至悍然发动贸易战抢占国际市场份额,导致中国外部市场的环境有所恶化,对外投资和"走出去"遇到一定的困难。另一方面,个别国家夸大和渲染中国发展的威胁,加剧了我国经济发展环境的不稳定性,加之民粹主义、分裂主义等全球政治问题凸显,使政治和政策博弈的难度加大,地缘政治风险有放大的趋势,影响了中国发展节奏,直接结果是增加我国发展成本。根据商务部最新数据,仅2016年中国就遭遇27个国家和地区发起的119起贸易救济调查案件,涉案金额143.4亿美元。案件数量和涉案金额同比分别上升了36.8%和76%,严重制约我国贸易出口,增加了企业生产与经营风险和"走出去"成本。

第二,逆全球化思潮对中国经济转型升级提出了更高的要求。面对逆全球化的冲击,要求我们更加重视国内市场,注重内需、投资、外贸三驾马车的合理配置,加快由贸易大国走向贸易强国的步伐。从统计数字看,消费对中国经济的拉动作用有显著提升,但实际上中国消费依然乏力,经济转型升级的压力巨大。从中国新时代的主要矛盾出发,从高质量发展的目标出发,从以人民为中心的发展理念出发,在下阶段的转型过程中,中国要积极提升国内消费市场。

第三,逆全球化思潮对中国技术创新能力的要求十分紧迫。以美国挑起对华贸易摩擦为例,其目标直指"中国制造2025",即让中国长期处于价值链的低端,而美国长期在价值链高端处于垄断地位,这样的险恶用心,我们必须时刻警觉,大力加强技术创新。因为我国虽然处于上升趋势,经济总量直追美国,但经济社会发展程度及综合实力与美国仍然存在较大差距,"大而不强"使我国在不少方面受制于美国等西方国家。2018年的中兴事件给我们提了醒,核心技术是经济发展的关键,中国由大国走向强国没有强大的科技创新能力是难以为继的。只有直面与发达国家相竞争的新阶段的客观现实,大力发展面向未来、支撑产业新格局的技术研发,加强科技创新,实现在世界上的科技领先,才能从源头上解决受制于人的被动局面。

第四,逆全球化思潮对中国的改革开放提出了更高的要求。中国加入世贸组织之后,付出了相当大的代价,全球性宽松货币政策的退出和全球债务的迅速增加，降低了我国吸引外资的能力，引起资本外流和企业外迁加剧，从而削弱了我国发展的优势和动力。所以，新时代，我们必须进一步深化体制机制改革，加大对外开放力度，淘汰落后产能，进一步倒逼中国企业进行结构调整和产业升级，全面增强我国在经济全球化竞争浪潮中的核心竞争力。

当前，面对美国、欧洲等国家和地区的经济保护主义、民粹主义甚嚣尘上，逆全球化态势有所加剧的情势，我们既要加强战略思维，增强战略定力，更好统筹国内国际两个大局，坚持开放、合作、共赢的发展，通过争取和平国际环境发展自己，又要以自身发展维护和促进世界和平，不断提高我国综合国力，不断让广大人民群众享受到和平发展带来的利益，不断夯实走和平发展道路的物质基础和社会基础。

一是加强逆全球化研究，客观看待逆全球化。当前在西方世界出现的逆全球化，实质上是经济全球化不充分不均衡发展长期累积矛盾的集中爆发。从这一角度出发，要全面客观认识经济全球化的利弊，深刻反思经济全球化进程中的消极和负面问题，注意从经济全球化的趋势或反全球化的抗议中汲取教训，加强风险意识，对现在全球和世界发展的大趋势、对中国发展的大趋势作出深刻的分析和准确的解读。要立足中国仍然处于并将长期处于社会主义初级阶段、中国还是世界上最大发展中国家的国际地位"两个没有变"的基本判断，专注国内发展，坚定维护世界和平与发展这两个根本主题，引导人们科学、冷静、辩证地看待逆全球化现象，进而把握经济全球化发展的总体积极趋向，坚定"四个自信"，从战略和战术层面进行有效应对。

二是坚定全面深化改革、扩大开放、实现高质量发展的信心和决心。在外部环境发生明显变化的情况下实现趋利避害，关键是在全面深化改革的前提下做好自己的事，做好风险防控。要进一步推进国家治理现代化，加强国家治理能力建设，坚持稳中求进工作总基调，坚决贯彻落实新发展理念，持续深化供给侧结构性改革,推动经济高质量发展不断取得新进展,确保中国经济始终立于不败之地。与此同时,还要积极应对从中等偏上收入阶段迈向高收入阶段过程中遇到的成长烦恼,着力转变发展方式、调整经济结构、转换增长动力。面对贸易战的直接和间接冲击,我们要加强社会保障体系建设,织牢社会保障网,发挥好社会政策的托底功能。只要我们阵脚不乱、坚定做好自己的事,就能从容应对国际贸易摩擦和贸易保护主义,中国经济稳中向好的大势就无可动摇。

三是坚定支持经济全球化与自由贸易理念,推进以共同发展为导向的经济全球化。今天,发达国家、新兴市场国家和发展中国家之间在经济上互补性日益加强,未来合作空间很大。如果世界主要国家都走向经济封闭,逆全球化成为主流,那么开放型经济的外部条件将难以满足,全世界没有一个国家会成为赢家。所有说,多数国家通过全球化谋求发展大意愿没有减弱,反而更加迫切。实质上,当前不是要不要全球化的问题,而是要何种全球化的问题。中国旗帜鲜明地表达了对经济全球化及自由贸易理念的支持和拥护。习近平总书记表示,要坚定不移发展全球自由贸易和投资,在开放中推动贸易和投资自由化便利化,旗帜鲜明反对保护主义。在现实治理进程中,中国继续支持多边贸易体制,反对任何保护主义行为,推动经济全球化与自由贸易发展。近年来,中国相继举办了亚太经合组织领导人非正式会议、二十国集团杭州峰会、首届"一带一路"国际合作高峰论坛、金砖国家领导人第九次会晤等重大主场外交活动,重申深化改革、扩大开放的理念,欢迎世界各国搭乘中国发展的高速列车,受到国际社会广泛欢迎。

四是在维护和支持现行多边贸易体制的同时,积极参与全球治理,引领全球经济治理长效机制建设。随着经济实力的快速提升和深度融入世界经济,中国要敢于承担全球负责任大国责任,以更加积极、主动的态度参与和引领全球治理规则的制定,以开放、包容和自信的姿态维护与拓展我国发展利益,为更高水平的对外开放创造必要条件。近年来,新兴发展中国家的崛起导致国际力量对比发生了变化,由欧美等发达国家垄断和主导国际规则制定权的局面开始动摇。我们要积极参与国际事务和全球治理,加强与新兴经济体在国际事务方面的协调合作,在国际经济规则制定及其他应对全球性问题方面提供中国智慧和中国方案,推动全球化向更加公正合理的方向发展,在积极参与全球竞争合作、促进世界经济包容性发展中推动我国进一步扩大开放,提升大国的形象和责任担当,获得更多的发展空间。[①]

(二)加强"一带一路"倡议,形成全面开放新格局

在新的历史背景下,面对逆全球化思潮,我们应该认清国内外形势,坚定不移地推进"一带一路"倡议,抓住"一带一路"倡议这个推动中国形成全面开放新格局的契机,促进世界新一轮的全球化进程。推进"一带一路"倡议,其目的不仅仅是为了解决经济问题,更是促进我国融入世界,扩大对外开放,进一步拓展发展空间,是推动建设开放型强国的重要战略举措。

我们要以"一带一路"倡议为重点,坚持"引进来"和"走出去"并重,遵循共商共建共享原则,加强创新能力开放合作,形成陆海内外联动、东西双向互济的开放格局。这一重大工作部署,既包括范围扩大、领域拓宽、层次加深,也包括开放方式创新、布局优化、质量提升,具有深远战略意义。

第一,推进"一带一路"倡议,积极扩大对外投资合作,在全球价值链重构中实现开放型经济转型升级。一方面,在发达国家主导的既有全球价值链体系中,我国总体上仍处于科技含量与增加值较低的环节,真正成为全球性企业的本土跨国企业数量还比较少。因此,我们要坚持创新驱动发展,加强在数字经济、人工智能、纳米技术、量子计算机等前沿领域合作,推动大数

---

① 参见本书编写组:《社会思潮怎么看 2》,江苏人民出版社,2018 年,第 148~149 页。

据、云计算、智慧城市建设,连接成 21 世纪的数字丝绸之路,推进我国的经济转型升级,提升在全球价值链中的能力。另一方面,经过多年的发展,我国已在基础设施、电力、工程装备、电信等行业积累了强大的产能、技术与经验。当前,随着欧美发达国家产业政策调整,发展中国家进一步扩大开放,全球价值链正在经历重大调整。通过与"一带一路"沿线国家和地区进行国际产能合作,中国企业可更好利用全球资源,推动装备、技术、标准、服务走出去,进一步培育核心竞争力,提升在全球价值链中的地位。

第二,推进"一带一路"倡议,推动中西部地区的对外开放,实现更为协调的区域发展。我国对外开放从沿海起步,由东向西渐次推进,但总体上看,内陆和沿边地区还是对外开放的洼地。要以"一带一路"倡议为重点,调整并改变我国对外贸易的局面,打开面向西北的中亚、西亚乃至欧洲的开放大门,使我国西北、西南、东北等沿边地区逐步由开放末梢走向开放前沿,扭转区位劣势,拓展开放型经济发展空间。同时,加大西部开放力度,完善口岸、跨境运输等开放基础设施,实施更灵活的政策,在西部地区形成若干开放型经济增长极,进而激发我国西部地区对外贸易的潜力,提升能力。2017 年新设立在中西部的五个自贸试验区,将与边境经济合作区、跨境经济合作区一道,对促进中西部对外开放与区域经济发展起到显著作用,形成陆海内外联动、东西双向互济的开放格局。

第三,推进"一带一路"倡议,扩大我国同发展中国家的经贸联系,从而形成更为全面及多元化的全球伙伴关系。改革开放以来我国经济快速发展得益于抓住了全球化的历史机遇,积极融入国际市场参与国际分工,使得自身经济实力不断得到锤炼与升级。这一过程中,发达国家一直是我国主要经贸伙伴,巩固与发达国家的经贸合作,可以稳定我国开放型经济的基本盘。同时,"一带一路"倡议为我国的发展打开了新的外部发展空间,通过扩大同"一带一路"沿线国家的开放合作,可以扩大总体市场规模,实现各国优势资源更为密切的整合,拓展国家合作新空间,实现贸易伙伴和投资来源的多元化,逐步完善和拓展"一带一路"内涵和范围,以政策沟通、设施联通、贸易畅通、资金融通、民心相通为主要合作领域和发展目标,积极争取更多国家和地区成为共建"一带一路"的伙伴。要将"一带一路"合作新模式向其他地区拓展,和更多的国家开展以"五通"为目标的国际合作。"一带一路"倡议提出十年来,共建"一带一路"倡议及其核心理念已写入联合国等重要国际机制成果文件。截至2018年底,已有122个国家和29个国际组织与中国签署170份合作协议。2013年至2018年,中国与"一带一路"沿线国家进出口总额超6万亿美元,为当地创造24.4万个就业岗位,新签对外承包工程合同额超过5000亿美元,建设境外经贸合作区82个,对外直接投资超过800亿美元,上缴东道国税费累计20.1亿美元。"一带一路"的实施被海外媒体誉为"最新的中国式全球化浪潮",联合国秘书长古特雷斯认为,中国提出的"一带一路"建设为全球化发展带来了中国方案,为解决全球性问题、促进国际合作作出了重要贡献。

(三)以"人类命运共同体"理念引领经济全球化

逆全球化思潮的兴起,预示着旧有的经济全球化模式越来越不合时宜,全球治理体制变革迎来历史性转折点。习近平总书记提出构建人类命运共同体的理念方案就是对单边主义、冷战思维、强权政治的回应,契合了国际社会求和平、谋发展、促合作、要进步的迫切愿望和不懈追求,为破解当下逆全球化错误思潮导致的问题,引领经济全球化朝着更加开放、包容、普惠、平衡、共赢的方向发展提供了中国方案。

第一,人类命运共同体理念反映了新时代经济全球化的发展规律。20世纪90年代以来,由于生产力的发展和技术进步,国际分工形式发生深刻变化,人类经济活动进入生产国际化的高级阶段,全球要素分工深刻改变着开放型经济条件下各国之间的利益分配关系,全球各主要国家的经济实力发生了相对变化。各国之间只有以更加相对公平的方式共享其红利,才能实现利益的不断增长及经济发展的可持续性;罔顾今天技术分工推进的经济全球化新特征,只注重效率而忽视道义和公平的经济全球化已经难以为继。而人类命运共同体要求世界各国在关注自身利益增长的同时,必须关切他人利益增长,以实现自身利益和共同利益的平衡发展,这是对要素分工条件下的新型合作关系的科学认知,符合经济全球化发展的实践需要,顺应各国间分配关系变革的强烈呼唤,是适应经济全球化发展大势的新思维、新理念。这种"人类命运共同体"的全新理念,必将引领新时代经济全球化的发展方向。

第二,人类命运共同体理念为新时期经济全球化确立了方向。以习近平同志为核心的中国共产党人,创造性地提出了人类命运共同体理念。从理论内涵上来看,这一理念打破了零和博弈的二元对立思维,确立了和合共生的对立统一思维;打破了赢者通吃的争霸之道,确立了互利合作的共赢之道;打破了利己主义的傲慢与偏见,确立了共商、共建、共享理念。人类命运共同体理念是谋求实现持久和平与共同繁荣、推动全球治理向着更加公正合理方向发展的新全球化理念:一是要实现发展中国家和发达国家共同发展。人类命运共同体理念强调要顺应全球利益相互交融的趋势,推动发展中国家和发达国家走向共同、协调、均衡和普惠发展。二是要维护社会公正。全球化发展的目的是为了造福各国人民。要让发展更加平衡,发展机会更加均等,发展成果由人人共享,促进社会公平正义。三是要实现可持续发展。站在构建人类命运共同体的高度,国际社会要携手同行,共谋全球生态文明建设之路,牢固树立尊重自然、顺应自然、保护自然的意识,坚持走绿色、低碳、循环、可持续发展的道路。

第三,人类命运共同体理念为经济全球化提供新路径。习近平主席在二十国集团工商峰会(杭州)开幕式上的主旨演讲中指出:"增长联动,是世界经济强劲增长的要求。各国要树立命运共同体意识,在竞争中合作,在合作中共赢。在追求本国利益时兼顾别国利益,在寻求自身发展时兼顾别国发展。让每个国家发展都能同其他国家增长形成联动效应。"要建设创新型世界经济,开辟增长源泉。创新是从根本上打开增长之锁的钥匙。尤以互联网为核心的新一轮科技和产业革命蓄势待发,人工智能、虚拟现实等新技术日新月异,虚拟经济与实体经济结合,将给人们的生产方式和生活方式带来革命性变化。这种变化不会一蹴而就,也不会一帆风顺,需要各国合力推动,在充分放大和加速其正面效应的同时,把可能出现的负面影响降到最低。要建设开放型世界经济,拓展发展空间。加强贸易和投资机制建设,制定全球贸易增长战略和全球投资指导原则,巩固多边贸易体制,反对保护主义,为各国发展营造更大市场和空间,重振贸易和投资这两大引擎。要建设联动型世界经济,凝聚互动合力。在经济全球化时代,各国发展环环相扣,协调合作是必然选择。加强政策规则的联动,通过宏观经济政策协调放大正面外溢效应,减少负面外部影响,同时交流互鉴,解决制度、政策、标准不对称问题。以基础设施的联动加速全球基础设施互联互通进程,以利益共赢的联动推动构建和优化全球价值链,扩大各方参与,打造全球增长共赢链。要建设包容型世界经济,夯实共赢基础。消除贫困和饥饿,推动包容和可持续发展,不仅是国际社会的道义责任,也能释放出不可估量的有效需求。正视和妥善处理全球产业结构调整给不同产业和群体带来的冲击,努力让经济全球化更具包容性。

第四,人类命运共同体理念为全球治理改革提供新方案。现有的国际体系存在诸多弊端,霸权主义、强权主义、冷战思维等与构建人类命运共同体相逆的思维、理念乃至行为方式还在大行其道。特别是一些西方大国经常将这些国际合作机制视为维护本国霸权、谋取本国利益的平台。在全球一体化的大背景下,任何一个国家的经济形势都不可能"独善其身",而人类命运共同体的建设坚持共商共建共享原则,将有助于最大限度地将全球治理体系变革的主张转化为各方共识,形成一致行动。所以,打造人类命运共同体就是以全球共同繁荣为核心,推动无论大小国家都愿积极合作,最终形成和平、安全和发展的全球秩序与国际体系;发展中国家是世界上的大多数,人类命运共同体的建设坚持为发展中国家发声,加强同发展中国家的团结合作。中国积极地与广大发展中国家构建人类命运共同体,着眼于提升发展中国家在国际上的话语权,目的是构建国际政治新秩序。同时,人类命运共同体强化了共商共建共享的全球治理观。现有全球治理体系是世界各国在吸取经验教训的基础上建立起来的,是战后人类社会发展的重要保障,但现有的许多国际合作机制在推动构建人类命运共同体上所能发挥的作用还相当有限。人类命运共同体建设并非要颠覆现有全球治理体系,而是根据现实需要和条件不断创新国际合作机制和模式,实质是要改变全球治理体制中不公正不合理的安排,推动各国在国际合作中的权利平等、机会平等与规则平等,推进全球治理规则民主化、法治化,努力使全球治理体制更加平衡地反映大多数国家的意愿和利益。[①]

全球化是人类社会发展的历史大趋势,当今世界,你中有我、我中有你,奉行单边主义、执于零和思维,是没有前途的。不管世界如何变化,中国将坚定不移地与国际社会一道,推进经济全球化,致力于构建新型国际关系,致力于构建人类命运共同体,为人类进步事业作出更大贡献。

---

① 参见本书编写组:《社会思潮怎么看 2》,江苏人民出版社,2018 年,第 159 页。

参考文献

一、经典著作

1.《马克思恩格斯选集》(第一卷),人民出版社,2012 年。

2.《马克思恩格斯选集》(第二卷),人民出版社,2012 年。

3.《马克思恩格斯选集》(第三卷),人民出版社,2012 年。

4.《马克思恩格斯选集》(第四卷),人民出版社,2012 年。

5.《马克思恩格斯文集》(第一卷),人民出版社,2009 年。

6.《马克思恩格斯文集》(第二卷),人民出版社,2009 年。

7.《马克思恩格斯文集》(第三卷),人民出版社,2009 年。

8.《马克思恩格斯文集》(第四卷),人民出版社,2009 年。

9.《马克思恩格斯文集》(第五卷),人民出版社,2009 年。

10.《马克思恩格斯文集》(第六卷),人民出版社,2009 年。

11.《马克思恩格斯文集》(第七卷),人民出版社,2009 年。

12.《马克思恩格斯文集》(第八卷),人民出版社,2009 年。

13.《马克思恩格斯文集》(第九卷),人民出版社,2009年。

14.《列宁全集》(第42卷),人民出版社,1987年。

15.《列宁选集》(第一卷),人民出版社,1995年。

16.《列宁选集》(第二卷),人民出版社,1995年。

17.《列宁选集》(第三卷),人民出版社,1995年。

18.《列宁选集》(第四卷),人民出版社,1995年。

19.《毛泽东选集》(第一卷),人民出版社,1991年。

20.《毛泽东选集》(第二卷),人民出版社,1991年。

21.《毛泽东选集》(第三卷),人民出版社,1991年。

22.《毛泽东选集》(第四卷),人民出版社,1991年。

23.《周恩来选集》(上卷),人民出版社,1980年。

24.《周恩来选集》(下卷),人民出版社,1984年。

25.《邓小平文选》(第一卷),人民出版社,1994年。

26.《江泽民文选》(第一卷),人民出版社,2006年。

27.《江泽民文选》(第二卷),人民出版社,2006年。

28.《江泽民文选》(第三卷),人民出版社,2006年。

29.《胡锦涛文选》(第一卷),人民出版社,2016年。

30.《胡锦涛文选》(第二卷),人民出版社,2016年。

31.《胡锦涛文选》(第三卷),人民出版社,2016年。

32.《习近平谈治国理政》(第一卷),外文出版社,2018年。

33.《习近平谈治国理政》(第二卷),外文出版社,2017年。

34.《习近平谈治国理政》(第三卷),外文出版社,2020年。

35.《习近平谈治国理政》(第四卷),外文出版社,2022年。

二、学术专著

1.［美］艾恺：《世界范围内的反现代化思潮：论文化守成主义》，唐长庚等译，贵州人民出版社，1991年。

2.本书编写组：《社会思潮怎么看2》，江苏人民出版社，2019年。

3.［英］布赖恩·巴克斯特：《生态主义导论》，重庆出版社，2007年。

4.曹天予：《社会主义还是社会民主主义？——中国改革中的"民主社会主义思潮"》，大风出版社，2008年。

5.［加］查尔斯·泰勒：《自我的根源：现代认同的形成》，韩震等译，译林出版社，2012年。

6.陈平：《新自由主义的兴起与衰弱——拉丁美洲经济结构改革（1973—2003）》，世界知识出版社，2008年。

7.程霞：《马克思主义与当代社会思潮》，西安电子科技大学出版社，2016年。

8.［英］戴维·佩帕：《生态社会主义——从深生态学到社会正义》，山东大学出版社，2005年。

9.董仲磊：《新时代爱国主义教育融入思政课教学的互动性研究》，天津人民出版社，2021年。

10.段忠桥：《当代国外社会思潮》（第3版），中国人民大学出版社，2020年。

11.［古］菲德尔·卡斯特罗：《全球化与现代资本主义》，王枚等译，社会科学文献出版社，2000年。

12.顾钰民、伍山林：《保守的理念——新自由主义经济学》，当代中国出版社，2002年。

13.［德］哈贝马斯：《作为"意识形态"的技术和科学》，学林出版社，1999年。

14.何秉孟：《新自由主义评析》，社会科学文献出版社，2004年。

15.洪晓楠:《当代西方社会思潮及其影响》,人民出版社,2009年。

16.梁柱、龚书铎:《警惕历史虚无主义思潮》,人民出版社,2002年。

17.林泰:《问道:改革开放以来的社会思潮与青年思想政治教育研究》,中国社会科学出版社,2013年。

18.刘明君、郑来春、陈少岚:《多元文化冲突与主流意识形态建构》,中国社会科学出版社,2008年。

19.刘书林:《论民主社会主义思潮》,高等教育出版社,2004年。

20.[法]卢梭:《社会契约论》,何兆武译,商务印书馆,2003年。

21.马立诚:《当代中国八种社会思潮》,社会科学文献出版社,2012年。

22.梅荣政:《用马克思主义引领社会思潮》,武汉大学出版社,2008年。

23.梅荣政、张晓红:《论新自由主义思潮》,高等教育出版社,2004年。

24.[美]尼尔·波兹曼:《娱乐至死》,章艳译,中信出版社,2015年。

25.[美]诺姆·乔姆斯基:《新自由主义和全球秩序》,徐海铭、季海宏译,江苏人民出版社,2000年。

26.[美]塞缪尔·亨廷顿:《文明的冲突与世界秩序的重建》,周琪、刘绯、张立平、王圆译,新华出版社,2002年。

27.佘双好:《当代社会思潮对高校师生的影响及对策研究》,中央编译出版社,2013年。

28.[英]斯图亚特·汤普森:《社会民主主义的困境:思想意识、治理与全球化》,贺和风、朱艳圣译,重庆出版社,2008年。

29.[美]汤林森:《文化帝国主义》,上海人民出版社,1999年。

30.[巴西]特奥托尼奥·多斯桑托斯:《新自由主义的兴衰》,社会科学文献出版社,2012年。

31.王炳权:《当代中国政治思潮研究》,中国社会科学出版社,2014年。

32.王燕文:《社会思潮怎么看》,江苏人民出版社,2015年。

33. 王占阳:《新民主主义与新社会主义——一种新社会主义的理论研究和历史研究》,中国社会科学出版社,2004年。

34.吴仁华:《社会思潮十讲——青年师生读本》,福建教育出版社,2016年。

35.徐兰宾、刘汉一:《社会思潮与青年教育》,江西人民出版社,2013年。

36.[美]约翰·贝拉米·福斯特:《马克思的生态学》,高等教育出版社,2006年。

37.[英]约翰·格雷:《伪黎明:全球资本主义的幻象》,张敦敏译,中国社会科学出版社,2002年。

38.[美]詹姆斯·奥康纳:《自然的理由——生态马克思主义研究》,南京大学出版社,2003年。

39.张志祥:《社会主义意识形态建设探析》,中共中央党校出版社,2008年。

40.[日]中谷岩:《资本主义为什么会自我崩溃?》,社会科学文献出版社,2010年。

41.周新城:《民主社会主义思潮评析》,社会科学文献出版社,2008年。

42.朱汉国:《当代中国社会思潮研究》,北京师范大学出版社,2015年。

三、学术论文

1.柴宝勇:《新自由主义思潮对大学生的影响及其引导》,《中国青年社会科学》,2017年第1期。

2.陈春琳:《警惕历史虚无主义的新动向及其新对策》,《思想理论教育导刊》,2020年第4期。

3.陈卫平:《对文化激进主义和文化保守主义的超越》,《马克思主义研究》,2019年第9期。

4.董楠、袁银传:《百年未有之大变局下逆全球化思潮的表现、趋势及应对》,《思想教育研究》,2022 年第 9 期。

5.豆勇超:《基于意识形态结构理论的泛娱乐主义透析》,《北京社会科学》,2021 年第 9 期。

6.杜焕芳、郭诗雅:《全球化困境的跨越与中国"一带一路"倡议》,《四川大学学报》(哲学社会科学版),2022 年第 5 期。

7.高和荣:《揭开新自由主义的意识形态面纱》,《政治学研究》,2011 年第 3 期。

8.耿协峰:《全球化进程中的逆地区化现象透视》,《人民论坛》,2022 年第 Z1 期。

9.海明月、郇庆治:《马克思主义生态学视域下的生态产品及其价值实现》,《马克思主义与现实》,2022 年第 3 期。

10.胡小君:《文化自信视域下文化保守主义审视、批判与价值引领》,《河南社会科学》,2021 年第 11 期。

11.郇庆治:《论习近平生态文明思想的马克思主义生态学基础》,《武汉大学学报》(哲学社会科学版),2022 年第 4 期。

12.江时学:《"逆全球化"概念辨析——兼论全球化的动力与阻力》,《国际关系研究》,2021 年第 6 期。

13.李明、汪青:《网络泛娱乐主义对主流意识形态的冲击及其应对》,《思想教育研究》,2022 年第 10 期。

14.李慎明:《新自由主义的危害》,《人民论坛》,2013 年第 3 期。

15.李文:《新自由主义的经济"成绩单"》,《求是》,2014 年第 8 期。

16.李勇强:《生态主义变革的形而上学魅影及其现实困境》,《青海社会科学》,2021 年第 3 期。

17.李志德:《从全球经济危机看新自由主义思潮对当代中国的影响》,《经济研究导刊》,2009 年第 19 期。

18.梁柱:《历史虚无主义思潮的泛起、特点及其主要表现》,《马克思主义研究》,2013 年第 10 期。

19.刘艳:《高校思想政治理论课教学"泛娱乐化"现象批判与省察》,《广西社会科学》,2015 年第 9 期。

20.雒树刚:《进一步深化文化体制改革》,《人民日报》,2013 年 12 月 3 日。

21.马超、王岩:《逆全球化思潮的演进、成因及其应对》,《思想教育研究》,2021 年第 6 期。

22.马凯:《坚定不移推进生态文明建设》,《求是》,2013 年第 15 期。

23.梅荣政、白显良:《中国特色社会主义与新自由主义——评析〈当代中国八种社会思潮〉》,《马克思主义研究》,2013 年第 10 期。

24.漆思、高晓敏:《生态革命与资本主义生态批判的辨析》,《求是学刊》,2022 年第 5 期。

25.任晓兰:《从传统到现代:中国文化保守主义评析》,《贵州社会科学》,2009 年第 4 期。

26.孙旭红:《中国近代文化保守主义思潮与马克思主义中国化》,《社会科学家》,2013 年第 10 期。

27.孙卓华:《生态社会主义思潮的特征与发展趋势》,《学术论坛》,2005 年第 12 期。

28.汪家锐:《全球化:发展变化、热点议题与发展前景》,《国外理论动态》,2022 年第 3 期。

29.王永友、阳作林,《消费主义思潮的本质特征、消极影响与引导策略》,《海南大学学报人文社会科学版》,2018 年第 4 期。

30.王雨辰:《略论西方马克思主义的生态伦理价值观——兼论生态伦理的制度维度》,《哲学研究》,2004 年第 5 期。

31.肖玉飞、周文:《逆全球化思潮的实质与人类命运共同体的政治经济学要义》,《经济社会体制比较》,2021 年第 3 期。

32.邢国忠、张敏:《泛娱乐主义的社会心理分析及其应对》,《思想教育研究》,2022 年第 5 期。

33.徐岩:《新自由主义思潮对大学生的影响》,《当代青年研究》,2015 年第 6 期。

34.杨军、黄兆琼:《我国消费主义思潮的表现、实质与克服》,《思想教育研究》,2022 年第 2 期。

35.杨军:《历史虚无主义虚无了什么》,《中国社会科学报》,2013 年 1 月 25 日。

36.杨宁:《社会主义生态文明的认知、愿景与实现》,《马克思主义研究》,2021 年第 12 期。

37.杨嵘均:《网络符号消费主义的生成及其批判》,《南京社会科学》,2022 年第 12 期。

38.杨宇辰:《祛魅与超越:网络泛娱乐主义思潮下的青年亚文化审视》,《宁夏社会科学》,2021 年第 2 期。

39.余保刚:《消费主义思潮的困境与超越》,《南京师大学报》(社会科学版),2016 年第 6 期。

40.张博、秦振燕:《历史虚无主义的新近演化态势与特征》,《社会科学战线》,2022 年第 4 期。

41.张灿、陈淑丹:《大党史观视阈下历史虚无主义思潮批判》,《世界社会主义研究》,2022 年第 10 期。

42.张灿、王婉婉:《智能传播时代泛娱乐主义思潮的生成机理、风险与应对》,《理论导刊》,2022 年第 9 期。

43.张明国:《消费+消废:"新消费主义"价值观初探——基于绿色发展的价值论分析》,《自然辩证法研究》,2022 年第 11 期。

44.张廷:《新自由主义思潮传播的新动向及其有效引导研究》,《思想理论教育导刊》,2020 年第 1 期。

45.张维、吴丽丽:《特朗普的当选及其经济政策——新自由主义思潮批判》,《马克思主义与现实》,2018 年第 1 期。

46.赵雷、石立元:《论现代消费主义批判及其可能性——精神分析视野下消费主体的分析与批判》,《马克思主义与现实》,2022 年第 4 期。

47.郑大华:《第一次世界大战与战后中国文化保守主义思潮的兴起》,《浙江学刊》,2002 年第 5 期。

48.朱安东:《政治工程、理论谬误与系统性危机——新自由主义思潮批判》,《马克思主义与现实》,2017 年第 2 期。

49.朱庆跃、何云峰:《问题情境:近现代中国化马克思主义与文化保守主义论战的缘由与特征》,《云南社会科学》,2016 年第 3 期。

50.庄忠正、陆君瑶:《马克思主义生态思想的逻辑构建——基于〈德意志意识形态〉的考察》,《思想教育研究》,2021 年第 6 期。

后 记

　　《多元文化形态的比较研究》是我主持的大连海事大学教育教学改革项目"当代社会思潮专题研究课程自编电子讲义建设（YJG2022508）"结项成果。得到国家社科基金一般项目"甘青地区爱国主义教育基地红色资源融入思想政治教育创新发展研究（22BKS137）"，辽宁省高校思想政治理论课教学改革研究项目"辽宁爱国主义教育基地红色资源融入高校思政课教学创新发展研究"资助。

　　新中国成立以来，各种社会思潮并未随着国内环境日趋稳定而销声匿迹，而总是尝试着伺机复苏。改革开放尤其是新时代以来，伴随着全球化的不断演进，西方国家形形色色的文化思想传入我国，国内各种社会思潮也开始活跃。由此，国外国内多种社会思潮叠加在一起，彼此交织、相互激荡，在给人们的思想带来空前活力的同时，也开始影响人们的思想观念、心理状态和行为方式。高校作为各种社会思潮吸纳、传播、转化的前沿阵地，在一定程度上受到冲击和影响的广度、深度更大。青年学生作为社会主义的建设者和接班人，思维活跃、精力充沛，易于接受新事物、新思想，敢于表达自己情感和观点，但由于他们正处于世界观、人生观、价值观形成的关键时期，而且尚未进入社会,辨别是非能力、掌控全局能力还显不足,在快速接受新鲜事物的同时,精华糟粕的选择、是非曲直的辨别必定会受到各种社会思潮的影响。有鉴于此,作为高校思政课教师,有责任、有义务,更要有情怀、有担当来肩负起这份激浊扬清、涤荡思想的重要任务,努力寻求破解错误思潮对青年学生影响的办法。

本书章节的设计,主要依据近十年《人民论坛》调查统计所形成的最受瞩目的社会思潮,同时结合教学实践,以及学生调查问卷所关注的社会思潮,最终选择了影响力较大的七大社会思潮作为研究重点,按照"社会思潮是什么""社会思潮如何演进""社会思潮影响在哪里""怎样应对社会思潮"的逻辑理路,进行分析和比较,并对应提出针对性引领策略。

本书共有八章内容。第一章,当代社会思潮概述;第二章,新自由主义思潮;第三章,历史虚无主义思潮;第四章,文化保守主义思潮;第五章,泛娱乐主义思潮;第六章,生态主义思潮;第七章,消费主义思潮;第八章,逆全球化思潮。

本书是集体劳动的结晶。全书的编著思路和研究框架由董仲磊副教授设计。大连海事大学马克思主义学院吴云志教授、邢文利教授、孔朝霞教授、邵芳强教授对本书框架和内容提出很多宝贵修改意见。苏杭副教授作为课程主讲人之一,在教学实践中积累了大量的教学经验,并积极融入到本书编著内容之中,且承担了很多基础性工作。研究生郭灵、高培轩、左雨桐、聂方晨收集了大量的鲜活资料,并对初稿进行了认真的校对。在此,一并表示感谢。

本书在编著过程中,参考了本研究领域内相关文献,吸收了有关专家、学者的研究成果,遵循"凡引必注"原则,力求在文中尽可能做出注释,若有遗漏,敬请谅解。在此表示诚挚谢意。由于水平所限,编著过程中难免有疏漏和不妥之处,敬请各位老师、各位同学提出意见,以便在今后作进一步修改和完善。

董仲磊

2023 年 10 月